Böll und Köln

Böll und Köln

Herausgegeben und mit einem Vorwort versehen
von Viktor Böll

Emons

Umschlagfotos: Hans Lenz (vorne), Toni Richter (hinten)
Umschlaggestaltung: Atelier Schaller, Köln
Lithografie: Klaus Iller, Köln
Satzerstellung mit WordPerfect Textverarbeitung
Satzbelichtung: Knipp Textverarbeitungen, Wetter
Druck und Bindung: Ueberreuter Buchproduktion, Korneuburg
Printed in Austria 1990
ISBN 3-924491-29-1

Vorwort

Im Herbst 1985, wenige Monate nach dem Tod Heinrich Bölls, wurde im Kulturausschuß des Rates zu Köln der Plan diskutiert, ob man nicht zu Ehren des Sohnes der Stadt und als Attraktion für Touristen einen Wanderweg markieren sollte, entlang der vom Dichter so geliebten schönen Stätten Kölns. Daß dieser Vorschlag erwogen werden konnte, verlängert die Kette von Mißverständnissen zum Thema „Böll und Köln“ über den Tod des Schriftstellers hinaus, und es zeigt, wie wenig einige der offiziellen Vertreter der Stadt von ihm wissen.

Eine Route nämlich, die Heinrich Böll und seinem Verhältnis zu seiner Vaterstadt gerecht werden könnte, sie dürfte sich eben nicht auf den Weg durch ein touristisch museales Köln, auch nicht auf die ihm lieben romanischen Kirchen oder die wenigen verbliebenen vielleicht noch idyllisch zu nennenden Ecken und Winkel im Severinsviertel beschränken. Dazugehören müßte unabweisbar ein Fußmarsch entlang der Nord-Süd-Fahrt, möglichst zwischen 16 und 17 Uhr inmitten der Woche. Dann würde wohl jedem Besucher in den Abgasen des „ruhenden“ Verkehrs schnell schwanen, was Böll gemeint hat, als er den Ausdruck „Auto-Köln“ fand – einen Zustand der Stadt, der den damals Gehbehinderten 1982 aus Köln hinausgetrieben hat.

Ein sachkundig geführter Besucher, der, sagen wir, am südlichen Ende dieser Strecke, an der Ulrepforte, begänne, würde sehr bald begreifen, daß der Asphalt der Straße nichts Urbanes hervorgebracht, vielmehr ganze Straßenzüge wo nicht ausgelöscht, so doch mitten durchschnitten und Nachbarschaften zerstört hat. An der Oper angekommen, im Angesicht der Trutzburg WDR verstünde der einsichtige Wanderer die Anfangsverse des Gedichts *Köln III* ganz gewiß:

die Stadt
in freudloser Sonne
verödet

Weiter geht der Weg. Unter den Gleisen des Hauptbahnhofs hindurch, an den zu beiden Seiten liegenden Resten der vormals „klassischen“ kölschen Straße Unter Krahnenbäumen vorbei, hin zum Ebertplatz. Dort sollte ein Hinweis auf die Namensgeschichte des heutigen Ebertplatzes – der einmal Deutscher Platz und dann doch Adolf-Hitler-Platz hieß – den Besucher einstimmen auf das Thema „Böll und Köln“, damit dieser dann versteht, daß es sich hierbei um ein „historisches“ wie privates Thema handelt, das für Böll untrennbar verbunden war mit Erfahrungen aus Kindheit und Jugend, mit der Nazi-Zeit und den Jahren gleich nach dem Ende des Zweiten Weltkrieges. Mit diesem Köln seiner Erinnerung hatte das wiederaufgebaute kaum etwas gemein. In den siebziger Jahren hat Heinrich Böll das so ausgedrückt: „Es ist eigentlich eine Stadt fast wie jede andere geworden. Die Straßen gibt's nicht mehr, auf denen sich etwas abspielte, man kann nicht mehr auf der Straße spielen, nicht mehr spazierengehen in der Stadt." Die Stadt sei ihm fremd geworden, „ganz fremd bis auf ein paar Erkennungszeichen, ein paar alte Kirchen und hier und da mal ein Gebäude. (...) Wenn ich mir vorstelle – ein Bild aus meiner Kindheit: die Leute saßen ja auf Stühlen vor ihrer Wohnung auf der Straße und plauderten und guckten sich an, was passierte. Das ist ja heute völlig undenkbar."

Was aber ist nun mit Böll und Köln? Zunächst ist er tatsächlich gebürtiger Kölner, im Unterschied zu einer Reihe anderer „Kölner" Autoren (so etwa Dieter Wellershoff, Hans Bender, Paul Schallück und Rolf Dieter Brinkmann), und er hat unbestritten die Region, Köln und das Rheinland, zu einer Provinz der Weltliteratur gemacht hat, so wie man heute James Joyce mit Dublin, Dostojewskij mit Petersburg und Thomas Mann mit Lübeck verbindet. Tatsache sind weiterhin die vielen offiziellen Ehrungen, die ihm die Stadt hat zukommen lassen. Heinrich Böll war ihr Literaturpreisträger und Ehrenbürger, der Platz vor dem Neubau des Museums Ludwig heißt nach ihm, der städtische Literaturpreis trägt seit seinem Tod den Namen des Nobelpreisträgers.

Ob aber im Bewußtsein bleiben wird, wie schwierig sein Verhältnis zu dieser Stadt und wohl auch der Stadt und ihrer Bürger zu ihm oft war? Ob die bürgerliche Un-Bildung und Borniertheit etwa im Gedächtnis bleiben wird, die bei der Verleihung des Ehrenbürgerrechts offen zu Tage trat – auch und gerade bei einigen Repräsentanten der Stadt. Als man zwar bereit war, den „meisterhaften Erzähler und Schriftsteller von internationalem Rang" zu ehren, nicht aber den „kritischen und engagierten Beobachter gesellschaftlicher Fehlentwicklung". Da war sie wieder, diese Verkennung der Aufgabe und Wirkung von Literatur. Als wäre der Essayist Böll vom Erzähler zu trennen. Als wäre der Autor der *Verlorenen Ehre der Katharina Blum*, der in dieser Novelle kritisch die Grenzen der Pressefreiheit zum Thema macht, harmloser, gesellschaftlich unwirksamer und unkritischer als etwa der Redner Böll, der am 10. Oktober 1981 bei der großen Friedensdemonstration in Bonn auftrat.

„Provinzposse" – nannte ein Teil der internationalen Presse die Umstände, unter denen die Ehrenbürgerschaft verliehen wurde, und Böll hatte bereits ein Telegramm an den Oberbürgermeister in der Tasche, mit dem die so verstandene Ehrung zurückgewiesen werden sollte.

Zu einem ähnlich peinlichen Gezerre kam es, als der Autor nach seinem Tod durch die Bennenung eines Platzes oder einer Straße geehrt werden sollte. Immerhin hat die Stadt Köln so klargestellt, daß sie sich trotz Dom und Kölsch und Rhein von anderen Städten dieser Bundesrepublik nicht unterscheidet, die auch so ihre Schwierigkeiten hatten und haben, ihre kritischen Geister angemessen zu ehren – wie Düsseldorf mit Heinrich Heine und Oldenburg mit Carl von Ossietzki. Die Provinz lebt.

Zu klären ist, welche Erfahrenswelten Böll mit dieser Stadt verbunden haben und was davon in seiner Erinnerung haften, was davon und wie in seine Literatur eingeflossen ist.

Aus der Vorgeschichte der Familie Böll ist eigentlich nur ein topographisches Faktum gesichert: Im Jahre 1720 wurde in Xanten am Niederrhein ein Haus gebaut, das seither als Stammhaus der Bölls gilt. Die in der Familie überlieferten Geschichten zur eigenen Herkunft geben als Ursprungsland die englische Insel an, von wo sie, ihrer katholischen Glaubenstreue wegen, vertrieben worden sein sollen nach den Niederlanden. So kamen sie dann vielleicht als Schiffszimmerleute rheinaufwärts bis nach Xanten. Dort sollen sie sich zunächst als Tagelöhner verdingt und nebenher etwas Landwirtschaft betrieben haben. 1829 wurde hier jedenfalls Heinrich Böll, der Großvater des Schriftstellers, geboren. Er war Schreinermeister und zog 1850 nach Essen. Einer seiner Söhne wiederum, der Schreinermeister Viktor Böll, Jahrgang 1870, übersiedelte dann 1896 nach Köln. Er wohnte zunächst im Kolpinghaus an der Minoritenkirche. Hier lernte er den Berufskollegen Wilhelm Polls kennen, mit dem er gemeinsam ein „Atelier für kirchliche Kunst – Werkstätten für Schnitzwerke" gründete. Um 1900 bauten sich die Partner in der Vondelstraße 28 und 30 zwei Häuser, in deren gemeinsamem Hinterhof sich die Schreinerwerkstatt befand. 1906 heiratete Viktor Böll in zweiter Ehe Maria Hermanns aus Düren. Der Ehe wurden sechs Kinder geboren, das jüngste, Heinrich Böll, kam am 21.12.1917 in der Teutoburger Straße 26 zur Welt.

Wie sehr das Schreinergeschäft zunächst floriert haben muß, zeigt eine Geschäftskarte der Firma Böll & Polls von etwa 1910, auf der als Referenz-Arbeiten Altäre, Portale, Beichtstühle, Orgelbrüstungen und Orgelgehäuse sowie Bänke in Kölner Kirchen angeführt sind. St. Agnes, St. Alban, St. Aposteln, St. Maria in Lyskirchen und St. Severin werden dort genannt. Die Prosperität hielt auch nach dem Ersten Weltkrieg weiter an, so daß man 1923 an den Bau eines großzügigen Hauses im damals noch ländlichen Vorort Raderberg gehen konnte, das in der Kreuznacher Straße 49 direkt am Vorgebirgspark lag. Hier verbrachte Heinrich Böll einen Großteil seiner Kindheit.

In seinen verstreut publizierten Erinnerung an diese Zeit erwähnt Böll zwei wichtige Erfahrungen immer wieder: Die ausgiebig genutzten Spielmöglichkeiten am nahen Rhein und im Hindenburg-, Römer- oder Vorgebirgspark sowie die auch im Religiösen liberale Erziehung durch die Eltern. Vater und Mutter kamen aus Elternhäusern, in denen eine eher puritanisch strenge Form des Katholizismus mit häufigen Kirchbesuchen und ständigen Gebeten gepflegt worden war – eine Tyrannei, die sie ihren eigenen Kindern ersparten.

Die Gesellschaft der Kreuznacher Straße war von zwei sozialen Lagern bestimmt: dem bürgerlichen der „besseren" Leute, denen auch die Bölls zuzurechnen waren, und dem „roten", sozialistischen der Arbeiter. Im Gegensatz zu den nachbarlichen Professoren-, Bankdirektoren- und Prokuristenfamilien verboten die Bölls ihren Kindern den Kontakt mit denen der „unteren" Schicht nicht. Diese Erfahrung prägte so sehr, daß der Autor später schrieb: „Ich habe nie, bis heute nicht begriffen, was an den besseren Leuten besser gewesen wäre oder hätte sein können. Mich zog's immer in die Siedlung, die wie unsere neu gebaut war, in der Arbeiter, Partei- und Gewerkschaftssekretäre wohnten; dort gab es die meisten Kinder und die besten Spielgenossen, immer genug Kinder, um Fußball, Räuber und Gendarm, später Schlagball zu spielen." – Eine Kindheit also in behüteten, gesicherten Verhältnissen – bis etwa 1930.

Der Vater Viktor Böll hatte in der Weimarer Zeit Bürgschaften für eine kleine Handwerkerbank übernommen, die dann in der Weltwirtschaftskrise von 1929 Pleite machte. Die Bürgschaften wurden fällig und das Haus in der Kreuznacher Straße mußte verkauft werden. Plötzlich wurde die Familie aus ihrer vermeintlichen bürgerlichen Sicherheit herausgerissen und hineingestoßen in die Unwägbarkeiten einer materiell und damit auch sozial gefährdeten Existenz. Eine wichtige und bestimmende Erfahrung für den jungen Heinrich Böll.

Anläßlich des Empfangs der Stadt zu seinem 60. Geburtstag (1977) hat Böll auf einen wichtigen Umstand verwiesen, der ihm trotz aller Einwände den heimischen Boden immer noch vertraut mache: Den Nazis war es auch in der Märzwahl 1933, also bereits nach der Machtergreifung, in der Region Köln/Aachen nicht gelungen, eine Mehrheit der Wählerstimmen zu bekommen. Doch die Geschichte blieb hier nicht stehen.

1933 war Heinrich Böll fünfzehn Jahre alt, also in einem Alter, in dem man viele prägende Erfahrungen für das Leben macht. In Köln wie anderswo konnte, wer wollte, sehen, wie schnell sich das Terrorregime der Nazis durchsetzte, wie wenig wirksamen Widerstand es in weiten

Teilen der Bevölkerung gab. „Das hat mich beeindruckt und verblüfft und empört, daß also etwa, sagen wir, die Universität Köln, an der eine Reihe sehr importanter Leute lehrte, war schneller gleichgeschaltet als, sagen wir, das Straßenbahndepot Köln-Ehrenfeld." Eine bittere Erfahrung, daß gerade in Köln, wo sich so vieles auf der Straße abspielte, diese „Straße als Heimat" von den braunen Horden zerstört wurde, und auch: „Bürgersinn und Humor reichten gegen das Unheil nicht aus, jener Humor, so berühmt wie der Dom, in seiner offiziellen Erscheinungsform Schrecken erregend, auf der Straße manchmal von Größe und Weisheit." Die Anpassung und Kollaboration machte vor dem organisierten Karneval nicht halt. Die Jecken paßten sich den Umständen klaglos und bisweilen vorauseilend an und gaben damit den eigentlichen Sinngehalt des Karnevals preis, das Untere nach oben zu kehren, das Kleine groß und das Große klein zu machen. Man versprach, die Repräsentanten der „neuen" Zeit mit Despektierlichkeiten nicht zu belästigen, die Straßenumzüge verloren ihr traditionelles Profil.

Auch im Privaten macht Böll nun erste beängstigende Erfahrungen: So behütet und gesichert die Kindheit insbesondere in Raderberg verlaufen sein mag, so bedrückend werden die dreißiger Jahre für die große Familie, die sich jetzt von Tag zu Tag durchschlagen muß. Mehrmals zieht man um: vom Ubierring in die Maternusstraße, von dort zum Karolingerring. „(...) und nach jedem Umzug wußten außer Verwandten und Freunden ebenso rasch der Gerichtsvollzieher und die Bettler unsere neue Adresse: Meine Mutter schickte keinen fort, und sie hatte eine souveräne Art, Gerichtsvollzieher weder für Feinde zu halten, noch sie als solche zu behandeln: So erhielten wir manchen guten Rat von ihnen, und das Pfandhaus blieb uns ein vertrauter Ort." Man fühlte sich weder zu den Kleinbürgern gehörig, noch war man klassenbewußter Prolet; Böll beschreibt diesen seltsamen Zustand später als anarchisch geprägt und den komplementären überlebenswichtigen Zusammenhalt der Familie als geradezu clanhaft.

Nicht ganz zu Unrecht ist über die Bedeutung dieser frühen Milieuerfahrungen für Bölls schriftstellerisches Werk und über das typisch Kölnische dieser Konstellation viel gesagt und geschrieben worden, für seine literarische Entwicklung war etwas anderes jedoch wohl ähnlich wichtig: So oft es eben ging, schwänzte er die Schule und durchstreifte in dieser „freien" Zeit die Stadt. „Straßenschule" nannte er das später und hat befunden, daß er dort mehr fürs Leben gelernt habe als in der richtigen: „Hände in die Taschen, Augen auf, Straßenhändler, Trödler, Märkte, Kirchen, auch Museen, (ja ich liebte die Museen, ich war bildungshungrig), Huren (an denen in Köln kaum ein Weg vorbeiführte) – Hunde und Katzen, Nonnen und Priester, Mönche und der Rhein, der große graue Rhein, belebt und lebhaft, an dem ich stundenlang sitzen konnte."

Bald nach dem Abitur und der nicht sehr lang betriebenen Buchhändlerlehre zwingen die Kriegsvorbereitungen der Nazis den jungen Studenten in die ungeliebte und dann verhaßte Rolle des Arbeitsdienstlers und Wehrmachtssoldaten. Sechs Jahre lang muß er dabeisein. Verbindungen zu Köln bleiben bestehen, beschränken sich jedoch mehr und mehr auf kurze Urlaubsaufenthalte sowie briefliche Kontakte zur Verlobten, Familie und zu Freunden. Die Gedanken des Obergefreiten Böll richten sich immer wieder angstvoll auf die Heimatstadt, deren Name aufgrund der durch die Bombenangriffe der Alliierten hervorgerufenen Zerstörungen und der Opfer bei der Zivilbevölkerung zunehmend häufiger in den Heeresberichten auftaucht.

Als die Bölls sich nach dem Krieg wiederfanden, wohnten sie zunächst in dem kleinen Dorf im Bergischen Land, wohin die Familie evakuiert worden war und in dem Heinrich Böll sich am Ende des Krieges als Deserteur versteckt gehalten hatte. Von dort aus machte man Expeditionen nach Köln, um zu sehen, wie stark die Zerstörung der Familien-Schreinerei in der Vondelstraße war und um eine Bleibe für die verschiedenen Böll-Familien zu finden. Die Schreinerei war noch relativ intakt, und in einem der südlichen Vororte Kölns, in Bayenthal in der Schillerstraße 99 fand man ein halbzerstörtes Haus. Das Haus wurde „instandbesetzt", wie Böll es später nannte, als er die Deutschen erinnerte, daß am Anfang der Bundesrepublik „ein im Abfall wühlendes Volk" gestanden hatte.

In dieses Haus zogen Heinrich Bölls Vater Viktor, dessen zwei Töchter, Mechtild und Gertrud, sein Sohn Alois mit seiner Frau Maria und vier Kindern, sowie Heinrich und Annemarie Böll, deren erster Sohn Christoph kurz nach seiner Geburt im Herbst 1945 verstorben war. Die drei Söhne Raimund, René und Vincent wurden zwischen 1947 und 1950 hier geboren.

Die äußeren Bedingungen waren katastrophal. Annemarie und Heinrich Böll wohnten im ersten Stock des Hauses auf zwei Zimmern. Später, nach der Geburt des Sohnes Raimund, baute Böll sich eine kleine Mansarde aus, um wenigstens ab und zu in Ruhe arbeiten zu können. Ihr Besitz war gleich Null. Bei einem Bombenangriff von 1944 war das Inventar ihrer zweiten Wohnung in der Neuenhöfer Allee fast vollständig zerstört worden. Und wie wenig sich diese Umstände in den nächsten fünf Jahren änderten, ist einem Brief Bölls an den Verlagsleiter des Middelhauve Verlags, Georg Zänker, zu entnehmen. In diesem Brief vom Dezember 1951 heißt es: „Sie können alles, was ich besitze, was wirklich mir gehört, bequem auf einen Handkarren laden – ich besitze keinen eigenen Stuhl, kein einziges Bett – verbunden mit der Schuldenlast, die mir durch drei Jahre freier Schriftstellerei beschert ist ..."

Annemarie war Lehrerin und fand gleich eine Stelle an der Realschule Severinswall. Sie kündigte die Stelle zum 1.9.1948, weil sich nach der Geburt des dritten Sohnes René Beruf und Haushalt nicht mehr vereinbaren ließen. Im Herbst 1949 ging sie, der materiellen Not gehorchend, an die Schule zurück und quittierte den Schuldienst endgültig am 1.4.1952, als der Vertrag Heinrich Bölls mit dem Kölner Verlag Kiepenheuer & Witsch sicher war und der monatliche Vorschuß in Höhe von 400 DM die Existenz sicherte.

Heinrich Böll arbeitete zunächst in der Schreinerei seines Bruders, weniger als Handwerker denn als Buchhalter, schrieb Rechnungen und Angebote usw. Das Gehalt seiner Frau entsprach in der Zeit der Reichsmark und des Schwarzmarktes etwa 15 Kilo Brot oder, je nach Außentemperatur, 10–15 Kilo Briketts. Böll gab nebenher Nachhilfeunterricht und baute ihn soweit aus, daß er im Herbst 1948 40–50 Stunden unterrichtete, „Latein bis Ende Quinta, Mathematik bis Untertertia und Deutsch bis Oberprima", wie er in einem Brief an seinen Freund Ada Kunz erwähnt. Damit verdiente er ca. 140 DM.

Man sollte sich hierbei vor Augen halten, daß Böll, als er aus dem Krieg zurückkam, 28 Jahre alt war, zwar das Abitur hatte, aber keinen Beruf. Die Wiedereinschreibung zum Studium an der Kölner Universität war nur formeller Art, um so an die lebensnotwendigen Lebensmittelkarten heranzukommen. Von diesem (Nicht-)Studium läßt er sich schon im August 1947 wieder beurlauben, um sich, wie er dem Prorektor schreibt, ganz seinen „freien schriftstellerischen Arbeiten" widmen zu können.

Systematisch zu schreiben beginnt Böll im November 1946, wobei hier eine immer wieder fortgeschriebene Fehleinschätzung der Literaturwissenschaft, Böll habe mit Kurzgeschichten begonnen und allmählich erst zur größeren Form gefunden, korrigiert werden soll: Er schrieb gleichzeitig Romane wie *Kreuz ohne Liebe* oder *Der Engel schwieg* – beide unpubliziert –, Theaterstücke und auch die Kurzgeschichten, die heute zu den Klassikern der deutschen Nachkriegsliteratur gehören.

Als er einen Fundus an Geschichten zusammen hatte, schickte er sie an die unterschiedlichsten Zeitungen und Zeitschriften. Ein 18seitiges Typoskript *Vor der Eskaladierwand* gelangte so an den *Rheinischen Merkur* in Koblenz, wo es von der Redaktion bis zur Unkenntlichkeit gekürzt und unter dem fremden Titel *Aus der „Vorzeit"* am 3.5.1947 abgedruckt wird - Bölls erste Veröffentlichung.

Die Honorare für die ersten publizierten Erzählungen sind minimal. Ihr Gegenwert entspricht umgerechnet etwa 20 US-Zigaretten. Böll braucht dringend eine regelmäßige Einnahme. Er bewirbt sich bei Verlagen und Zeitungen um freie Mitarbeit (auch bei der *Kölnischen Rundschau* und dem *Kölner Stadt-Anzeiger*). Mehrmals steht er kurz davor, die Schriftstellerei aufzugeben. „Meiner Familie gegenüber kann ich jedenfalls eine andere Lebensweise nicht länger verantworten", schreibt er an seinen ersten Lektor, Paul Schaaf, „und obwohl ich manchmal (sekundenweise!) glaube, eine Aufgabe zu haben, so ist mir die Literatur doch keine unglückliche Stunde meiner Frau oder meiner Kinder wert."

In dieser Situation meldet sich der Middelhauve Verlag aus Opladen bei dem jungen Autor – durch Zeitschriftenabdrucke einiger seiner Kurzgeschichten aufmerksam geworden – und zeigt sich an einer Zusammenarbeit interessiert. Bald darauf kommt es zu mehreren Treffen zwischen Middelhauve und Böll, und am Ende steht der Vertrag über die Publikation der Erzählung *Der Zug war pünktlich*, Bölls erstes Buch. Der Vorschuß von insgesamt 1.500 DM, eine für damalige Verhältnisse beträchtliche Summe, stimmt den Autor optimistisch. Die Kontakte, die er inzwischen zu Redaktionen von Zeitungen und Zeitschriften aufgebaut hat, sichern ihm – so glaubt er – die notwendigen Besprechungen, die wiederum für die erhofften Verkäufe seines Buches sorgen werden. Die realen Zahlen sind dann mehr als ernüchternd. Bis zum 30.6.1950, so läßt sich der ersten Halbjahresabrechnung für *Der Zug war pünklich* entnehmen, sind 145 Exemplare verkauft, was bei einem Ladenpreis von 4 DM dem Autor ein Honorar von 58 DM einbringt. Gleichzeitig war aus den aufgelaufenen Vorschüssen ein Saldo zugunsten des Verlages in Höhe von 3157,60 DM entstanden. Die Situation ist bedrückend, die Schuldenlast wächst stetig.

Ein erfolgreicher Autor, einer, der ausschließlich vom Verkauf seiner Bücher leben konnte, wurde Böll erst Ende der fünfziger Jahre, etwa mit dem Erscheinen von *Billard um halbzehn*. Gelebt hat er in den ersten Jahren ebenso wie etwa Günter Eich und Arno Schmidt in der Hauptsache von der verhältnismäßig gut bezahlten Rundfunkarbeit.

Auf der Suche nach Abdruckmöglichkeiten für seine Arbeiten war Böll bereits im März 1949 bei der *Kölnischen Rundschau* vorstellig geworden. Im Mai bekommt er von einem Redakteur zur Antwort, daß eine seiner Geschichten (*So ein Rummel?*) zur Veröffentlichung angenommen worden sei. Außerdem heißt es: „Ich muß allerdings gestehen, daß ich mit einigen Sorgen an den Abdruck und sein evtl. Echo denke. Sie werden selber wissen, daß Ihre Arbeiten für einen derartigen Leserkreis, wie ihn die Kölnische Rundschau hat, nicht gerade geeignet sind."

Böll wartet auf den Abdruck und das fällige Honorar; erhält eine weitere Anfrage der *Rundschau*, schickt andere Geschichten, die mit einem standardisierten Vordruck an ihn zurückkommen: „Aus Raumgründen sind wir leider nicht in der Lage ...“ Im Dezember fordert er *So ein Rummel* dann nicht ohne Ärger endgültig zurück und merkt dazu an: „Ich hoffe, daß Sie inzwischen ohne jede Sorge dem Abdruck des Romans *Die Blitzfalle am Monte Christo* [gemeint war: *Die Blitzfalle am Monte Santo* – Ein Kölner Kriminalroman aus der Vorkriegszeit von Bernd Berger] haben zusehen können, ohne Sorge um die christliche Kultur, die ja wohl unter dem verheißungsvollen Motto ‚Für Christentum und Kultur' in das Programm Ihrer Zeitung einbezogen ist, ohne Sorge auch um die Gemüter Ihrer Leser, die um keinen Preis – es geht ja wohl bei der christlichen Kultur hauptsächlich um die Abonnenten – beunruhigt werden dürfen.“ Er bittet um Rücksendung seines Manuskripts und endet: „Immerhin scheint es unmöglich für einen jungen Schriftsteller, der weder auf der devotionalistischen noch auf der sentimentalen Ebene sich bewegt – andererseits natürlich keinen ‚Namen' hat, so daß er aus konventionellen Gründen hin und wieder gedruckt werden muss; unmöglich scheint es, eine Chance zu bekommen, die sich unter dem Motto ‚Christentum und Demokratie' verantworten ließe.“

Jene Literatur, die als „die deutsche Nachkriegsliteratur“ Weltgeltung erlangte, hatte in der ersten Nachkriegszeit im eigenen Land nur geringe Aussichten auf Erfolg: Was gelesen wird, sind „optimistische Geschichten“, bevorzugt sind neben ausländischen Schriftstellern die Autoren der inneren Emigration wie Hans Carossa, Ernst Wiechert, Autorinnen wie Annette Kolb oder Elisabeth Langgässer, für die „die Gegenwart (...) nichts [ist] gegen den Ozean und die verflossenen zehntausend Jahre“. Die zehntausend Jahre, in denen die vorgesehenen tausend Jahre des „Großdeutschen Reichs“ unbescholten aufgehoben waren.

Böll ist nicht bereit, sich anzupassen. Er bekomme zwar gute Feuilleton-Angebote, schreibt er schon im August 1948 an den Freund Ada Kunz, könne aber „nichts auf die Beine bringen“, weil er sich räumlich begrenzen müsse „und außerdem nur optimistischen Kram ‚liefern' soll. Der wird gut bezahlt und ‚geht' ab wie warme Brötchen. Aber ich kann einfach nicht. Ich kann auch in diesem Punkt keine Konzessionen machen ...“

Anfang 1950 schließt sich Böll – mit ihm Hans Bender und Paul Schallück – einer „Gruppe junger Autoren“ an, einer Art Konkurrenzgründung zur „Gruppe 47“. Sie hat ihren Sitz in Kassel und versucht, einen Feuilleton-Dienst ins Leben zu rufen. Schallück und Böll übernehmen die Berichterstattung aus Köln. Sie rezensieren Filme, Ausstellungen, Theateraufführungen und anderes. Auch dieser eher journalistisch ausgerichtete Versuch, beruflich Fuß zu fassen und so halbwegs ein Auskommen als freier Autor zu finden, scheitert. Die Gruppe geht sang- und klanglos ein, und Böll ist gezwungen vom 1.6.1950 bis zum 30.4.1951 eine Aushilfsangestelltenstelle beim Statistischen Amt der Stadt Köln anzunehmen. Die erste Volkszählung der Nachkriegszeit braucht ihn als Helfer. In dieser Zeit kommt er kaum zum Schreiben.

Auf Vermittlung von Alfred Andersch – damals Redakteur beim Hessischen Rundfunk – nimmt Böll im Dezember 1951 Kontakt zu Josef Caspar Witsch auf, dem Leiter des Verlages Kiepenheuer & Witsch. Der Verlag, als Ableger des Gustav Kiepenheuer Verlages in Leipzig gegründet, war 1950 nach Köln gezogen und im November 1951 ins Kölner Handelsregister eingetragen worden. Böll trennte sich in gegenseitigem Einvernehmen Anfang 1952 von Middelhauve, der großzügig bis dahin aufgelaufene überschüssige Vorauszahlungen des Verlages in Höhe von 4.074,56 DM als verloren ausbuchen ließ. Bei Kiepenheuer & Witsch hatte Heinrich Böll dann mit seinem Roman *Und sagte kein einziges Wort* einen ersten Achtungserfolg auch beim Publikum.

1954 – Böll war inzwischen mit drei Romanen, einer längeren Erzählung, mehreren Hörspielen und etwa vierzig Kurzgeschichten auf der literarischen Bühne vertreten – wendet sich dann auch der *Kölner Stadt-Anzeiger* an ihn: „Wir sehen eine unserer Aufgaben darin, den Kölner Schriftstellern zur Geltung zu verhelfen, und würden es uns als Versäumnis anrechnen, wenn wir nicht den Versuch machten, von Ihnen einige Kurzgeschichten zu bekommen. (...) Wir haben uns bisher nicht an Sie gewendet, weil wir immer hofften, Schriftstellern von Ihrer Bedeutung einen größeren Platz einräumen zu können." – Möglich sind aber nur „Kurzerzählungen von höchstens drei Schreibmaschinenseiten (weitzeilig geschrieben)".

Das zeigt, daß der Schriftsteller Böll am Anfang in Köln kaum Förderung und Unterstützung für seine Arbeit gefunden hat. Seine „Entdecker" und kritischen Förderer, Alfred Andersch und Walter Dirks von den *Frankfurter Heften*, waren keine Kölner. Seine bekanntesten Hörspiele wurden zwar beim NWDR, jedoch von Ernst Schnabel oder Heinz Schwitzke in Hamburg produziert.

Hatte die Literatur im 19. Jahrhundert in Köln eine kaum nennenswerte Bedeutung, kamen in den zwanziger Jahren dieses Jahrhunderts einige mehr oder weniger bekannte Autoren in die Stadt: Ernst Bertram, Otto Brües, Jakob Kneip, Alfons Paquet oder Heinz Steguweit – Autoren, die zum Teil während der Nazi-Zeit eine durchaus unrühmliche Rolle spielten („Ein Hakenkreuz am Wegrand steit, stumm kniet davor Ernst Steguweit"). Mit ihnen wurde, wie schon einmal in der Romantik durch Friedrich Schlegel, ein literarisches Interesse von außen her nach Köln hineingetragen. Eine literarische Gruppenbildung fand aber nicht statt. Von einem eigenständigen literarischen Leben, von einer „Kölner Literaturszene“, vergleichbar der in München oder Berlin, konnte weiß Gott nicht die Rede sein.

Nach dem Zweiten Weltkrieg änderte sich das nur allmählich, bis es dann in den sechziger Jahren kaum eine Bestsellerliste mehr gab, auf der nicht ein in Köln ansässiger Autor vertreten gewesen wäre. Von Bender und Böll bis zu Wallraff und Wellershoff ließe sich ein respektables Schriftsteller-Alphabet aufmachen. Dieses literarische Aufgebot kam nicht von ungefähr. Meist waren es berufliche Gründe, die die Autoren nach Köln brachten, angezogen von den Rundfunkanstalten mit ihren vielfältigen Hörfunk- und Fernsehprogrammen, von Verlagen, Zeitungen und Zeitschriften, die günstige Arbeitsmöglichkeiten boten.

Das literarische Leben entwickelte sich trotzdem vergleichsweise langsam: Anfang der fünfziger Jahre sorgte der Bahnhofsbuchhändler Ludwig mit seinen „Mittwochsgesprächen“ für Aufsehen und Aufregung in Köln und Umgebung. In den sechziger Jahren sprach man dann sogar von einer „Kölner Schule“, einer Schule des „Neuen Realismus“ in der Literatur. Dieter Wellershoff ist ihr Initiator gewesen, und seine „Schüler“ waren Autoren wie Rolf Dieter Brinkmann und Nicolas Born, mit denen er als Lektor im Verlag Kiepenheuer & Witsch zusammenarbeitete. Es ist weniger bedeutend, daß der „Neue Realismus“ heute Teil der Literaturgeschichte geworden ist, wichtig für den Kölner Literaturbetrieb war und bleibt, daß erstmals in dieser Zeit eine kontrovers diskutierte, weithin beachtete literarische Tendenz mit dem Namen der Stadt verbunden wurde.

So sehr Köln heute von Literaten und Autoren bevölkert sein mag, ein literarisches Café, einen Ort, wo sich die literarische Szene trifft, gibt es nicht. „Ich würde nicht zögern“, schreibt Christan Linder, „die Küche von Edith und Heinrich Vormweg in ihrem Haus im Stadtteil Longerich zu einem zentralen Ort der literarischen Diskussion zu erklären (...)“ Eine kulturelle Auseinandersetzung, so scheint es, findet eher im kleinen privaten Kreis statt, und vielleicht ist das der richtige Rahmen, in dem der Austausch von Literarischem am wirksamsten fruchtbar werden kann.

Mißt man das „literarische“ Klima einer Stadt auch an der „öffentlichen“ Meinung zur Literatur und ihren Produzenten, wie sie sich von Zeit zu Zeit in den örtlichen Leserbriefspalten der Zeitungen niederschlägt, so steht zu befürchten, daß es wohl noch eine Weile brauchen wird, bis in Köln eine Aufgeschlossenheit gegenüber Literatur Platz greift, wie sie für die Bildende Kunst schon seit längerem spürbar ist.

Erinnert sei in diesem Zusammenhang nicht nur an Art und Form des Widerspruchs, den Böll und andere Autoren bei vielen Äußerungen über die Stadt in Köln gefunden haben. Ins Gedächtnis gerufen sei eine „Staatsaffäre", die sich 1972 in Köln ereignete.

Damals erschien bei Kiepenheuer & Witsch ein mit städtischen Mitteln gefördertes *Notizbuch. Neun Autoren – Wohnsitz Köln*, in dem verschiedenen Autoren (u.a. Jürgen Becker, Hans Bender, Heinrich Böll, Paul und Inge Schallück, Günter Wallraff) zum Teil tagebuchartige Beiträge aus dem Jahr 1971 veröffentlichten. Einer der Autoren, Heiko Deters, schrieb sein *Tagebuch eines in Köln Exilierten*, in dem es heißt: „Niemand scheint zu wissen, was die Stadt will; sie liebäugelt mit der Kunst, krankt am FC, wirft Pflastermaler raus, renoviert die Museen und baut Autobahnen um sich herum. Das Ziel ist Ordnung und das Resultat Klüngelei. Sie schläft mit jedem und erreicht nichts. (...) Der Rhein als Kloake und die Brücken als Donnerbalken. Man erledigt sein Geschäft und verdrückt sich auf der Autobahn. Die stinkende Kölner Blase bläht sich auf und findet keinen Ablaß. Selbst der Kardinal mag nicht helfen."

Da half dann nichts mehr. Köln: Kloake und stinkende Blase? Da schützte es Deters auch nicht, einen literarischen, einen Kunst-Text geschrieben zu haben. „Ich lege den Deters um. Das tue ich für alle, die ein kölsches Herz haben!" schrie ein Anonymus ins Telefon. Ein Sadist malte sich öffentlich aus, wie der Autor von mit Knüppeln bewaffneten Bürgern aus der Stadt gejagt wird. „Der Autor ist verrückt", sagte schlicht der damalige Bürgermeister Jacobs, seine Kollegin im Amt, Else Schmitt, empörte sich: „Der Herr Diplompsychologe soll sich selber einen guten Psychologen nehmen, der ihm bei seinen Komplexen hilft." Oberbürgermeister Burauen war in Urlaub, gab aber später zu wissen, er habe nichts gegen Literaten „in unserer Stadt", die sich kritisch gebärdeten, daß man sich aber in Zukunft über die sinnvolle Verwendung von Steuergeldern Gedanken machen müsse. Wenn die Volksseele kocht, dann in Köln so wie irgendwo in Deutschland.

Dabei schwimmen die Felle für „Kölsche", für die Lokalpatrioten weg. Köln ist schon lange nicht mehr „hillig" (der Rhein ist längst eine amtliche Kloake), und der kleine Raum innerhalb der mittelalterlichen Stadtmauern, der Köln einmal war und der den „Kölnern" immer noch als „Köln" gilt, ist aufgebrochen und nicht mehr haltbar. Der Flüchtlingsstrom der ersten Nachkriegsjahre, die Eingemeindungen – gegen die sich viele der betroffenen Gemeinden gewehrt haben –, Köln ist kein abgeschlossener Raum mehr, wie es vielleicht vor dem Krieg noch gewesen sein mag.

Eine Stadt, die sich mit einer solchen Rasanz verändert, kann auch nicht als Einheit erfahren werden. Die meisten Autoren, die in jüngerer Zeit etwas über Köln geschrieben haben, haben diesem Umstand Rechnung getragen. So schreibt Paul Schallück 1959: „Wer will es wagen, diese Stadt in ein Porträt zu zwingen? Köln hat tausend Gesichter, und unter den tausend Gesichtern das eine, eigentliche. Wer kann es finden?" Dieter Wellershoff empfindet 1990 die Stadt als „ein ungeheures Buch vom Informationsgehalt und Umfang einer universalen Bibliothek. Kein Mensch kann es je zu Ende lesen. Aber man kann darin blättern und sich immer wieder festlesen." Und wen wunderts, daß das so entworfene literarische Bild an das Subjekt des Autors gebunden bleibt und auch Bölls Blick zurück nicht immer frei ist von Sentimentalität.

Erwähnt sei in diesem Zusammenhang ein in Köln weitgehend unbekannter Autor: Adolf Görtz. 1920 in der Biberstraße im Severinsviertel – also unweit von Bölls Geburtshaus – geboren, hat es ihn nach dem Krieg in die jetzige DDR verschlagen. Er entwickelt in seinem Jugendroman *Jacob und die sieben Taler* (1989) ein deutlich anderes Köln-Bild als das Heinrich Bölls. Hauptthema des Romans ist die Auseinandersetzung zweier Jugendgruppen im Severinsviertel; „St. Severin", mit Kindern aus dem von Arbeitslosigkeit und Armut geprägten, den Kommunisten nahestehenden Arbeitermilieu und den „Ubiern", den bürgerlichen Kindern, die zum Teil schon Mitglieder in Nazi-Organisationen sind. Selbst wenn man diesem Roman seine ideologisch-klassenkämpferischen Floskeln und Passagen nimmt, so bleibt ein Bild, das wenig zu tun hat mit dem wohnzimmerhaft Gemütlichen, das Böll diesem Teil der Stadt für die gleiche Zeit zuerkennt.

Der „Roman" einer Stadt wird eben nicht von einem Autor alleine geschrieben, sondern das facettenreiche Bild entsteht erst durch die unterschiedlichen Perspektiven, die eine Vielzahl von Autoren einbringen, sei es in den möglichen Spielarten des Literarisch-Fiktiven oder im Essayistischen. Es ist erzählte Sozial- und Zeitgeschichte dieser Stadt, die einer findet, wenn er Gedichte Heinrich Bölls liest – oder Dieter Wellershoffs Roman *Ein schöner Tag* oder Essays wie *Rückblick auf ein Paradies*, in dem Heinrich Vormweg 1972 die Entwicklung der Gartenstadt Nord einfühlsam beschreibt.

Und das jeweilige Bild ist natürlich abhängig davon, wann einer in die Stadt gezogen ist, oder wann er hier geboren wurde. Einer, der im Köln der Trümmergrundstücke und Ruinen aufwuchs, der die Trümmer lediglich als phantastische Spielmöglichkeiten erlebt hat – und nicht die für die vorhergehende Generation damit verbundene Zerstörung und den vielfachen Tod – der hat eine ganz andere Stadt kennengelernt, als der 1970 ins „aufgeräumte" Köln Geborenene. Gerade jetzt wird, ökologischen Notwendigkeiten folgend, durch Verkehrsberuhigung und architektonische Umgestaltung von Plätzen, ein Köln „restauriert", das auch Böll partiell wieder an das Köln der Vorkriegszeit erinnern könnte.

Heinrich Böll hat keine Autobiographie hinterlassen. Es gibt allerdings zwei längere Texte mit autobiographischem Charakter: *Was soll aus dem Jungen bloß werden? Oder: Irgendwas mit Büchern*, der 1981 im Lamuv Verlag erschien und in dem er seine Schulzeit unter den Nazis am Kaiser Wilhelm-Gymnasium beschreibt, sowie einen Bericht über seine Erlebnisse am Kriegsende mit dem Titel *Brief an meine Söhne oder vier Fahrräder*, 1984. Des weiteren liegen einige Aufsätze vor wie *Raderberg, Raderthal* und *Hoffentlich kein Heldenlied*, in denen Böll sich an das Köln der Zwanziger Jahre und die Zeit unmittelbar nach dem Zweiten Weltkrieg erinnert. Zum anderen auch Texte wie *Stadt der alten Gesichter* oder *Hülchrather Straße 7*, die, auf den Zeitpunkt des Schreibens bezogen, einen stärkeren Gegenwartsbezug haben. Alle anderen Äußerungen zu seiner Biographie sind in Interviews oder versteckt in Essays erschienen.

Vielleicht vermißt man bei den in diesem Band versammelten Texten Passagen aus Romanen und Erzählungen. Es gilt da ein weiteres Mißverständnis zu klären, das Mißverständnis nämlich, daß Köln in Bölls erzählerischem Werk realistisch abgebildet und ständig präsent sei, man sich mit einem seiner Romane in der Hand auf Spurensuche in Köln machen könnte. Das Köln-Bild könnte sich eher verwirren, versuchte etwa ein Neuankömmling die vielschichtigen Beschreibungen des Heinrich Fähmel aus *Billard um halb zehn* zu rekonstruieren, der 1907 eine Stadt von einem Bahnhof aus betritt. Da ist die Rede von einem Hotel „Prinz Heinrich“, das sich dem Bahnhofsvorplatz anschließt, von einem Café Kroner; Details werden aufgeführt, durch die der Besucher zu der Überzeugung kommen könnte, es handele sich um das Excelsior-Hotel und das Café Reichard, gleich um den Dom gruppiert. Da, wo aber der Dom plaziert sein müßte, steht St. Severin. Die gotische Kathedrale, im Krieg als kulturelles und damit touristisch wertvolles Denkmal von den alliierten Bomberpiloten geschont, ausgetauscht gegen eine der (von Böll geliebten) romanischen Kirchen, die keine Schonung fand. Bestimmte Fragmente der Stadt sind in seinen erzählenden Texten immer wieder zu finden. Aber Böll verwendet die Stadt eben nur als Material, das er spielerisch neu „komponiert“, so daß eine direkte Zuordnung zu Vorhandenem häufig nicht zulässig ist. „Es bleibt dabei: Bölls Bild von Köln ist weder den Romanen zu entnehmen noch den kürzeren Erzählungen. Was an den Romanen autobiographisch ist, das verraten nicht die Romane, das verrät nur die Biographie“, so schreibt Michael Bengel, der sich als einer der wenigen des verqueren Themas ‚Böll und Köln‘ sachkundig angenommen hat.

Wenn aber dieses Thema nur so eingeschränkt betrachtet werden kann, wie steht es dann mit der Stadt, der Region als „Provinz der Weltliteratur"? Hans Mayer – als Jude unter den Nazis aus Köln vertrieben und, wie so viele deutsche Emigranten, nicht mehr heimgekehrt in seine Geburtsstadt – hat 1980, anläßlich der Verleihung des Kölner Literaturpreises an ihn, eine überraschende Deutung dafür gefunden. Für das Verhältnis der Kölner zum Wort und der Wortkunst versagten „die hergebrachten literarischen Gattungen ebenso wie die strengen Scheidungen zwischen sogenannt hoher und sogenannt trivialer Literatur ..." Literatur finde statt in dem, was nicht übersetzbar ist, der Mundartliteratur. „Es ist die Literatur der kleinen Leute. In den besten Dialektliedern Ostermanns handelt es sich um eine schöne und echte Poesie. Die Wienands mit ihrem fragwürdigen Hasenbraten, die Leute vom Kindtauffest Unter Krahnenbäumen, dat Schmitze Billa, die vielen anderen; es wird mir nicht schwer, sie wiederzuentdecken in den Geschichten von Heinrich Böll. (...) Leni Gruyten [*Gruppenbild mit Dame*] und Katharina Blum stehen für viele. Hier hat einer, in unseren Tagen, das alte Thema ‚Köln und die Literatur' neu behandelt. Nichts ging verloren von der plebejischen Tradition, von der Parteinahme für die kleinen Leute, vom Neinsagertum und von der Widersetzlichkeit. Alles aber wurde zugleich zum Bestandteil der Weltliteratur. In vielen Ländern, jüngst noch in China, wurde ich immer wieder gefragt nach ihm: nach Heinrich Böll."

Geringschätzung von weltlicher und kirchlicher Obrigkeit und Autorität, wie sie Böll selbst zugesprochen wurde und wie er sie vielen seiner literarischen Gestalten zukommen ließ – das ist das spezifisch Kölnische, Rheinische, das wenig zu tun hat mit dem Deutschland-Bild, das durch die Literatur bis dahin vermittelt wurde. Böll selbst hat das 1977 so ausgedrückt: „Das Überraschende war für mich, daß im Ausland zum ersten Mal das Rheinland überhaupt in der deutschen Literatur wahrgenommen wird durch verschiedene Publikationen, nicht nur durch meine. Und daß für die meisten Ausländer ein Klischee des Deutschen zerstört worden ist durch die rheinische Literatur. (...) Das paßte überhaupt nicht ins Bild, das man von Deutschland hatte und der deutschen Literatur. Es ging soweit, daß man mir gelegentlich gesagt hat: Du bist ja eigentlich gar kein Deutscher. Das Rheinland ist ja sowohl von Preußen nie so recht wahrgenommen worden, wie vom Ausland. Für die Engländer – es gibt so ein paar Bemerkungen in der englischen Essay-Literatur über die Rheinländer – sind wir eine Art mißglückter Franzosen. Was nicht zutrifft. Wir sind ja wirklich Deutsche."

Geboren in Köln, am 21. Dezember 1917, während mein Vater als Landsturmmann Brückenwache schob; im schlimmsten Hungerjahr des Weltkrieges wurde ihm das achte Kind geboren; zwei hatte er schon früh beerdigen müssen; während mein Vater den Krieg verfluchte und den kaiserlichen Narren, den er mir später als Denkmal zeigte. „Dort oben", sagte er, „reitet er immer noch auf seinem Bronzegaul westwärts, während er doch schon so lange in Doorn Holz hackt"; immer noch reitet er auf seinem Bronzegaul westwärts. Meine väterlichen Vorfahren kamen vor Jahrhunderten von den britischen Inseln, Katholiken, die der Staatsreligion Heinrichs VIII. die Emigration vorzogen. Sie waren Schiffszimmerleute, zogen von Holland herauf rheinaufwärts, lebten immer lieber in Städten als auf dem Land, wurden, so weit von der See entfernt, Tischler. Die Vorfahren mütterlicherseits waren Bauern und Bierbrauer; eine Generation war wohlhabend und tüchtig, dann brachte die nächste den Verschwender hervor, war die übernächste arm, brachte wieder den Tüchtigen hervor, bis sich im letzten Zweig, aus dem meine Mutter stammte, alle Weltverachtung sammelte und der Name erlosch.

Über mich selbst, 1958. In: ERZÄHLUNGEN, HÖRSPIELE, AUFSÄTZE, Köln 1961, S. 396 f.

Meine erste Erinnerung: Hindenburgs heimkehrende Armee, grau, ordentlich, trostlos zog sie mit Pferden und Kanonen an unserem Fenster vorüber; vom Arm meiner Mutter aus blickte ich auf die Straße, wo die endlosen Kolonnen auf die Rheinbrücken zumarschierten; später: die Werkstatt meines Vaters: Holzgeruch, der Geruch von Leim, Schellack und Beize; der Anblick frischgehobelter Bretter, das Hinterhaus einer Mietskaserne, in der die Werkstatt lag; mehr Menschen, als in manchem Dorf leben, lebten dort, sangen, schimpften, hängten ihre Wäsche auf die Recks; noch später: die klangvollen germanischen Namen der Straßen, in denen ich spielte: Teutoburger-, Eburonen-, Veledastraße, und die Erinnerung an Umzüge, wie mein Vater sie liebte, Möbelwagen, biertrinkende Packer, das Kopfschütteln meiner Mutter, die ihren Herd liebte, auf dem sie das Kaffeewasser immer kurz vor dem Siedepunkt zu halten verstand. Nie wohnten wir weit vom Rhein entfernt, spielten auf Flößen, in alten Festungsgräben in Parks, deren Gärtner streikten; Erinnerung an das erste Geld, das ich in die Hand bekam, es war ein Schein, der eine Ziffer trug, die Rockefellers Konto Ehre gemacht hätte: 1 Billion Mark; ich bekam eine Zuckerstange dafür; mein Vater holte die Lohngelder für seine Gehilfen in einem Leiterwagen von der Bank; wenige Jahre später waren die Pfennige der stabilisierten Mark schon knapp, Schulkameraden bettelten mich in der Pause um ein Stück Brot an; ihre Väter waren arbeitslos; Unruhen, Streiks, rote Fahnen, wenn ich durch die am dichtesten besiedelten Viertel Kölns mit dem Fahrrad in die Schule fuhr; wieder einige Jahre später waren die Arbeitslosen untergebracht, sie wurden Polizisten, Soldaten, Henker, Rüstungsarbeiter – der Rest zog in die Konzentrationslager; die Statistik stimmte, die Reichsmark floß in Strömen.

Über mich selbst, 1958. In: ERZÄHLUNGEN, HÖRSPIELE, AUFSÄTZE, Köln 1961, S. 397.

Als ich drei – vier Jahre alt war, begleitete ich morgens immer meinen Vater nach dem Frühstück die Treppe hinunter bis vor die Haustür; von dort fuhr er per Fahrrad in seine Werkstatt, und bevor er aufs Rad stieg er war ein altmodischer Radfahrer und stieg von einem Pinn, der am Hinterrad angebracht war, von hinten auf den Sattel (fast wie ein Reiter aufs Pferd) – steckte er mir manchmal einen Geldschein zu, für den ich mir im gegenüberliegenden Laden eine Handvoll Bonbons oder eine Zuckerstange kaufen durfte. Ich erinnere mich an ziemlich viel Nullen auf dem Geldschein, erfuhr später, daß es sich um eine Milliarde oder gar eine Billion gehandelt hatte; der Gegenwert, den ich für diesen nullenreichen Schein bekam, mag fünf Pfennige betragen haben. Das war in den Jahren 1921–22, wo ich morgens für ein bis zwei Minuten Milliardär oder Billionär war.

Die Angst der Deutschen und die Angst vor ihnen, 1976. In: EINMISCHUNG ERWÜNSCHT, Köln 1977, S. 339.

Als ich vier Jahre alt war, zogen wir aus der Vorstadt in einen noch halb ländlichen Vorort. Ich legte den Weg dorthin – er schien unendlich weit und ins Unendliche zu führen – auf der ersten Umzugsfuhre zurück, saß eingekeilt zwischen Stühlen, Kochtöpfen, Kissen auf dem Handwagen, den ein Gehilfe meines Vaters zog; der Gehilfe hieß Köhler, war dunkelhaarig, Schlesier, katholisch und – ich erfuhr das alles viel später – sehr, sehr links; als Jackett trug er einen umgearbeiteten feldgrauen Rock, und wenn ich an ihn denke, weiß ich, aus wessen Mund ich zum erstenmal das Wort Verdun hörte ...

Es war mein erster Umzug; das Versprechen meiner Mutter, „dort draußen“ könnte ich viel besser spielen, war noch nicht eingelöst. In der Teutoburger Straße hatten wir schön gespielt: im Römerpark, im Hindenburgpark, meistens auf der Straße, auf dem Bordstein sitzend, mit den Füßen in der Gosse, noch zu klein, um Hüpfen zu spielen, doch groß genug, um Ball zu spielen, zum Ärger jenes Herrn, der Kinder so wenig mochte wie Bälle und schlicht „Ballabnehmer“ genannt wurde. Manchmal „stivvelten“ uns die größeren Kinder an, Sand in die Fahrerhäuser vorüberfahrender Besatzungsautos zu werfen; wenn dann die Bremsen quietschten, zornige Fahrer auf die Straße sprangen, liefen sie, die größeren weg; wir blieben ahnungslos stehen, hörten englische Schimpfwörter, demonstrierten, unser selbst nicht ganz so sicher, das Sand-ins-Fahrzeug-Werfen als eine Art Warnschuß vor den Bug, etablierten uns als Zöllner und Wegelagerer zugleich und riefen in das wütende Schimpfwortgesprudel hinein, was uns eingetrichtert worden war: „Tschokelät pliehs – tschokelät pliehs –“, bekamen manchmal sogar welche, bekamen sie von den größeren wieder abgenommen. Es herrschte Inflation. Knappe Zeiten ...

Schöner an der Teutoburger Straße: Sie lag nicht weit vom Rhein; im Herbst lag auf der Uferpromenade das Laub kniehoch, im Frühjahr stand dort Hochwasser, das auch die tiefergelegenen Gräben der alten Kasematte füllte, aus der der Hindenburgpark entstanden war, eine durch Rosenrabatten und Laubengänge geschmückte und getarnte ehemalige Festung. Schöner noch, wenn meine älteren Brüder es wagten, mich weit (realistisch betrachtet: knapp einen Kilometer weit) mitzunehmen, unter der dunklen und düsteren, bis auf den heutigen Tag dunklen und düsteren Südbrücke hindurch, bis zu Boisserees Holzplatz und Sägewerk. Dort schwenkten die großen Flöße, vom Oberrhein kommend, vor der Südbrücke ein, wurden ans Ufer manövriert, die Stämme an Ketten durch einen Tunnel unter der Uferstraße hindurch ins Sägewerk hineingezogen. Sie kamen weit her, aus dem Schwarzwald, dem Spessart, dem Steigerwald. Der Rhein roch gut, nicht salzig, doch bitter genug, nach Algen auch; nun, so wie der Rhein riecht (roch) ...

Das neue Haus, unser Haus, gefiel mir, wenn ich auch acht Jahre später, als wir in die Stadt zurück und noch tiefer in sie hineinzogen, die dunklen Flure und die vielen Namensschilder als heimatlich wieder begrüßte ...

Ich kletterte zwischen Töpfen, Stühlen, Kissen hindurch hinaus und über die Radnaben in den Vorgarten. Drinnen im Haus roch es schon, wonach es bei späteren Umzügen immer riechen sollte: nach Kakao.

Acht Jahre lang wohnten wir in dieser Straße, die von zwei „Lagern“ bestimmt war, dem bürgerlichen und dem sozialistischen (das waren damals noch wirkliche Gegensätze!), oder von den „Roten“ und den „besseren Leuten“. Ich habe nie, bis heute nicht begriffen, was an den besseren Leuten besser gewesen wäre oder hätte sein können. Mich zog's immer in die Siedlung, die wie unsere neu erbaut war, in der Arbeiter, Partei- und Gewerkschaftssekretäre wohnten; dort gab es die meisten

Kinder und die besten Spielgenossen, immer genug Kinder, um Fußball, Räuber und Gendarm, später Schlagball zu spielen. Meine Eltern störte es nicht, daß ich die meiste Zeit bei den „Roten" verbrachte, sie wären nie auf den Gedanken gekommen, zu tun, was die Professoren, Prokuristen, Architekten, Bankdirektoren taten: Die verboten ihren Kindern, mit den „Roten" zu spielen. Der bürgerliche Teil war so offensichtlich der langweiligere, die Spiele dort in Gärten und Stuben ganz á la Trotzköpfchen: Teeparties, Pfänderspiele, die merkwürdig schwüle Früherotik, aus der man sich sentimentale Erinnerungen strickt. Auf der Straße, von den „roten" Kindern lernte ich, was ich bei den „besseren" nie gelernt hätte: Reifenschlagen als Wettlauf, rund um den Park, rund um den Block, barfuß, mit einem Stock die kahle, rostige, aus dem Abfallhaufen herausgesuchte Fahrradfelge vor mir herzutreiben, sie, ohne viel Tempo zu verlieren, in die Kurve zu lenken, ihr vorne links, vorne rechts eins zu versetzen, dann mit dem Stock schleifend zu bremsen, rund um den Park, rund um den Block. Oder Reifenweitwurf oder -weitrollen: den Reifen im Vorgebirgspark den Wiesenhang hinunterzuschleudern, auf Kommando, zuzusehen dann, wie die Reifen, erst nebeneinander, dann Tempo gewinnend, verlierend, auf die Nußbaumgruppe am Querweg zurollten, O-beinig eiernd schließlich ermatteten, ausschlugen, umfielen, während des Siegers Reifen sich stolz dem Querweg näherte.

Raderberg, Raderthal, 1965. In: AUFSÄTZE, KRITIKEN, REDEN, Köln 1967, S. 180 ff.

Meine ganze religiöse Erziehung spielte sich in fürchterlichen neo-gotischen Kirchen ab, die waren von einer derartigen industriellen Kälte, eine richtige Industrie war das. Mein Vater war natürlich in seiner Eigenschaft als kleiner Unternehmer an dieser Industrie beteiligt. Diese Kunst und die damit verbundene Religion, das war für uns identisch. Die schönen romanischen Kirchen, die ging man besichtigen, in den anderen fanden die Pflichtgottesdienste statt, der Katechismusunterricht, dieser ganze fürchterliche Wahnsinn des 19. Jahrhunderts wurde über einem abgerollt. Ich glaube, daß ich angefangen habe, mich verhältnismäßig früh davon zu befreien, mit dreizehn, vierzehn, fünfzehn, und ich wundere mich bis heute über meine Eltern, die ja klassisch-katholisch erzogen waren im Sinne des 19. Jahrhunderts, daß sie meine religiöse Praxis nie kontrolliert haben. Ich bin jahrelang gar nicht in die Kirche gegangen, als Junge so zwischen vierzehn und achtzehn, und auch nicht zu den Sakramenten. Ich war nicht unreligiös, aber ich hatte meine Schwierigkeiten mit der Kirche und auch mit all dem Drum und Dran. Aber niemals haben mich meine Mutter oder mein Vater kontrolliert. Das war erstaunlich, und bis heute bin ich erstaunt, und ich schließe daraus, daß sie beide so unter ihrer religiösen Erziehung gelitten haben, daß sie gewünscht haben, die Kinder sollten davon verschont bleiben. Nicht ausgesprochen, sondern unausgesprochen. Meine Mutter hat uns oft erzählt, daß sie als junges Mädchen, als Kind in Düren jeden Tag zweimal in die Kirche mußte, morgens in die Messe, abends in die Andacht, und zwischendurch wurde noch der Rosenkranz gebetet. Und mein Vater hat immer mit kaum verhohlener Wut über die schreckliche Tyrannei seines Vaters gesprochen, der seine Jungen, es waren sehr viele Kinder bei meinem Großvater, zu Pilgerfahrten zwang, bei denen sie das Kreuz durch die Nacht tragen und bis in den nächsten Vormittag hinein nüchtern bleiben mußten. Es wurde nie ausgesprochen, und trotzdem glaube ich heute, daß meine Eltern gedacht haben: Diesen Schrecken wollen wir unseren Kindern nicht aufladen.

Eine deutsche Erinnerung, Köln 1979, S. 47 f.

Ich möchte meine Eltern heute fragen können: Was war das, warum seid ihr so liberal mit uns gewesen, es entsprach nicht eurer Erziehung, und es entsprach nicht dem, was in vergleichbarem Milieu üblich war. Andererseits hat wahrscheinlich dieses Nicht-Bestehen auf religiöser Praxis, das, was religiös in mir geblieben ist, sehr gestärkt. Ich habe mich nie tyrannisiert gefühlt, auch schon als junger Mensch nicht durch diese fürchterlichen Drohungen mit Exkommunikation und Todsünden. Aber ich kann deshalb nur so wenig darüber sagen und schon gar nicht darüber schreiben, weil meine Zeugen nicht mehr leben. Und ich möchte nicht über ihre Köpfe hinweg etwas in sie hineininterpretieren.

Eine deutsche Erinnerung, Köln 1979, S. 48.

Ich war der Jüngste, das ist wahrscheinlich eine besondere Position ... Ich habe von keinem meiner Elternteile den Eindruck, daß ich vernachlässigt worden wäre, auch von meiner Mutter nicht. (...) Wahrscheinlich war meine Beziehung zum Vater stark, aber zu meiner Mutter nicht geringer. Natürlich, die Mutter ist zu Hause, macht das Essen, kümmert sich um die praktischen Dinge; wir haben viel miteinander geredet, auch gespielt.

Drei Tage im März, Köln 1975, S. 33.

Mein Vater liebte Umzüge und zog sogar gern innerhalb der Wohnung um, das Schlafzimmer der Eltern wurde also woandershin verlegt und das andere Zimmer dann dahin und das andere wieder dorthin, es war eine dauernde Unruhe. Und ein Veränderungswunsch. Wenn man das als Struktur sieht, ist das vielleicht das Vorerlebnis zu dem dauernden Unterwegssein im Krieg und nach dem Krieg, das Wartesaalhafte, nicht Endgültige. Ja, es muß wohl auch mit die Unruhe in meinem Vater gewesen sein. Die Zuversicht der Jahre zwischen 1870 und 1914 zerbröckelte später immer mehr, und das war ja damals eine zuversichtliche Zeit, im Grunde etabliert, sehr bürgerlich, ökonomisch stabil.

Drei Tage im März, Köln 1975, S. 53.

Ende der zwanziger Jahre, als ich zehn oder elf Jahre alt war, stellte mein Vater einen Gehilfen ein, der eines Mordes wegen im Zuchthaus gesessen hatte und begnadigt worden war. Wir fragten meinen Vater dann manchmal beim Essen oder wenn wir abends beieinandersaßen: „Was macht denn dein Mörder? Wen hat er denn heute umgebracht?“ Ich habe erst sehr viel später verstanden, warum mein Vater, der keineswegs humorlos war, dann böse wurde und sich diese Scherze verbat. Er sagte etwa: „Ja, dieser Mensch hat einen Mord begangen, aber ich finde es nicht gerecht, daß ihr ihn Mörder nennt. Er hat gebüßt, er hat ein neues Leben angefangen, und ich möchte auf keinen Fall riskieren, daß er erfährt, wie ihr hier über ihn scherzt. Weder ist ein Mord auch nur annähernd scherzhaft, noch sind es zehn Jahre Zuchthaus. Im übrigen ist er ein sehr einsamer Mensch.“

Die 10 Gebote heute: Das 8. Gebot, 1975. In: EINMISCHUNG ERWÜNSCHT, Köln 1977, S. 253 ff.

Ich war noch lange nicht vierzehn, kaum mehr als zwölf, als wir wieder in die Stadt zurückzogen, diesmal an den Rand der Altstadt, zum Ubierring. Mein Vater hatte wohl dem kleinen „Wirtschaftswunder“ von 1928/29 zu sehr vertraut: Ich weiß nicht, ob der „schwarze Freitag“ ein paar Monate später mit seinen letzten Ausläufern die Straße am Park erreichte; es hing mit dem Zusammenbruch einer Bank zusammen, das Haus mußte verkauft werden, die Bank oder deren Gläubiger schluckten die ganze Kaufsumme. Es kam ganz plötzlich, über Nacht, diesmal brauchte ich noch nicht den Handwagen zu beladen und zu ziehen, wurde auch nicht auf ihm transportiert: mein Bruder und ich bekamen nur gesagt, wir sollten nach der Schule nicht in die „Straße am Park“ zurück, sondern zu Fuß über Severin- und Silvanstraße in die neue Wohnung am Ubierring kommen. Das war 1930, im Frühjahr, glaube ich, und die zwanziger Jahre waren damit zu Ende; die dreißiger fingen an.

Raderberg, Raderthal, 1965. In: AUFSÄTZE, KRITIKEN, REDEN, Köln 1967, S. 186.

Zunächst war ich erschrocken über die Stadt, Zentrum, Nähe Ubierring, später dann habe ich das sehr geliebt; weil die Großstadt damals auch eine ungeheure Romantik hatte, fast noch mehr als dieser halbländliche Vorort. Die Straßen, die Beleuchtung, die Hinterhöfe, die Straßenbahn, der Schnee, der Regen. In der Stadt erlebt man das ja alles anders, nicht mehr so elementar, und trotzdem, es verändert alles sehr, und die Menschenmengen, die man in einer Großstadt sieht – es waren damals die Arbeitslosen und Studenten, wir wohnten in der Nähe der Universität –, regen natürlich die Phantasie an, im Sinne sogar fast schon eines Romanschreibers; und zwar im ganz einfachen Sinne: Wo kommt der her, wo geht der hin, was wird aus dem, was wird nicht aus dem, was denkt er sich. In einer relativ ländlichen Nachbarschaft ist das zu sehr festgelegt, und die Anonymität der Großstadt empfinde ich auch als eine romantische Komponente ... Und dann lernt man nun Menschen kennen, Schulkameraden, Bekannte der Eltern, der Geschwister, und dieses Anonyme bevölkert sich mit Personal.

Drei Tage im März, Köln 1975, S. 32 f.

Es war ein Schock, diese Wirtschaftskrise. Die Erkenntnis, daß Wohl und Wehe nicht nur von meinen Eltern abhingen, sondern daß außerhalb der Familie ökonomische und politische Ereignisse stattfanden – und sogar außerhalb Deutschlands –; denn es ist uns bald klargeworden, daß alles auch mit der amerikanischen Wirtschaftskrise zusammenhing. Ereignisse, die einen auslieferten. Es war auch Angst dabei. Die normale Angst eines Kindes, das sich wahrscheinlich nicht ganz sicher ist: Was ist da überhaupt los, geht das so weiter? Ich glaube zwar, daß diese Angst niemandem erspart bleibt, aber diese Tatsache, diese Wirtschaftskrise in ihrer krassesten Form, hat mir den wahrscheinlich üblichen oder normalen Bruch mit den Eltern erspart. Ich habe also sehr früh gemerkt, mit vierzehn, fünfzehn, daß meine Eltern völlig hilflos waren gegenüber diesen Umständen ... Immerhin waren da sechs Kinder, und die meisten gingen auf die höhere Schule, obwohl es wirtschaftlich sehr schwierig war, denn das, was andere, Schulkameraden von mir, mit arbeitslosen Vätern erlebten, war bei meinem Vater, der damals einen kleinen Betrieb hatte, ähnlich. Er war den gleichen ökonomischen Zwängen ausgeliefert. Das ist mir alles sehr früh klar geworden ... Es gab allerdings auch Spannungen innerhalb der Familie, wie die bei krassen ökonomischen Verhältnissen fast unvermeidlich sind, weil es auch nie diese, sagen wir: totale Gerechtigkeit gibt; das ist aber nicht das Problem ... Im Grunde war es doch ein Zusammenhalten, auch mit meinen Geschwistern, mit denen ich mich gleichzeitig stritt, ideologisch, religiös oder politisch; aber wenn es drauf ankam, spielte es keine Rolle ... Es war ein richtiger Clan, der dann jedoch auch eine gewisse Arroganz entwickelte, die mich – nicht was meine Familie betrifft – inzwischen auch literarisch beschäftigt.

Drei Tage im März, Köln 1975, S. 33 ff.

Als mein Vater so alt wurde, wie ich jetzt werde, kam er mir (natürlich?) älter vor, als ich mich fühle. Geburtstage wurden bei uns nicht gefeiert, das galt als „protestantische Unsitte", so erinnere ich mich keiner Feier, nur einiger Details der Stimmung, die in jenem Oktober 1930 herrschte. (Mein Vater hatte den Geburtsjahrgang 1870 mit Lenin gemeinsam, mehr, glaube ich, nicht.)

Es war ein düsteres Jahr. Totaler finanzieller Zusammenbruch, nicht gerade eine klassische „Pleite", nur ein „Vergleichsverfahren", ein Vorgang, den ich nicht durchschaute, es klang jedenfalls vornehmer als „Bankerott", hing mit dem Zusammenbruch einer Handwerkerbank zusammen, deren Direktor dann, auch wenn ich mich recht entsinne, hinter Gitter kam. Mißbrauchtes Vertrauen, verfallene Bürgschaften, unseriöse Spekulationen. Unser Haus im Grünen mußte verkauft werden, und es blieb kein Pfennig von der Kaufsumme übrig. Wir waren verstört, zogen in eine große, zu große Wohnung am Ubierring in Köln, der damaligen Werkschule gegenüber.

Gerichtsvollzieher, Gerichtsvollzieher, Kuckuck über Kuckuck. Wir rissen sie, solange sie noch frisch waren, ab, mißachteten diese vorläufige Besitzergreifung; später ließen wir sie, gleichgültig geworden, kleben, und es kam vor, daß es an manchen Möbelstücken (etwa am Klavier) regelrechte „Kuckucksnester" gab. Mit den Gerichtsvollziehern kamen wir gut aus. Ironie gab's beiderseits, Grobheiten beiderseits nie.

Ich erinnere mich der prägungspolitischen Kuriosität des Vierpfennigstücks; es hing mit Notverordnung und Tabaksteuer zusammen. Dieses Vierpfennigstück war eine große, hübsch gezeichnete Kupfermünze, aber es mag sein, daß sie erst in den Jahren 31/32 aufkam. Die Nazis marschierten triumphal in den Reichstag. Brüning regierte. Wir lasen die *Kölnische Volkszeitung*. Meine älteren Geschwister schworen auf die *RMV* (*Rhein-Mainische-Volkszeitung*).

Ich nahm Abschied vom Spielen im Freien. Schmerzlich. Draußen im Vorort Raderberg hatten wir Hockey (mit alten Regenschirmkrücken und leeren Milchbüchsen) noch auf der Straße gespielt; Schlagball häufig, Fußball seltener, im Vorgebirgspark. Es wurden auch Rosen im Park geköpft, mit der „Flitsch", die in anderen deutschen Gefilden, glaube ich, Zwille heißt. Beim Reifenweitwurf schleuderten wir alte Fahrradfelgen einen sanften Wiesenabhang hinunter; wessen Reifen am weitesten rollte, war Sieger; Rekorde wurden aufgestellt; Reifenschlagen um den weitläufigen „Block" herum; es galt als unzünftig, gekaufte Holzreifen zu benutzen. Ping-Pong auf der Terrasse, die Schaukel im Garten; mit dem Luftgewehr Schießübungen auf unbrauchbar gewordene Glühbirnen, die noch Bajonettverschraubungen hatten. Wir fanden an den Schießübungen nichts militärisch, schon gar nicht martialisch. Zehn Jahre lang Freiheit und viele freie Spiele, die ich nicht alle aufzählen kann. (Martinsfackeln, Papierdrachen bauen und aufsteigen lassen, Klicker.)

Im langen Flur der Wohnung am Ubierring setzten wir die Schießübungen fort, jetzt mit vorschriftsmäßigen Zielscheiben und Bolzen, die „Flümmchen" hießen (wie ich im entsprechenden Wörterbuch des alten Wrede feststelle, kommt das von Flaum, der wiederum vom lateinischen pluma abstammt; die Bolzen hatten ein buntes Quästchen). Während der Schießübungen mußte natürlich, wer ins Badezimmer, die Küche oder in das Schlafzimmer ging oder drin war, gewarnt werden. Gesamtstimmung: Leichtsinn und Angst. Sie schlossen einander nicht aus.

Es wurden (natürlich) nicht alle Einnahmen dem Gerichtsvollzieher offenbart. Es gab Schwarzarbeiten, Einnahmen aus der Vermietung der Maschinen (Lohnschreinerei). (...) Sorgen und Schulden hatten wir genug. Die Miete, das Essen, die Kleider, Bücher, Heizung, Strom. Dagegen half nur temporäre Sorglosigkeit, die eben nur temporär gelang. Irgendwie mußte ja auch Geld fürs Kino, für Zigaretten, für den unumgänglichen Kaffee aufgetrieben werden, was nicht immer, aber gelegentlich gelang. Die Pfandhäuser wurden entdeckt.

Es war nicht alles so lustig, wie es klingen könnte. Je bescheidener es zuging, desto weniger wurde Bescheidenheit die Parole. Ich erinnere mich dankbar der Loyalität meiner älteren Geschwister, die mir, dem Jüngsten, wohl manches ersparten, hin und wieder etwas zusteckten.

Der Husten meines Vaters, 1977. In: ESSAYISTISCHE SCHRIFTEN UND REDEN III, Köln o.J. (1979), S. 493 f.

Ich werde wohl nie den bitteren Geruch von Rohkakao aus dem Mund bekommen, der den Häuserblock Alteburger Straße – Severinswall – Bottmühle – Ubierring frühmorgens schon umzingelte, wenn ich vom Ubierring aus zur Schule ging, und wenn ich irgendwo in der entferntesten Ecke Deutschlands einen Stollwerck-Automaten entdecke oder entdeckte, so ist und war das für mich „heimatlich“ wie die Firmenbezeichnung Theodor Kotthoff, Lackfabrik, Köln-Raderthal, die ich auf nicht nur vielen, auf fast allen Güterwagen während des Krieges entdeckte; als Jungen hatten wir auf den „Hängen“ des „Sausack“ hinter Kotthoffs Lackfabrik Indianer gespielt. Solche Heimat-Assoziationen sind unauslöschlich wie unzählige andere; ich brauchte nicht am Ort zu wohnen, um sie wiederzufinden; im Gegenteil: Mit dem Quadrat der Entfernung wächst ihre Intensität; bei gegenseitiger Annäherung ergibt sich die peinliche Differenz zwischen Erinnerung und Sentimentalität; nah besehen, wird das alles schal und peinlich; man stelle sich vor, ein Maler würde Apfel und Birne aufheben, konservieren, die ihm einmal Modell zu einem Stilleben gewesen ist. Natürlich verliert einer Kindheit und Jugend, wenn er auszieht, das Fürchten zu lernen, und damit hört alles auf, so zu sein, wie „es einmal war“.

Es gibt zwei Köln, die in diesem Sinn „heimatlich“ waren: das Vorkriegsköln zwischen Raderthal und Chlodwigplatz, zwischen Vorgebirgsstraße und Rhein, dazu noch die Südbrücke und die Poller Wiesen; das zweite Köln, das in diesem Sinn „heimatlich“ war, war schon ein anderes, das zerstörte Köln, in das wir 1945 zurückzogen. Diese beiden Köln sind Gegenstand der Erinnerung – und der Sentimentalität natürlich.

Heimat und keine, 1965. In: AUFSÄTZE, KRITIKEN, REDEN, Köln 1967, S. 201.

Ich war fünfzehn Jahre alt, als die Nazis kamen; ich sag jetzt: kamen, wir brauchen uns nicht darüber zu streiten, wie sie gekommen sind; und ich stamme aus einem Milieu, das schon im kleinbürgerlichen Sinne kaputt war, ökonomisch kaputt; mein Vater hat die Wirtschaftskrise mit sechs Kindern und einem kleinen Betrieb, den er hatte, nicht überstanden. Wir waren also ein Gemisch aus Kleinbürgertum und Proletariat, schlugen uns so durch, und das, was man den Zusammenbruch der bürgerlichen Welt oder Gesellschaft nennt, haben wir schon vor 1933 erlebt, verstehen Sie. Die Zuversicht, die aus dem klingt, was Sie eben erzählten über Ihre Geschichte, diese wirklich geschlossene friedliche und auch rührende bürgerliche Welt, die vor 1914 noch existierte, hat auch in den Erinnerungen meiner Eltern kaum noch eine Rolle gespielt. Das ist sehr wichtig. Dann kommt der Katholizismus hinzu, die etwas anarchistische Tradition dieser Region hier in der Stadt Köln und ihrer Umgebung, und ich hab natürlich, natürlicherweise, als Junge gelesen, was so aus dem Milieu kam. Wir haben *Hochland* gehabt, diese katholische Zeitschrift, die ein hohes Niveau hatte, ich hab Bergengruen gelesen, Gertrude von le Fort, Reinhold Schneider; und dann kam, das hat mir den Anstoß zum Schreiben gegeben, das Bekanntwerden mit der Literatur, der renouveau catholique in Frankreich, angefangen mit Bloy, Péguy, Mauriac, Bernanos, und da spürte ich, das sage ich jetzt nachträglich, das hab ich damals nicht bewußt gespürt, daß das ein ganz anderer, befreiender Ton war, als der deutsche Katholizismus ihn je hervorgebracht hat. Ich bin davon sehr beeinflußt worden.

Ich habe nichts über den Krieg aufgeschrieben. Ein Gespräch von Jürgen Manthey und Nicolas Born mit Heinrich Böll und Hermann Lenz. In: LITERATURMAGAZIN 7, Reinbeck 1977, S. 31 f.

Es war damals eine große Grippe-Epidemie im ganzen Reich – die natürlich auch zusammenhing mit der relativ schlechten Ernährung der Bevölkerung, Millionen Menschen haben ja regelrecht gehungert –, und infolge dieser Grippe-Epidemie waren nun auch die Schulen geschlossen, ich lag ebenfalls mit Grippe im Bett – und nachmittags kam ein Schulkamerad zu mir und sagte, ach, der Hitler ist heute Reichskanzler geworden, das weiß ich alles noch ganz genau, ich lag im Bett und las.

Drei Tage im März, Köln 1975, S. 36.

Der Fünfzehnjährige liegt am 30. Januar 1933, an einer schweren Grippe erkrankt, zu Bett, Opfer einer Epidemie, die meines Erachtens bei Analysen der Machtergreifung zu wenig berücksichtigt wird. Immerhin war das öffentliche Leben partiell gelähmt, waren viele Schulen und Behörden geschlossen, jedenfalls lokal und regional. Ein Mitschüler brachte mir die Nachricht ans Krankenbett. Radio hatten wir noch nicht, und das Detektorgebastel fing bei uns erst später an. Die Mini-Ausgabe des Volksempfängers schafften wir mehr widerwillig als notgedrungen erst kurz vor Kriegsausbruch an. Wir wohnten nach einem weiteren Umzug innerhalb von zwei Jahren in der Maternusstraße Nr. 32, hatten uns gegenüber die triste Rückfront der damaligen Maschinenbauschule, waren immerhin nicht sehr weit vom Rhein entfernt, und vom Erkerfenster aus konnten wir das gotisierte dreigiebelige Lagerhaus der „Rhenus“

sehen, das ich immer und immer wieder aquarellierte. Gleich um die Ecke den Römer-, nicht weit davon den Hindenburgpark, wo meine Mutter an schönen Tagen zwischen Arbeitslosen und Frührentnern sitzen konnte.

Ich lag im Bett und las – wahrscheinlich Jack London, den wir von einem Freund in der Büchergildenausgabe entliehen, es kann aber auch sein, daß ich – oh, ihr gesträubten Haare der Literaturkenner, wie gern würde ich euch glätten! – daß ich *gleichzeitig* Trakl las. Der riesige Kachelofen im sogenannten Erkerzimmer brannte ausnahmsweise, und ich entnahm ihm mit sehr langen Fidibussen Feuer für die (verbotene) Zigarette. Der Kommentar meiner Mutter zu Hitlers Ernennung: „Das ist der Krieg", er mag auch gelautet haben: „Hitler, das bedeutet Krieg." (...)

Meine Mutter haßte Hitler von Anfang an (sein Ende hat sie leider nicht mehr erlebt), sie nannte ihn „Rövekopp", was Rübenkopf bedeutet, eine Anspielung auf die aus Zuckerrüben grob herausgeschnittenen Martinsfackeln, denen man möglichst einen „Bart" stehen ließ. Hitler – der war undiskutabel, und sein langjähriger Statthalter in Köln, ein gewisser Dr. Robert Ley (...) hatte wenig dazu beigetragen, Hitler und seine Nazis diskutabel zu machen – die waren nichts weiter als das „grölende Nichts", ohne die menschliche Dimension, die man „Gesindel" noch hätte zubilligen können. Die Nazis waren „nicht einmal Gesindel". Meiner Mutter mit ihrer Kriegsthese wurde heftig widersprochen: So lange würde „der" gar nicht bleiben, um einen Krieg anfangen zu können. (Er blieb, wie die Welt inzwischen eindringlich erfuhr, lange genug.)

Ich weiß nicht, wie lange ich noch bettlägerig war. Die Grippeepidemie brachte den Schnapsläden einen bescheidenen Auftrieb, Rum-Verschnitt war gefragt, als Grog versprach er angeblich Heilung oder Vorbeugung. Wir kauften bescheidene Mengen davon in einem Geschäft Ecke Bonner und Darmstädter Straße: Der Besitzer hieß, glaube ich, Volk, und sein flammend rothaariger Sohn war auf unserer Schule. Ich weiß nicht mehr, ob der Reichstagsbrand, dessen „Promptheit" durchaus bemerkt wurde, noch in die Zeit der Krankheit, in die Schulzeit oder gar in die Ferien fiel (irgendwann muß da auch Karneval gewesen sein!). Vor den Märzwahlen jedenfalls war ich wieder auf dem Schulweg, und erst nach diesen Wahlen – man vergißt so leicht, daß sie knapp zu einer Koalition zwischen Nazis und Deutschnationalen reichten –, im April, Mai, tauchten die ersten Jungvolk- und HJ-Blusen auf, in den oberen Klassen die eine oder andere SA-Uniform. Es fand – wann, weiß ich nicht mehr genau – eine Bücherverbrennung statt, ein nicht nur peinliches, auch ein klägliches Unternehmen; die Naziflagge wurde gehißt, aber ich erinnere mich nicht, daß da einer eine Rede gehalten, Titel für Titel, Autor für Autor verfluchend, Bücher ins Feuer geworfen hätte; sie müssen – ein kleines Häufchen – vorher dorthin gelegt worden sein, und seit dieser Bücherverbrennung weiß ich: Bücher brennen schlecht. Es hatte wohl einer vergessen, Benzin darüber zu gießen. Ich kann mir auch nur schwer vorstellen, daß in der Bibliothek dieses Gymnasiums, das zwar Staatliches Kaiser-Wilhelm-Gymnasium hieß, aber extrem katholisch war – daß in der bescheidenen Schulbibliothek viel „dekadente" Literatur enthalten gewesen sein könnte. Das Milieu, aus dem die Schüler kamen, war durchgehend kleinbürgerlich, mit wenigen „Auswüchsen" nach unten oder oben – möglich, daß der eine oder andere Lehrer privat seinen Remarque oder Tucholsky geopfert hat, um den Scheiterhaufen zu füttern. Im Unterricht waren alle diese Autoren jedenfalls nicht vorhanden, und nach den handgreiflichen, nach den sicht- und hörbaren Barbareien zwischen dem 30. Januar und dem Reichstagsbrand, verstärkt zwischen Reichstagsbrand und Märzwahlen, war dieser Akt *symbolischer* Barbarei vielleicht nicht so eindrucksvoll.

Die nichtsymbolischen Säuberungen waren sichtbar und hörbar, waren spürbar: Sozialdemokraten verschwanden (Sollmann, Görlinger und andere), Zentrumspolitiker, Kommunisten ohnehin, und es war kein Geheimnis, daß in den Kasematten rings um den Kölner Militärring von der SA Konzentrationslager eingerichtet wurden: die Wörter „Schutzhaft" und „auf der Flucht erschossen" waren geläufig, es traf auch Freunde von uns, die später *stumm* und *steinern* wiederkamen; Bekannte meines Vaters; Lähmung breitete sich aus, Angst ringsum, und die Nazihorden, brutal und blutrünstig, sorgten dafür, daß der Terror nicht nur Gerücht blieb. Die Straßen links und rechts der Severinstraße, über die mein Schulweg führte (Alteburger-, Silvan-, Severinstraße, Perlengraben) – das war durchaus kein „national zuverlässiges" Gelände. Es gab Tage, nach dem Reichstagsbrand, vor den Märzwahlen, in denen das Viertel ganz oder teilweise abgesperrt war; die am wenigsten zuverlässigen Straßen lagen rechts von der Severinstraße: Welche Frau schrie da im Achtergäßchen, welcher Mann in der Landsberg-, wer in der Rosenstraße? Vielleicht lernen wir nicht in der Schule, aber auf dem Schulweg fürs Leben? Da wurde offenbar geprügelt, aus Hausfluren gezerrt. Nach Reichstagsbrand und Märzwahlen wurde es stiller, still noch lange nicht. Immerhin war die KPD nach den Wahlen im November 1932 in dem so katholischen Köln zweitstärkste Partei geworden (Zentrum 27,3 Prozent, KPD 24,5 Prozent, Nazis 20,5 Prozent, SPD 17,5 Prozent). Das waren fast Verhältnisse, wie sie heute in Italien herrschen (Köln war eben immer und ist trotz seines schwarzen Rufes und der ganzen Dunkelmännerei eine progressive Stadt). Im März hatten die Nazis dann 33,3 Prozent, das Zentrum immer noch 25,6 Prozent und KPD und SPD trotz Terror und Säuberungen noch 18,1 und 14,9 Prozent – das „unzuverlässige Gelände“ war noch keineswegs „normalisiert“, es gab für die SA noch Arbeit genug. (Da wäre noch viel über Köln zu sagen, aber ich finde, Köln hat nach Domjubiläum, Papstbesuch und Museum-Ludwig-Publicity genug – außerdem fließt der Rhein ja weiter.)

Um diese Zeit wohl quittierte der Vater einer Schulfreundin meiner älteren Schwester, ein ruhiger und solider Polizeibeamter mit Zentrumshintergrund, vorzeitig seinen Dienst, weil er den Anblick der „blutigen Handtücher“ auf seinem Revier nicht mehr ertragen konnte. Auch das waren keine symbolischen Zeichen, die „blutigen Handtücher“ wiesen auf die Schreie hin, die ich im Achtergäßchen, in der Rosen- und Landsbergstraße gehört hatte.

Was soll aus dem Jungen bloß werden? Oder: Irgendwas mit Büchern, Bornheim 1981, S. 13 ff.

Das Schlimme an der Geschichte war – und das erklärt dieses möglicherweise Fixiertsein auf den stillen Kleinbürger –, daß die Leute, die sehr viel riskieren konnten, überhaupt nichts riskiert haben. Nehmen wir also die Universitätsprofessoren in ihrer Gesamtheit, nicht jeden einzelnen, nehmen wir die Generäle, nehmen wir die Industrie, also die Leute, die die Weimarer Republik beherrscht haben und einen ungeheuren Einfluß hatten, die haben gar nichts riskiert. Das hat mich beeindruckt und verblüfft und empört, daß also etwa, sagen wir, die Universität Köln, an der eine Reihe sehr importanter Leute lehrten, war schneller gleichgeschaltet als, sagen wir, das Straßenbahndepot Köln-Ehrenfeld. Ich glaube, daß Menschen zum Widerstand ermutigt werden müssen durch die, die es wirklich riskieren können.

Ich habe nichts über den Krieg aufgeschrieben. Ein Gespräch von Jürgen Manthey und Nicolas Born mit Heinrich Böll und Hermann Lenz. In: LITERATURMAGAZIN 7, Reinbeck 1977, S. 64 f.

(...) im Schreckensjahr 1933, nach Machtergreifung, Reichstagsbrand, Terror, den Märzwahlen und dem Tiefschlag des Reichskonkordats, geschah etwas, das sogar die Bürgerlichen in Köln erzittern ließ: Im Juli – das Konkordat war unter Dach, wenn auch noch nicht unterzeichnet – fand in Köln ein Prozeß gegen siebzehn Mitglieder des Rotfrontkämpferbundes statt, wegen Mordes in zwei Fällen, versuchten Mordes in einem Fall; die Morde an den soeben von der KPD zu den Nazis konvertierten SA-Leuten Winterberg und Spangenberg waren geschehen. Aber siebzehn Mörder? Das glaubte keiner; es wurde auch nie geklärt, wer nun die beiden wirklich erschossen hatte; der Prozeß begann im Juli, im September wurden sieben der siebzehn Angeklagten zum Tode verurteilt und am 30. November im Klingelpütz mit dem Handbeil hingerichtet.

Was soll aus dem Jungen bloß werden? Oder: Irgendwas mit Büchern, Bornheim 1981, S. 31.

Nach Machtübernahme, Reichstagsbrand, Märzwahlen erhielten die Nazis ausgerechnet vom Vatikan ihre erste internationale Groß-Anerkennung. Teile unserer Familie – darunter ich – erwogen ernsthaft den Kirchenaustritt, aber Kirchenaustritte waren gerade unter den „Märzgefallenen"* Mode geworden, und es hätte als eine Hommage an die Nazis mißverstanden werden können: so blieben wir „drin". Das schloß erhebliche Krisen nicht aus, existentielle und politische, und doch stolzierte ich mit stolzgeschwellter Brust mitten in dieser Krisenzeit, eine große Fahne tragend (weiß mit riesigem blauen PX), in einer Prozession mit und nahm den (nicht durchgängigen, nur gelegentlichen) Spott der Zuschauer wie eine Ehre entgegen: Ich weiß nicht einmal, welche Prozession und in welcher Formation ich da „auftrat", sicher ist nur der Stolz, die Fahne – und ich erinnere mich einer besonderen Massierung von Spöttischen in der St. Apernstraße. Möglich auch, daß ich doch noch in dieser Marianischen Kongregation war, der ich mit einigem Eifer angehört hatte (Wochenendfahrten, „aus grauer Städte Mauern", Theaterspielen, Puppentheater; Bergisches Land, oh Immekeppel, und der Geruch der noch friedlichen Wahner Heide, Singen und Wandern mit Wimpel, Lagerfeuer!) – ich trat aus dieser Kongregation aus, als man dort anfing, Exerzierübungen einzuführen, bis hin zu erheblichen „Schwenkungen" fast in Kompaniebreite. Und mitten in dieser Krisenzeit übernahm ich für die Pfarre St. Maternus die Verteilungsstelle der „Jungen Front", der letzten, tapfer untergegangenen Wochenzeitung der katholischen Jugend; angeworben für diesen Job wurde ich bei Streuselkuchen und Kaffee-Ersatz im Garten des Krankenhauses der Vincentinerinnen in Köln-Nippes von Otto Vieth; und dieser Job war auch eine Einnahmequelle; die „Junge Front"-Groschen, die erst eine Woche später abgeliefert wurden, halfen uns über manches knappe Wochenende hinweg. (...)

* „Märzgefallene" wurden die zahlreichen Deutschen genannt, die nach den Wahlen im März 1933 in die Nazipartei drängten.

Obwohl lange nicht mehr „organisiert“, trug ich immer noch demonstrativ das PX-Abzeichen am Rock, wurde ein paarmal angepöbelt von einem älteren Mitschüler, der – wen wundert's – ein besonders eifriger katholischer Jugendbewegter gewesen war. Mehr Ärger hatte ich auf der Schule nicht. Mit denen in meiner Klasse hatte ich keinen Ärger; sie kannten mich seit fünf, sechs Jahren, ich sie, es gab Dispute, keine Bekehrungsversuche, manche mißbilligten meine gelegentlichen frivolen Äußerungen über Hitler und andere Nazigrößen, aber keiner von ihnen, auch das SS-Mitglied nicht, wäre wohl je auf die Idee gekommen, mich zu denunzieren. Ich empfand keinen Groll, auch nicht gegenüber den Lehrern. Noch hielten wir für möglich, daß die Nazis nicht bleiben würden, lachten sogar manchmal im Vorgeschmack auf weitere opportunistische Wendungen der „Bürger“, die dann kommen würden, *wenn* – aber *wer* dann kommen würde, darüber hatten wir keine Prognosen.

Was soll aus dem Jungen bloß werden? Oder: Irgendwas mit Büchern, Bornheim 1981, S. 26 ff.

Der Wahrheit die Ehre: Manchmal ging ich an der Schule vorbei; ich ertrug die Demütigung nicht, mich wegen Zuspätkommens entschuldigen zu müssen, gab lieber sechs Stunden preis, als daß ich mich wegen vier Minuten gedemütigt hätte. Einige Male fingen mich zu spät kommende Lehrer an der Ecke Heinrichstraße und Perlengraben ab, aber meistens entkam ich, überquerte den Perlengraben, versteckte mich im Eingang zu Lindes Eisfabrik in der Spitzengasse. Hellgrün gestrichene Eiswagen, noch von Pferden gezogen, wurden dort mit Eisblöcken beladen: Eine eiserne Rutschbahn kamen die Eisblöcke heruntergerodelt, knirschten in den Kurven der spiralförmigen Bahn, wurden unten von lederbeschürzten Kutschern mit Enterhaken gepackt und in den Wagen geschichtet. Am Eckhaus Napoleons Spur: (...) Rue traverse des Dentelles; in den zugemauerten Fenstern die Ölporträts von Marx und Engels: geballte Arbeiterfäuste, schwarz auf knallroten Plakaten, und mit Ölfarbe auf den Haussockel geschrieben: Rot-Front! Rot-Front!

Die Eiskutscher nickten mir zu: Kannten sie mich tatsächlich so gut? Beschämt senkte ich meinen Kopf, fuhr mit der linken Hand durch alle linken, mit der rechten Hand durch alle rechten Taschen: siebzehn Pfennige! Das langte nicht fürs „Kino für jedermann“, das ab elf Uhr jedermann für dreißig Pfennige offenstand. Und es war erst zehn Minuten nach acht. Ich nickte den Eiskutschern zu, lief schnell die kleine Spitzengasse hinauf, die Weberstraße hinunter, durch die Matthiasstraße bis zum Neumarkt, wo das Marktgewimmel Anonymität versprach: Kohl, dunkelgrün, hellgrün, violett – wer sollte den alle essen? Derbe Marktfrauenarme, rote Morgenfrostgesichter kündeten von Demeters Unvergänglichkeit, Metzgerinnengesichter zwischen Fleischbergen lächelten venusisch, sahen aus wie „gemalt".

Der Markt gehörte den Frauen; Männer wurden dort nur in unseriösen Ausgaben geduldet: als Marktschreier, halb Clown, halb Schwindler, oder als Polizisten, die zu schnurrbärtig waren, um ernst genommen zu werden; sie glichen zu sehr den Polizisten aus Rüpelspielen, konnten nicht wahr sein, diese Nußknacker, die am frühen Morgen schon nach Bratkartoffeln rochen.

Ein zappeliges Exemplar der Kategorie Männchen verkaufte kleine Messer, das Stück zu einem Groschen; er hatte einen ganzen Berg Messer auf einer alten Wolldecke ausgebreitet, rote, grüne, gelbe und blaue; er nahm ein rotes heraus, öffnete es, hielt es dem Publikum hin. „Mit diesem Messerchen, meine Herrschaften, können Sie Ihr Schwein schlachten. Sie können damit Ihre Fingernägel säubern, falls Sie noch Ehrgeiz genug haben, sich diesen Luxus zu leisten; Sie können ihr Frühstücksbrot damit zurechtmachen – aber wer hat denn heutzutage noch was zu frühstücken? Sie können auch, meine Herrschaften, die Sohlen für die Sonntagsschuhe Ihres Fräulein Braut damit zurechtschneiden – Sie können, falls Ihre Braut Sie verläßt oder Sie Ihres Arbeitslosendaseins überdrüssig sind – mit diesem Messerchen Ihrem armseligen Leben ein Ende setzen –, können aber auch damit den Strick, den Sie schon um den Hals gelegt haben, wieder abschneiden." Lachen, ein paar Groschen fielen auf die Decke, ein paar Messerchen, lauter rote, wechselten den Besitzer.

Es war noch nicht neun; halb hielt es mich im mütterlichen Konklave des Marktes, halb zog es mich hinüber in die männliche Ordnungswelt der Geschäftsstraßen; welch ein Unterschied zwischen einem Uhrmacherladen und einem Gemüsestand; Mohrrüben und Lauchstücke, noch mit Erde bedeckt, goldhäutige Zwiebeln – und dort die Uhr, die „Genauigkeit auf die Sekunde" garantierte, Messingkolben, Messingringe, unter Glas bewegte sich ein komplizierter Mechanismus, der arrogant den geschichtlichen Augenblick verkündete: 9 Uhr, 33 Minuten, 16 Sekunden, Jahr 1932, Monat November, Tag: – ich wollte den Tag nicht wissen, wandte mich ab, dem nächsten Schaufenster zu: Instrumente für Zahnärzte und Chirurgen; aus Nickel, solide, präzis, versprachen sie Heilung und Schmerz zugleich.

Das Kaufhaus Tietz bot wieder Erholung; Gewimmel, von Frauen beherrscht, die zwar schneidigen Männern untergeordnet und ihnen doch überlegen waren; was nützt es, kläffend über eine ganze Abteilung zu regieren, wenn man, ohne kläffen zu müssen, über Lippenstift und Puderquasten regieren kann? (...)

Es war noch immer nicht neun: Ich ertrug die Last der Stunden nicht mehr, ging, die Hauptstraße meidend, über den Blaubach, Rothgerberbach, durch die Pantaleonstraße, vor den Siebenburgen, Kartäusergasse, an St. Katharinen, Silvanstraße, Alteburger Straße bis nach Hause, zum Ubierring; vor meiner Mutter brauchte ich mich nicht zu demütigen; sie schüttelte nur den Kopf, nickte dann und setzte ihre Kaffeemühle in Bewegung; wir beteten gemeinsam die wohltuende Litanei des Schweigens.

Der Zeitungsverkäufer, 1959. In: ERZÄHLUNGEN, HÖRSPIELE, AUFSÄTZE, Köln 1961, S. 409 ff.

Schon lange, bevor ich Anouilhs Stück *Der Reisende ohne Gepäck* kannte, war ich gern ein solcher, und es ist bis heute mein (nie erfüllter) Traum, einer zu sein. Hände in der Tasche, Augen auf, Straßenhändler, Trödler, Märkte, Kirchen, auch Museen (ja ich liebte die Museen, ich war bildungshungrig, wenn auch nicht bildungsbeflissen), Huren (an denen in Köln kaum ein Weg vorbeiführte) – Hunde und Katzen, Nonnen und Priester, Mönche – und der Rhein, der Rhein, dieser große und graue Rhein, belebt und lebhaft, an dem ich stundenlang sitzen konnte; manchmal auch im Kino, im Schummer der Frühvorstellungen, in denen ein paar Bummler und Arbeitslose saßen. Meine Mutter wußte viel, ahnte einiges, aber nicht alles.

Was soll aus dem Jungen bloß werden? Oder: Irgendwas mit Büchern, Bornheim 1981, S. 12.

Nicht immer mit vorheriger, aber immer mit nachträglicher Genehmigung meiner Mutter ging ich oft in die Straßenschule. (Meine Mutter unterhielt, wie anderswo berichtet, unter ihrer Kaffeemühle ohnehin eine Art Schulschwänzerzentrum für *Nicht*-Familienmitglieder.) Wenn ich also in die Straßenschule ging, dann nicht, weil die Schule besonders nazistisch oder naziverseucht gewesen wäre; sie war's nicht, ich erinnere mich der meisten Lehrer ohne jeden Groll, nicht einmal gegen den Religionslehrer empfinde ich Groll, obwohl ich mich – bis zum Hinauswurf aus dem Unterricht – mit ihm stritt, und die strittigen Punkte waren nicht die Nazis, in diesem Punkt war er nicht anfällig (im Gegenteil: Ich erinnere mich eines ausgezeichneten Vortrags von ihm über den sowohl sentimentalen wie kommerziellen Hintergrund des Muttertags) – was mich gegen ihn aufbrachte, war die Bürgerlichkeit (sprich: das dominierende bourgeoise Element) der von ihm verbreiteten Lehre: Unartikuliert rebellierte ich dagegen, er wußte nicht, was und wie ich es meinte, war eher verwirrt als zornig. Die Ursache meiner Rebellion hing mit der total undefinierbaren gesellschaftlichen Stellung zusammen, in der wir uns befanden: wirtschaftliche Schwierigkeiten der krassesten Art, hatten sie uns nur deklassiert oder klassenlos gemacht? Ich weiß es bis heute nicht; wir waren weder rechte Kleinbürger noch bewußte Proleten, hatten einen starken Einschlag von Boheme; das Wort „bürgerlich" war eins unserer klassischen Schimpfworte geworden; die Elemente jener drei Klassen, zu deren keiner wir recht gehörten, hatten uns das, was man „bürgerliches" (sprich bourgeois, das meinten wir) Christentum nennt, absolut unerträglich gemacht: Er, der Religionslehrer, hat wohl nie verstanden, worum es ging – und ich drückte es wohl auch nicht klar genug aus. (Man sieht: Ärger mit Kirche und Staat hat er schon immer gehabt und beiden auch Ärger gemacht. Und: Er ist insofern wirklich Kölner, als er weltliche und kirchliche Autorität nie so recht ernst, schon gar nicht wichtig genommen hat.)

Was soll aus dem Jungen bloß werden? Oder: Irgendwas mit Büchern, Bornheim 1981, S. 23 ff.

Wenn ich es zu arg trieb, rief der Direktor meine Mutter an, fragte, ob ich denn wirklich so krank sei. Ich hatte ein fast unerschütterliches Daueralibi: Man nannte es damals chronische Stirnhöhlenvereiterung, die mich jahrelang wirklich quälte, bei der geringsten Bück-Bewegung Kopfschmerzen, Übelkeit verursachte. Manchmal denke ich heute, daß diese Krankheit nazigen war (mögen Ärzte und Psychologen darüber grübeln, gewiß gibt es politisch- oder systembedingte Krankheiten). Einen Vorteil hatte diese Krankheit: Sie befreite mich vom verhaßten Turnen, ja, ich gebe zu: Turnen mochte ich nicht; da roch es immer so nach Männerschweiß und Vater Jahn, nach harter Leistung, und da war die Krankheit, auch wenn ich monatelang von ihren Anfällen verschont blieb, gerade recht. (Oh, die Bestrahlungen, die „Durchbrüche", die heißen Kamillenbäder!) Was ich vermißte: Leichtathletik und Spiele – und die geliebten Kölner Straßen; es war mir ein-, zweimal bei meinen Bummeleien passiert, daß plötzlich so eine Horde um die Ecke kam, alles zum Straßenrand lief, um die Hände zu recken, und ich mich mit letzter Kraft in einen Hauseingang retten konnte: Der Schrecken saß tief (sitzt heute noch!), und auch nur die entfernteste Möglichkeit, daß plötzlich irgend so eine Horde auftauchen könnte, verleidete mir die Kölner Straßen. Es war eine Art Vertreibung, und so wurde ich vom Spaziergänger zum Radfahrer, wich in entfernte Vororte, in den Grüngürtel aus, fuhr den Rhein herauf und herunter zwischen Niehl und Rodenkirchen, nach Deutz. Das Radfahren wurde mir lieb, Radfahren mein einziger, ausgiebig betriebener Sport. Sport und Spiele hatte ich gern betrieben – ach, dieser Männer-Ernst beim Turnen hatte ja auch etwas Lächerliches – Handball, Fußball, Schlagball, Leichtathletik, das alles fiel nach der Einführung des Staatsjugendtages aus. Es fielen die zwei nachmittäglichen Stunden mit dem merkwürdigen Unterrichtstitel „Spielturnen" aus; wir hatten sie so oft weit über die Pflichtzeit hinaus ausgedehnt – an Sommernachmittagen auf den Poller Wiesen, viel auch außerhalb der Schulzeit gespielt, Schlagball vor allem. Inzwischen war es verboten, nicht „organisiert" Sport zu treiben; mein Bruder Alois wurde einmal vorübergehend festgenommen, als er mit ein paar Jungen aus der Pfarrjugend auf den Poller Wiesen Fußball spielen ging; das war nicht bedrohlich, nur ein *Zeichen*, und es war, wie ihm ausdrücklich mitgeteilt wurde, eine *Warnung*. So wurde mein einziger Sport Radfahren: Ich erkundete unbekannte Vororte, fuhr rheinab- oder aufwärts an stille Stellen des Ufers, las (ja, auch Hölderlin). Mit Flickzeug, Luftpumpe, einer Karbidlampe war ich unabhängig, fast – mit nur ein paar Büchern auf dem Gepäckständer und ein wenig Tabak in der Tasche – fast ein „Reisender ohne Gepäck". Auch zum Schwimmen konnte ich gehen, noch war nicht alles total.

Was soll aus dem Jungen bloß werden? Oder: Irgendwas mit Büchern, Bornheim 1981, S. 48 ff.

Eine Säuberung ganz anderer Art veränderte meinen Schulweg erheblich: die energische Bekämpfung der Zigarettenschmuggler, die an Straßenecken oder aus Hauseingängen „holländische Ware" anflüsterten; die billigste legal erworbene Zigarette kostete immerhin 2,5 Pfennige: schwächliche Gebilde, halb so prall wie eine Juno oder Eckstein, die 3,3 Pfennige kostete; die holländische Ware war blond, fest, um ein Drittel ansehnlicher als eine Eckstein und wurde zu 1 bis 1,5 Pfennigen angeboten. Das war schon verlockend zu einer Zeit, da die Brüningsche Sparsamkeit, diese Pfennigfuchserei, noch nachwirkte, und so gab mir mein Bruder Alois manchmal Geld mit, auf daß ich für ihn illegal holländische Ware erwerbe. Zwischen Rosenstraße und Perlengraben, Schwerpunkt etwa Landsbergstraße, mit ausgedünnter Postenkette bis zum Eulengarten, dem Hauptquartier der Schmuggler, das sehr nah an unserer Schule (Heinrichstraße) lag, mußte ich mich sorgfältig und aufmerksam verhalten, mußte sowohl vertrauenerweckend wie kauflustig wirken; das gelang mir offenbar, und diese frühe Übung bzw. Schulung (...), diese Bildung oder Ausbildung ist mir später auf vielen Schwarzmärkten Europas nützlich gewesen. (Über die Tatsache, daß es nicht zum Kölner Lebensgefühl gehört, ein inniges Verhältnis zur Legalität zu haben, habe ich mich anderswo ausgelassen.) Ich brachte also die holländische Ware wohlbehalten nach Hause und erhielt meine Provision in Gestalt wohlduftender Zigaretten; einmal allerdings wurde ich hereingelegt: Die saubere, holländisch banderolierte Packung enthielt anstelle von fünfundzwanzig Zigaretten etwa fünfundzwanzig Gramm (ausgerechnet) Kartoffelschalen (...) sie waren sorgfältig abgewogen, gleichgewichtsgerecht verteilt, in Silberpapier verpackt. (Die Mißachtung von Siegeln, Plomben, Kuckucken, Banderolen, die ja auch Siegel sind, wurde mir, von meiner Mutter anerzogen, nach dem Krieg zum Verhängnis, als ich einen Stromzähler „entplombte" und – leider nachweislich! – manipulierte. Kuckukke wurden ohnehin möglichst frisch entfernt.) Ich wurde von meinem Bruder aufgefordert, die Ware künftig zu kontrollieren, grübelte noch über das „Wie" – das mußte ja alles rasch gehen –, da flog der ganze Schmuggelring auf. Es fand eine regelrechte Belagerung der Straßen „Im Eulengarten" und „Schnurgasse" statt, an mindestens *ein* gepanzertes Auto erinnere ich mich; Polizei und Zoll hoben – letztlich ohne Schießerei – die ganze Schmuggelkolonie aus. Gerüchte sprachen von Abermillionen beschlagnahmter Zigaretten und zahlreichen Verhaftungen.

Was soll aus dem Jungen bloß werden? Oder: Irgendwas mit Büchern, Bornheim 1981, S. 20 ff.

(...) noch war ich Obertertianer, und mein Schulweg wurde noch stiller, und ich mußte vorübergehend kopfhängerisch geworden sein: Mein Vater setzte mir eine Prämie aus, wenn ich ihm fünfundzwanzig Geschäfte zwischen Severinskirche und Perlengraben nennen könnte; ich hob den Kopf wieder und bekam die Prämie; ich hob auch den Kopf, um am ehemaligen Gewerkschaftshaus auf der Severinstraße, nicht weit von der Ecke zum Perlengraben, im Kasten den *Stürmer* zu lesen. Diese Lektüre förderte meine Sympathie für die Nazis nicht. (Heute, ach, heute herrscht dort Ödnis, dafür haben der Krieg und die Nordsüdfahrt gesorgt – und gerade dieser kleine Platz vor der Kirche St. Johann-Baptist wimmelte von Leben.)

Was soll aus dem Jungen bloß werden? Oder: Irgendwas mit Büchern, Bornheim 1981, S. 22 f.

Bald hatte ich jene merkwürdige Bildungsstufe erklommen, die man die „mittlere Reife“ oder auch das „Einjährige“ nannte. In der Familie wurde aus ernsthaft ökonomischen Gründen erwogen, mich „von der Schule zu nehmen“ und „in eine Lehre zu stecken“. Erwogen wurde die Landvermesserei („Da bist du immer an der frischen Luft“ – meine Abneigung gegen Mief war bekannt – „und außerdem ist es eine schöne Tätigkeit, mit Mathematik und so, die du ja gern hast“). Weiteres Angebot: eine kaufmännische Lehre in einer Kaffeegroßhandlung in der (ich weiß nicht mehr, ob Großen oder Kleinen) Witschgasse, zu der ein Freund von uns Beziehungen hatte. Landvermesser – das klang wirklich nicht schlecht, und ich schwankte für ein paar Stunden, bis mir klar wurde, daß das eine mehr oder weniger amtliche Tätigkeit sein würde: Das roch nach erzwungener Organisiertheit – und doch, heute noch, wenn ich über Land fahre und Landvermesser bei der Arbeit sehe mit ihren Geräten und Meßstangen, ergebe ich mich manchmal der Vorstellung, daß ich einer von ihnen hätte werden können, und auch das Büro der Kaffeegroßhandlung in der (Großen oder Kleinen) Witschgasse verursachte mir, wenn ich später zufällig daran vorbeikam, eine merkwürdig sanfte Nostalgie; dieses *Wäre*, dieses *Hätte* – wenn ich auch fest entschlossen war, Schriftsteller zu sein, vielleicht sogar zu werden – der Umweg über Landvermessung und Kaffeegroßhandlung wäre nicht schlechter gewesen als andere Um- und Abwege, die ich dann ging. (Erst heute ermesse, begreife ich den tödlichen Schrecken, der meine Eltern und Geschwister ergriffen haben muß, als ich dann zwischen abgebrochener Buchhandelslehre und Arbeitsdienst, zwischen Februar und November 1938, noch nicht einundzwanzigjährig – und das mitten im etablierten Nazischrekken! – mich tatsächlich als *freier* Schriftsteller versuchte.)

(...) Berufsleben irgendwelcher Art bedeutete unerbittlich, organisiert zu werden, und diesen Zustand hatte ich bisher vermieden und wollte ihn weiterhin vermeiden. Ich lernte gern, war aber nicht sonderlich schulversessen, fing an, mich dort über lange Strecken zu langweilen, und ich wäre möglicherweise wirklich abgegangen, wenn die Nazis nicht gewesen wären. Ich wußte aber und nahm es voll zu Bewußtsein: Die Schule, diese Schule jedenfalls, war das beste Versteck, das ich finden konnte, und genau betrachtet verdanke ich also den Nazis das Abitur, und vielleicht habe ich mich deshalb nicht für die Abschlußfeier und für mein Zeugnis interessiert, es auch unbesehen meiner späteren Bewerbung als Lehrling beigelegt. Von nun an, nach Erlangung dieser „mittleren Reife“, fing ich an, mir die Schule zu instrumentieren.

Was soll aus dem Jungen bloß werden? Oder: Irgendwas mit Büchern, Bornheim 1981, S. 34 ff.

Manchmal saßen wir abends im Büro meines Vaters im Hinterhof des Hauses Vondelstraße 28. Da Geld knapp war, Zigaretten und Tabak teuer, kauften wir die allerbilligste Sorte Zigarren (zu 5 Pfennigen), zerschnitten sie mit einer Rasierklinge und drehten Zigaretten draus. (Heute bin ich sicher, daß wir einer ökonomischen Täuschung erlagen.) Das kleine Bürohäuschen war verlockend gemütlich, ganz aus Holz, etwas zwischen Blockhaus und Baracke, es hatte schöne, solide gearbeitete Rollschränke mit Schiebetüren aus grünem Glas, in denen Beschläge und Zeichnungen lagen: neogotische Türmchen, Säulchen, Blumen, Heiligenfiguren; Entwürfe zu Beichtstühlen, Kanzeln, Altären und Kommunionbänken, Möbeln, und es gab da noch eine alte Kopierpresse aus Vorkriegszeiten, und immer noch Kartons mit Glühbirnen mit Bajonettverschlüssen, obwohl wir doch Hunderte davon im Garten der Kreuznacher Straße zerschossen hatten. Grüne Bürolampen, ein großer Tisch mit grünem Linoleum, Leimplatten, Werkzeug (was das Leimen betraf, konzentrierte sich der Generationenkonflikt zwischen meinem Vater und meinem Bruder Alois auf die „barbarisch-revolutionäre" Erfindung des Kaltleims, dem mein Vater nicht traute, während mein Bruder dessen Zuverlässigkeit demonstrierte; aber mein Vater bestand auf heißem, gekochtem Leim, wie er auf dem Leimofen aus honiggelben Platten angerichtet und tüchtig gerührt werden mußte; Konflikte anderer Art, die hier nicht hingehören, gab's reichlich).

Was soll aus dem Jungen bloß werden? Oder: Irgendwas mit Büchern, Bornheim 1981, S. 29 ff.

Als die *Kölnische Volkszeitung* und die *Rhein-Mainische* nicht mehr erschienen, abonnierten auch wir den *Westdeutschen Beobachter* und ärgerten uns über die geschickt-gescheiten Feuilletons des katholischen Autors Heinz Steguweit. („Ein Hakenkreuz am Wege steit – stumm kniet davor Heinz Steguweit.") Auch wir hatten nach 1936 nach einem eindringlichen „Rat" des Blockwartes eine Hakenkreuzfahne, wenn auch eine kleine; man konnte ja an Tagen, an denen flaggen Pflicht war, an der Größe der Fahnen *auch* Gesinnung ablesen. Mein Vater arbeitete damals, wenn er überhaupt noch Aufträge bekam, kaum noch für Kirchen und Klöster, fast nur noch für Behörden, und als die Aufträge noch knapper wurden, wurde ihm nahegelegt, wenigstens ein Familienmitglied sollte einer Naziorganisation beitreten. Eine Art Familienrat wurde einberufen, und das Opfer dieses Ratsbeschlusses wurde mein Bruder Alois, der nach einem kläglichen Vergleichsverfahren offiziell Geschäftsinhaber war, er wurde ausersehen, in die SA einzutreten. (Er nahm uns das bis zum Ende seiner Tage übel – und er hatte recht: Wir hätten wenigstens knobeln sollen.) Er war das am schlechtesten für diese Mimikry geeignete Familienmitglied: der am wenigsten für eine Uniform geeignete Mensch, den ich gekannt habe, und er *litt*, litt wirklich unter diesen Hordenappellen und Marschübungen, und ich weiß nicht, wie oft er wirklich zu diesen Marschübungen ging – gewiß nicht mehr als dreimal; ich weiß auch nicht mehr, wie oft ich zu seinem Sturmführer ging, einem erst kurz vorher konvertierten Kommunisten, der in einer winzigen Mansarde Ecke Bonner Straße und Rolandstraße in der Drogerie Tappert wohnte, wo ich diesen Menschen, der mir als wüst, aber nicht unfreundlich in Erinnerung geblieben ist, im Auftrag meines Bruders mit einer Zehnerpackung R6 bestach, die es damals in schicken, flachen roten Schachteln gab, luxuriös geradezu, auf daß er meinen Bruder, obwohl ständig abwesend, als anwesend eintrüge. Er tat's, und wir nahmen in unsere verschiedenen frivolen Rosenkranzvariationen den Vers auf: „Der du für uns in die SA eingetreten bist." Und das „Voll ist ihre Rechte von Geschenken" wurde variiert: „Voll ist deine Rechte von R6".

Was soll aus dem Jungen bloß werden? Oder: Irgendwas mit Büchern, Bornheim 1981, S. 45 f.

Der SA-Eintritt meines Bruders hatte nichts „gebracht". (Variation des Rosenkranzverses: „Der du für uns *umsonst* in die SA eingetreten bist.") Es ging uns schlechter als vor 1933, und das kann nicht nur an „politischer Unzuverlässigkeit" gelegen haben. Mein Vater hatte sehr wohlwollende alte Bekannte bei den Behörden. Mühsamste Beschäftigung blieb: neue Lebensmittelkredite aufzutun oder alte zu bezahlen, um neu auf Pump zu gehen, und die ständig drückende Dauerlast: die Miete. Ich weiß bis heute nicht, wovon wir lebten. Wie? Das wäre mit „von der Hand in den Mund" zu euphemistisch ausgedrückt. Sicher ist – und da mögen die Nationalökonomen sich die Köpfe zerbrechen, bevor sie sie schütteln –, wir lebten ÜBER und UNTER unseren Verhältnissen. Eins ist nachweisbar: Wir überlebten, und so waren diese Jahre auch eine Art Überlebenstraining. Gäbe es da irgendwelche Akten, Notizen, oder gar Buchführung, ich wurde sie gern einmal studieren, um das „Wie" herauszufinden, aber es gibt keine Unterlagen, es fanden nur immer wieder Familienkonferenzen statt, bei denen Etats aufgestellt, Budgets beschlossen wurden, Taschengelder nach Alter und Geschlecht („Die Mädchen brauchen doch Strümpfe!"), und in den schwarzen Notizbüchern meines Vaters schriftlich fixiert wurden. Das alles war wohl ziemlich „literarisch". Von Wirtschaftswunder jedenfalls keine Spur. Es wurde viel

Dickens, und zwar der alte Micawber aus *David Copperfield* zitiert, der ja bekanntlich ein toller Rechenkünstler war, ein – wenn auch verkanntes Finanzgenie, der einem genau vorrechnen konnte, wie man zu Wohlstand kommt, wie man in Armut gerät – und der selbst dauernd im Schuldgefängnis saß! Mein Vater war kein Micawber, keineswegs – er war ernst und gewissenhaft, auch verzweifelt, mit einer gewissen Neigung zur „Flucht nach vorne", lebte lieber über als unter seinen Verhältnissen. So zogen wir im Jahr 1936 – zum dritten Mal innerhalb von sechs Jahren (es war der letzte Umzug des elterlichen Haushalts, den Rest besorgten die Bomben) – noch einmal um, und auf „der Flucht nach vorn" in eine etwas teurere Gegend, zum Karolingerring, in eine Wohnung, die dreißig Jahre vorher als „hochherrschaftlich" gebaut worden war; und leisteten uns den Luxus (nobel geht die Welt zugrunde!), nach zwei möblierten Herrn auf dem Ubierring, einem in der Maternusstraße nun keinen mehr zu haben. Dieser Umzug war angesichts der keineswegs verbesserten Lage gewiß nicht logisch, aber konsequent. Wir hatten den verrückten, vielleicht sogar kriminellen Wunsch, *zu leben* und zu überleben. Wir schlugen uns durch. (...)

Nebenbei auch wurde ich „Sekretär" des Kaplans Paul Heinen von St. Maternus, legte Karteien für ihn an, erledigte Teile seiner Korrespondenz – und er gab mir hin und wieder einen Obolus von seinem kärglichen Gehalt. Viel mehr als ein „Spiel" und auch eine Flucht war das nicht: Die Sintflut lag nicht hinter, sie lag vor uns.

Was soll aus dem Jungen bloß werden? Oder: Irgendwas mit Büchern, Bornheim 1981, S. 60 ff.

Wir schlugen uns also durch, und nach jedem Umzug wußten außer Verwandten und Freunden ebenso rasch der Gerichtsvollzieher und die Bettler unsere neue Adresse: Meine Mutter schickte keinen fort, und sie hatte eine souveräne Art, Gerichtsvollzieher weder für Feinde zu halten, noch sie wie solche zu behandeln: So erhielten wir manchen guten Rat von ihnen, und das Pfandhaus blieb uns ein vertrauter Ort. Schön war's nicht; wir waren beides: schwermütig und leichtsinnig, ganz und gar unvernünftig, gingen gerade dann, wenn wir's uns keinesfalls hätten leisten sollen, zum Essen ins Restaurant, luden möblierte Herren, solange wir welche hatten, zum Kartenspiel ein, in der tückischen Absicht, zwanzig Pfennig für eine Schachtel ALVA oder Eckstein herauszuschlagen, bis wir lachend feststellten, daß sie ähnliche Absichten hatten, zusammenlegten und gemeinsam rauchten.

Jede Gelegenheit, Geld zu verdienen, wurde wahrgenommen: Der fürchterlichste Reinfall war ein Versuch, durch Adressenschreiben Geld zu verdienen oder gar Reichtümer zu erwerben – immerhin besaßen wir eine Schreibmaschine (auf der ich dann meine ersten Kurzgeschichten, von Dostojewski beeinflußt, später von Bloy, schrieb – aber ich schrieb auch einen handschriftlichen Roman, der meine spätere Frau ein wenig verwunderte, weil der „Held“ zwei Frauen hatte) –, das Unternehmen endete kläglich. Unser Auftraggeber, ein Arbeitsloser, der mit selbstgebastelten Nikolaus- und Weihnachtsruten ebenfalls reich zu werden hoffte, erwartete nicht nur, daß wir die Adressen schrieben, wir mußten sie auch aus dem Telefonbuch heraussuchen, mußten Briefumschläge und das Papier, auf dem getippt wurde, stellen. Frage: Wer braucht Nikolaus-Weihnachtsruten? Bäckereien, Konditoreien, Lebensmittelläden – eine mühsame Arbeit. Schließlich stellte sich heraus, daß es unserem Auftraggeber dreckiger ging als uns – ich weiß nicht, ob er je ein paar Ruten loswurde –, und wir ließen es beim abgemachten Lohn bewenden, der nicht einmal andeutungsweise die Unkosten deckte.

Was soll aus dem Jungen bloß werden? Oder: Irgendwas mit Büchern, Bornheim 1981, S. 64 ff.

Ich habe dann 37 das Abitur gemacht und bin in Bonn in eine Buchhandelslehre gegangen, habe die Lehre nach dreiviertel Jahren abgebrochen, weil es mir aussichtslos erschien, dreieinhalb Jahre lang in der Lehre zu sein und auch so wenig Geld zu verdienen. Ich verdiente 12 Mark im Monat, davon ging noch das Fahrgeld ab und meinen Eltern ging es wirtschaftlich sehr dreckig. Vor allen Dingen muß man wissen, daß wir wußten: Der Krieg kommt. Wir konnten gar nichts richtig anfangen, weder Studium noch Lehre, weil wir ganz genau wußten, jedenfalls bei uns zu Hause und auch in meinem Freundeskreis, daß die Nazis ihn irgendwie provozieren würden. Die ganze Politik war eindeutig, Aufrüstung, Rheinlandbesetzung, die Wehrpropaganda in Schulen und überall. Jedenfalls habe ich ohne großes Interesse diesen Beruf angefangen. Er war auch wieder eine Deckung gegenüber der politischen Umwelt, ich brauchte nicht in eine Parteiorganisation, mein Lehrherr war sehr konservativ, zurückhaltend, katholisch auf eine angenehme Weise. Immerhin hatte diese Lehre einen Vorteil. Es gab in diesem Geschäft ein Riesenantiquariat, ich glaube zwei- oder dreihunderttausend Bände, das war das Hauptgeschäft, es gab ein Sortiment, ein Antiquariat und einen Verlag. Alle drei buchhändlerischen Möglichkeiten waren da, und in diesem Antiquariat gab es auch sehr viele Bücher, die offiziell verboten waren, die man nur kaufen konnte mit einer ministeriellen Erlaubnis, zum Bei-

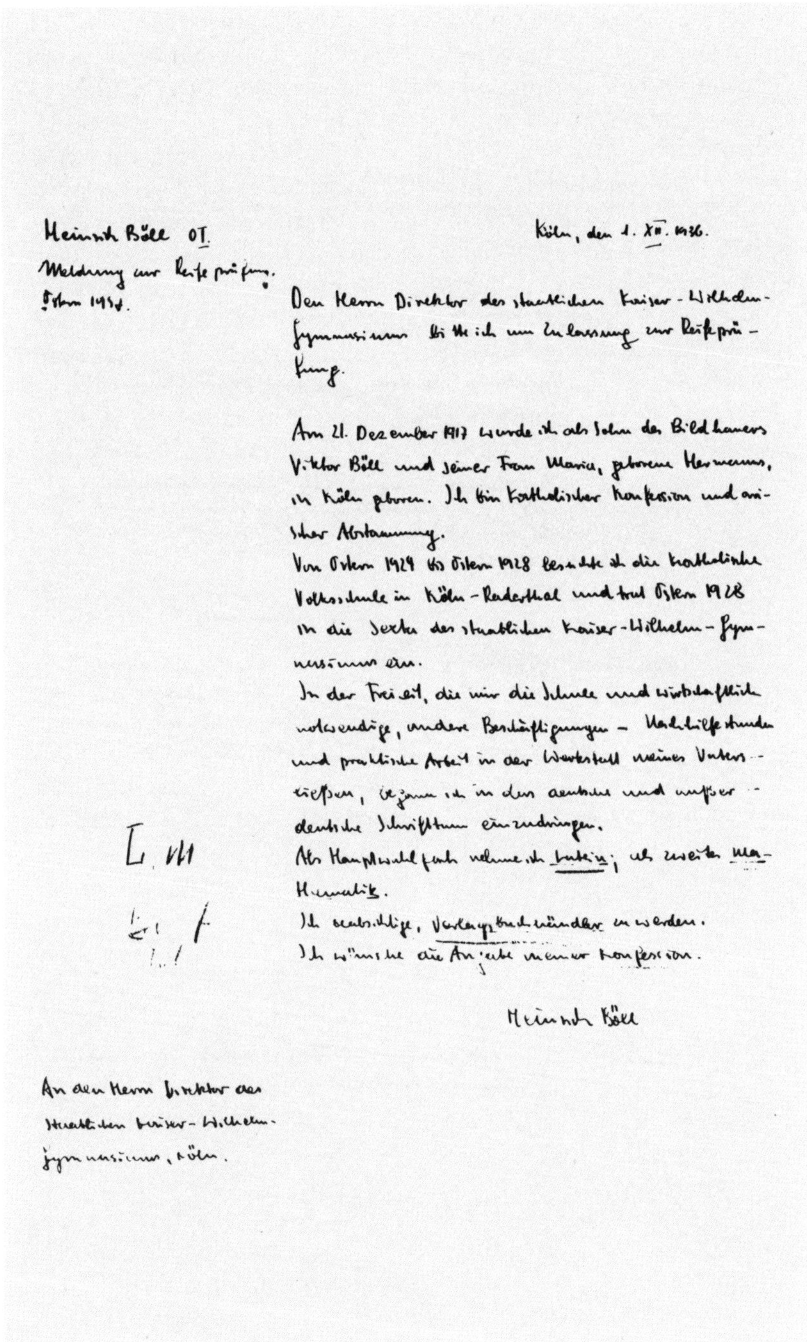

Heinrich Böll OI.
Meldung zur Reifeprüfung.
Ostern 1937.

Köln, den 1. XII. 1936.

Den Herrn Direktor des staatlichen Kaiser-Wilhelm-Gymnasiums bitte ich um Zulassung zur Reifeprüfung.

Am 21. Dezember 1917 wurde ich als Sohn des Bildhauers Viktor Böll und seiner Frau Maria, geborene Hermanns, in Köln geboren. Ich bin katholischer Konfession und arischer Abstammung.
Von Ostern 1924 bis Ostern 1928 besuchte ich die katholische Volksschule in Köln-Raderthal und trat Ostern 1928 in die Sexta des staatlichen Kaiser-Wilhelm-Gymnasiums ein.
In der Freizeit, die mir die Schule und wirtschaftlich notwendige, andere Beschäftigungen – Nachhilfestunden und praktische Arbeit in der Werkstatt meines Vaters – ließen, begann ich in das deutsche und außerdeutsche Schrifttum einzudringen.
Als Hauptwahlfach nehme ich Latein; als zweites Mathematik.
Ich beabsichtige, Verlagsbuchhändler zu werden.
Ich wünsche die Angabe meiner Konfession.

Heinrich Böll

An den Herrn Direktor des staatlichen Kaiser-Wilhelm-Gymnasiums, Köln.

Meldung zur Reifeprüfung vom 1.12.1936

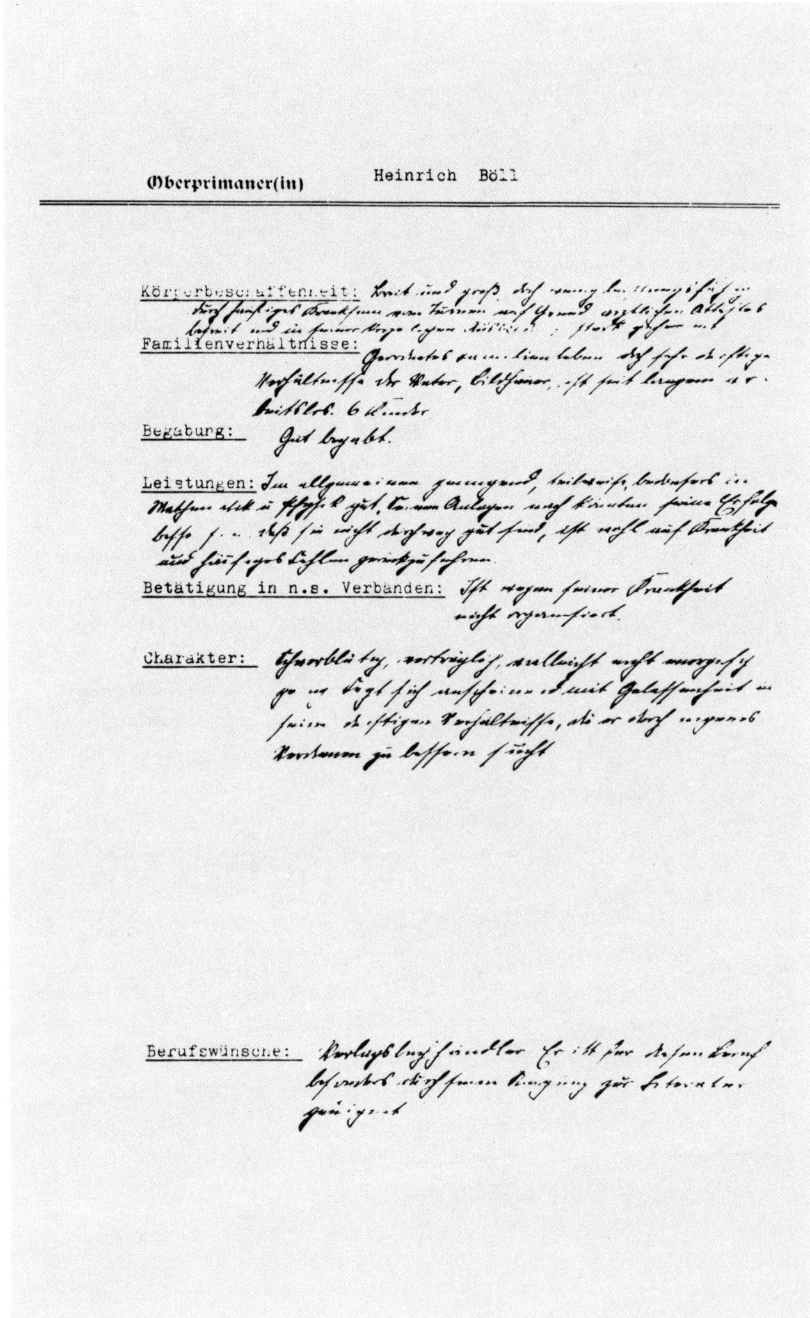

Oberprimaner(in) Heinrich Böll

Körperbeschaffenheit: Breit und groß, doch wenig leistungsfähig, [illegible] durch häufiges Kranksein vom Turnen auf Grund ärztlichen Attestes befreit und in seiner Bewegungsfähigkeit [illegible] stark gehemmt.

Familienverhältnisse: Geordnet; er [illegible] lebt in sehr dürftigen Verhältnissen. Der Vater, Bildhauer, ist seit längerem arbeitslos. 6 Kinder.

Begabung: Gut begabt.

Leistungen: Im allgemeinen genügend, teilweise, besonders in Mathematik und Physik gut. Seinen Anlagen nach könnten seine Erfolge bessere sein. Daß sie nicht durchweg gut sind, ist wohl auf Krankheit und häufiges Fehlen zurückzuführen.

Betätigung in n.s. Verbänden: Ist wegen seiner Krankheit nicht organisiert.

Charakter: [illegible], verträglich, vielleicht nicht energisch genug; trägt sich [illegible] mit Gelassenheit in seinen dürftigen Verhältnissen, die er durch eigenes Verdienen zu bessern sucht.

Berufswünsche: Verlagsbuchhändler. Er ist für diesen Beruf besonders durch seine Neigung zur Literatur geeignet.

Allgemeine Beurteilung des Oberprimaners Heinrich Böll durch das Kollegium des Kaiser Wilhelm-Gymnasiums

Körperbeschaffenheit: Breit und groß, doch wenig leistungsfähig, durch häufiges Kranksein vom Turnen auf Grund eines ärztlichen Attestes befreit und in seiner körperlichen Ausbildung stark gehemmt.

Familienverhältnisse: Geordnetes Familienleben, doch sehr dürftige Verhältnisse. Der Vater, Bildhauer, ist seit langem arbeitslos. 6 Kinder.

Begabung: gut begabt

Leistungen: Im allgemeinen genügend, teilweise, besonders in Mathematik und Physik, gut. Seinen Anlagen nach könnten seine Erfolge besser sein. Daß sie nicht durchweg gut sind, ist wohl auf Krankheit und häufiges Fehlen zurückzuführen.

Betätigung in n.s. Verbänden: Ist wegen seiner Krankheit nicht organisiert.

Charakter: Schwerblütig, verträglich, vielleicht nicht energisch genug. Fügt sich anscheinend mit Gelassenheit in seine dürftigen Verhältnisse, die er durch eigenes Verdienen zu bessern sucht.

Berufswünsche: Verlagsbuchhändler. Er ist für diesen Beruf besonders durch seine Zuneigung zur Literatur geeignet.

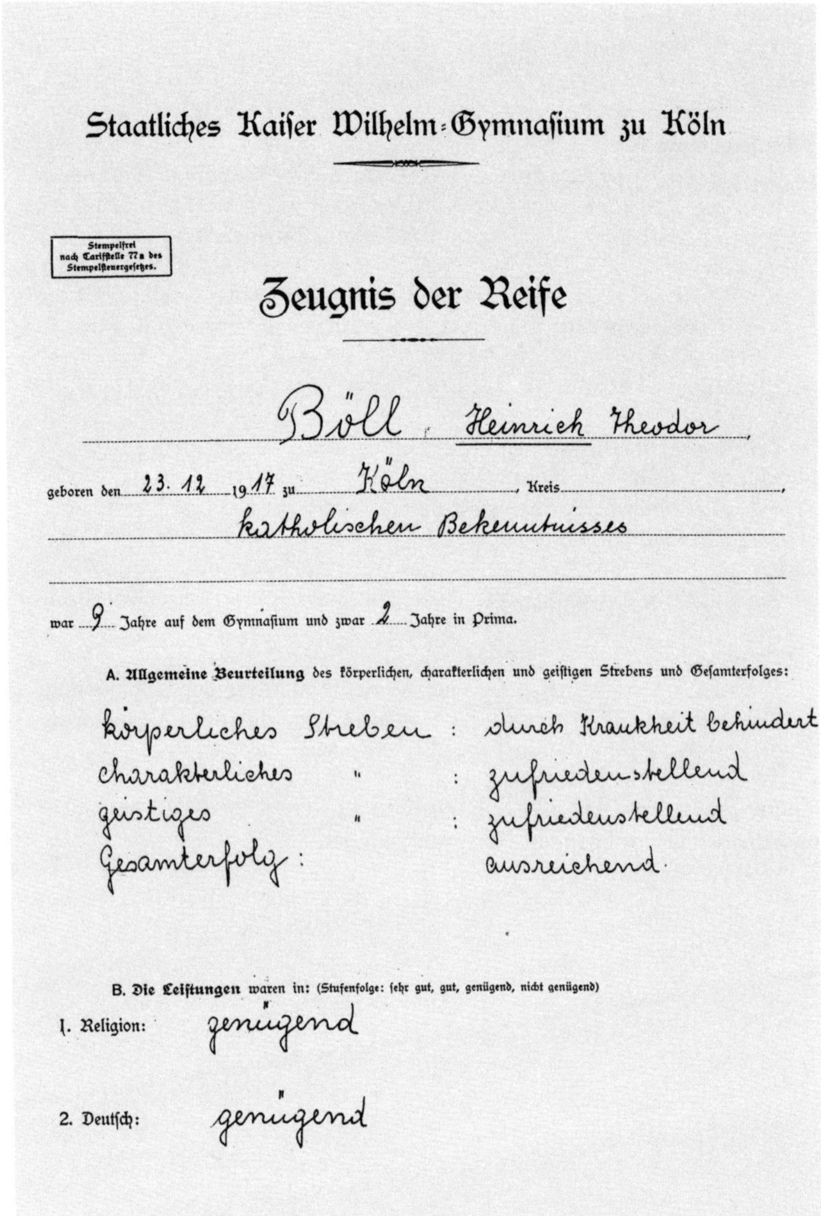

Staatliches Kaiser Wilhelm-Gymnasium zu Köln

Stempelfrei nach Tarifstelle 77a des Stempelsteuergesetzes.

Zeugnis der Reife

Böll, Heinrich Theodor,

geboren den 23. 12. 1917 zu Köln, Kreis ,

katholischen Bekenntnisses

war 9 Jahre auf dem Gymnasium und zwar 2 Jahre in Prima.

A. Allgemeine Beurteilung des körperlichen, charakterlichen und geistigen Strebens und Gesamterfolges:

körperliches Streben : durch Krankheit behindert
charakterliches " : zufriedenstellend
geistiges " : zufriedenstellend
Gesamterfolg : ausreichend.

B. Die Leistungen waren in: (Stufenfolge: sehr gut, gut, genügend, nicht genügend)

1. Religion: genügend

2. Deutsch: genügend

Abiturzeugnis vom 6. Februar 1937. Weitere Noten: Latein: gut; Griechisch: genügend; Französisch: genügend; Englisch: gut; Geschichte: gut; Erdkunde: genügend; Mathematik: gut; Physik: gut; Biologie: genügend; Zeichen- und Kunstunterricht: genügend; Musik: genügend; Leibesübungen: befreit. Im Zeugnis ist das Geburtsdatum falsch angegeben.

spiel für Studienzwecke etwa Freud oder Marx oder auch alte pornographische Werke wie Aretino, und ich hatte die Gelegenheit, als neunzehnjähriger Freud zu lesen. Das war eine Sensation in dieser Zeit. Ich ging in die Antiquariatsräume, setzte mich in eine Ecke und suchte mir dies raus oder jenes und las.

Eine Deutsche Erinnerung, Köln 1977, S. 123.

Ich war vor dem Krieg im Reichsarbeitsdienst mit Jungen aus der Kölner Altstadt zusammen. Wir waren also 18, 19, 20, 21, und zu meiner Überraschung waren darunter ziemlich viele Zuhälter, für die ich dann auch Briefe schreiben mußte. Das hab ich in einer autobiographischen Erzählung mal angedeutet. Ich schrieb also Liebesbriefe an Dirnen, war [das] eigentlich mein erster Broterwerb als Schriftsteller, weil sie dann mir die Stiefel putzten und mir sowieso halfen, und ich hab dabei sehr viel gelernt. Ich hatte eine bürgerlich-keinbürgerliche Verachtung natürlich für Prostitution und Zuhälter, und ich fand sie auch nicht ungeheuer erfreulich.

Interview von Robert Stauffer für den Deutschlandfunk, 1983, Bandabschrift Ms. S. 14.

(...) im Jahr 1942 setzte man schon sein Leben aufs Spiel, wenn man einem Juden eine Handvoll Kartoffeln in sein Versteck brachte, oder wenn man als polnischer Kriegsgefangener ein deutsches Mädchen in einem Hausflur küßte; ein Kuß in der Haustür, eine Handvoll Kartoffeln oder eine politische Randbemerkung im Luftschutzkeller. Meine Mutter, die Lebensweisheit und die Heftigkeit ihrer Gefühle in deutlichem Haß auszudrücken verstand, erlaubte sich solche Bemerkungen im Jahr 1940 in Gegenwart eines jungen Strebers, der nicht Mitglied der Nazipartei war, es auch nie wurde; er war nur von einem damals noch ziellosen Ehrgeiz erfüllt, der sich später auf die Unteroffizierskarriere konzentrierte. Das Leben meiner Mutter hing nicht an einem Haar, sondern am Gewissen eines Ortsgruppenleiters, der dann die Denunziation offenbar nicht weitergab; die Deutschen konnte man nicht 1933 kennenlernen, sondern im Siegesrausch des Jahres 1940, als die Marschallstäbe wie Manna vom Himmel regneten. Der junge Streber, ein wenig älter, wenn auch nicht klüger geworden, war im Jahr 1946 einer der Favoriten der CDU fürs Stadtparlament; er war nie Mitglied der Nazipartei. Wahrscheinlich saß der Ortsgruppenleiter, der meiner Mutter das Leben rettete, währenddessen in einem Internierungslager. Wie viele Denunziationen er weitergereicht, wie viele er unterdrückt hat, weiß ich nicht. Ich weiß nur: Wenn ich Bekannte wiedertreffe, versuche ich mich daran zu erinnern, was sie im Jahr 1940 sagten und dachten, im Jahr des Sieges und des Glanzes, als die Einsamkeit am größten war und wir meiner Mutter rieten, die Randbemerkungen im Luftschutzkeller zu unterdrücken; sie sprach nur noch mit Blicken, und ihre großen, dunklen Augen sprachen wohl noch deutlicher als ihr Mund; der junge Streber geriet in Zustände, die an Raserei grenzten, so oft sie ihn anblickte. Ich weiß nicht, ob jemand eines Blickes wegen zum Tode verurteilt worden ist, möglich wäre es schon.

Hierzulande, 1960. In: ERZÄHLUNGEN, HÖRSPIELE, AUFSÄTZE, Köln 1961, S. 433 f.

Die beiden Kriegswohnungen, die ich nie so recht bewohnt habe, lagen beide Parks gegenüber; die erste, am Volksgarten, hatte hohe Räume, altmodische Stuckdecken, schöne Möbel und – das war das wichtigste – ein Telefon; ich habe dort einmal, *einmal* Kaffee getrunken, mir im Badezimmer die Hände gewaschen, befand mich wenige Stunden später schon in einem Transportzug, der zögernd Köln umkreiste, dann, wie ich erleichtert feststellte, nicht ostwärts, sondern westwärts schwenkte, auf Düren zu. Ich habe also nie in der Wohnung gewohnt, aber oft dort angerufen, um wenigstens die Stimme zu hören, über verbotene Leitungen, die ich durch Überredung oder Bestechung öffnete. Sechs Wochen nachdem ich versucht hatte, sie zu bewohnen, brachte die Wohnung mir eine Woche Urlaub ein, und ich denke mit einer gewissen Rührung an sie, wie an ein Hotel, in dem einer gern mal ein Zimmer gemietet hätte, das aber abbrannte, bevor er den Wunsch verwirklichen konnte. (...) Das Telegramm „Wohnung total zerstört, bin unverletzt Annemarie" brachte mir also jenen Urlaubsschein ein, den mir mein Kompanieführer, ein allerdings außergewöhnlich dümmlicher Mensch, überreichte; er ließ sich peinlicherweise zu einem Händedruck von der männlichen und zu einem Schulterklopfen von der jovialen Seite hinreißen (ich wischte bzw. schüttelte mir beides wie Dreck von Schultern und Hand), und dann sprach er die Hoffnung aus, daß von nun an mein Kampfgeist gegen die Engländer stärker sein werde. (...)

In unsere zweite Wohnung bekamen wir kein Telefon mehr genehmigt; ich glaube, wir hatten sie drei Jahre „inne", und es mag sein, daß ich eineinhalb bis zwei dutzendmal dort geschlafen habe. Nach einigen Versuchen, dort so etwas wie Wohnung zu finden, mieden wir sie; jedesmal, wenn wir uns dort trafen, war ein besonders schwerer Bombenangriff fällig; wir fegten Glasscherben und Putz zusammen und fuhren am Morgen dann so rasch wie möglich in das Ahrweiler Hotel, wo wir wirklich, was bedeutet provisorisch, wohnten. Manchmal ging Annemarie, wenn ich morgens noch schlief, in den Beethovenpark, der schräg gegenüber lag, und pflückte stadtkölnische Blumen, die – so schien es uns – im Krieg besonders üppig gediehen; vielleicht gediehen sie auch nur gut, weil sie der regelmäßigen gärtnerischen Pflege nicht teilhaftig wurden, eine gewisse FREIHEIT genossen: jedenfalls waren es die schönsten Blumen, die wir je in irgendeiner Wohnung hatten, sehr viele und üppige Exemplare: Rosen, Rhododendron, Margareten und lange Heinriche, auch Dahlien und Nelken von geradezu bestürzender Üppigkeit. Wenn ich aufstand und ins Badezimmer ging, war die ganze Wohnung geschmückt, standen in Vasen und Töpfen, Einmachgläsern und Milchflaschen diese Zeugen von Annemaries natürlicher Behandlung und Beachtung des EIGENTUMSBEGRIFFS, der sich später, als unsere Wohnung mehrfach geplündert wurde, auch als aufs EIGENE EIGENTUM bezogen erwies. Es kam vor, daß wir in Ruhe – und so üppig, wie die Schwarzmärkte Europas es gestatteten – frühstückten, bevor wir zur Vorgebirgsbahn gingen, von dort nach Bonn, weiter über Remagen nach Ahrweiler fuhren. Ich ließ meine Uniform und das lästige Soldatengepäck bei den Blumen zurück, und wenn wir – unerbitterlicherweise (...) – nach Köln zurückfuhren, ich, um die Uniform wieder anzuziehen, Annemarie, um in die Schule (nicht als Schülerin, sondern als Lehrerin) zu gehen, fanden wir – irgendwie waren schon ein paar Fensterscheiben zerbrochen oder ein ganzer Flügel herausgedrückt – die Blätter der Blumen auf dem Boden, die kahlen Stengel in Vasen, Einmachgläsern und Milchflaschen; wir fegten alles zusammen, und Annemarie ging rasch noch einmal in den Beethovenpark hinüber, um zu sehen, was er noch hergab.

An einen Bischof, einen General und einen Minister des Jahrgangs 1917, 1966. In: AUFSÄTZE, KRITIKEN, REDEN, Köln 1967, S. 254 ff.

Einmal, im Herbst 1943, fuhren wir mit der Straßenbahn zum Bahnhof zurück, Annemarie mit einem Riesenstrauß riesiger Dahlien im Arm, ich in Uniform, und wir trafen in der Straßenbahn den Direktor der Schule, die ich sechs Jahre vorher absolviert hatte. Er war ein höflicher, liebenswürdiger Mann, fragte erst, wo wir die schönen Blumen herhätten, und als ich's ihm sagte, zuckte er zusammen, machte gleichzeitig eine Miene, die besagen konnte *wundern tut's mich ja nicht*, dann fragte er mich, woher ich in Urlaub käme, ich sagte, von der Krim, und sein erster Blick galt meinem Ärmel, ob ich das „Krimschild" trüge; ich trug's nicht, und

Köln, den 9. Juli 41

(...) Nun sitze ich hier wieder hinter der Himmelfahrtskirche, hinter diesem ausgehöhlten Leichnam; vor meinen Augen die Schutt- und Steinhalden; in einer wahnsinnigen Hitze. Ich klebe vor Schweiß, und so oft ich mich auch wasche und wieder abwische, es nützt doch alles nichts (...) Wie trostlos sieht doch dieser verkohlte Steinhaufen aus und wie prachtvoll phantastisch elementar war dieser Brand in der vorletzten Nacht; ich vergesse es nicht, wie ich hier auf dem Vorplatz gestanden habe, der Dom war hellrot erleuchtet, die Funken stoben wild durch die Luft, und das Krachen der Balken und das Heulen der Flammen erfüllte die Nacht. Ich bin zu müde, zu sehr von dieser lärmenden Hitze geschlagen, um Dir zu beschreiben, wie unglaublich dieser Brand war; am phantastischsten war es aber, dem Pöbel mitten ins Gesicht zu sehen; sich einfach abzuwenden von dem Brand und hineinzuschauen „in die andere Seite". Diese wollüstig erregten, roten, mitleidslosen Gesichter der Gaffenden, die genauso gestanden und geheult haben vor Lust, wie Christus durch die Straßen Jerusalems geführt wurde. Hast Du schon einmal versucht, einer Masse in die Visage zu schauen (...) weißt Du, daß es wirklich eine Art von Kreuzigung ist, so die Blicke dieses vielköpfigen Tieres auf dem Gesicht brennen zu fühlen. Ach, in dieser Nacht, die erfüllt war von Rauch und Feuer, als ich da unter der Menge stand, mich manchmal umwendend und hineinstarrend in dieses Gesicht, wie unter einem Zwang, wo man das Zischen und Knistern des Feuers eindringlich und ständig, aber nicht lärmend hörte, bahnte sich ein Auto – es war schon gegen Morgen – durch die Menge den Weg, und als es knirschend mit seinem blechernen, billigen Getöse vor dem Bahnhof hielt, da war es das hellrote, gräßliche Auto des W.B. Auch das vergesse ich nicht (...) diese von flackerndem Feuer erhellte Dunkelheit, dieses elementare Rasen des Brandes und zwischen den hohen, düsteren Gebäuden des Domes, des Bahnhofs und des Deichmannhauses dieses quälend grellrote, billige Auto des W.B. (...) man soll die Symbole auch erkennen und deuten, wenn sie allzu deutlich erscheinen. (...)

Köln, den 17. Juni 41

(...) Eintönigkeit, wenn sie nicht liturgisch oder sakramental ist, ist mordend – sie tötet die Phantasie: weil man soviel Kraft braucht, sich ihrer zu erwehren, bleibt der Phantasie gar keine Kraft mehr, sich zu betätigen; man kann sie nur hüten und hoffen, daß sie nicht ganz stirbt (...) immer dasselbe, ich fahre immer mit der gleichen Straßenbahn hin und mit der gleichen zurück; immer habe ich in der und der Ecke meiner Tasche die Butterdose und in dieser Ecke die Wurst; in der Mitte habe ich immer ein Buch, und soundsoviel Zigaretten. Morgens, wenn ich aufstehe, weiß ich schon, daß ich viertel vor zehn an einem gewissen Punkt im Grüngürtel stehen werde, und genau dasselbe üben werde, was ich immer schon an dieser Stelle geübt habe; ich weiß genau, daß wir um zehn Minuten nach zehn auf dem Rückmarsch an der Ecke Belvederestraße und Herrigergasse in Müngersdorf sind, nur daß dann das schöne Lied angestimmt wird: „Ich bin ein freier Wildbretschütz und hab' mein Waldrevier", und genau um viertel nach zehn – ach ganz genau – kommandiert der Alte auf dem Schulhof: „Kompanie halt" und „nach vorne weggetreten". Abends, wenn ich von 21.57 bis 22.05 Uhr am Schlageterplatz an der Wartehalle stehe, dann weiß ich ganz genau, daß ich (wohl: es) bis zu dem Augenblick, wo ich Dich um sechs Uhr nachmittags (oder sechs ein Viertel Uhr) des übernächsten Tages sehen werde, geschehen wird. Um 22.30 Uhr bin ich in Müngersdorf, um 22.35 Uhr passiere ich die Wache; wenn ich auf dem zweiten Treppenabsatz stehe, pfeift der UvD und um punkt halb elf liege ich im Bett; von halb acht bis viertel nach acht sitze ich im Unterricht auf der und der Bank und kann trotz der Müdigkeit nicht einschlafen, weil mich diese ewig gleichmäßige Stimme des Oberleutnants, der vom „politischen Tagesgeschehen" spricht, immer irgendwie in Bann hält; und um zwanzig nach acht – genau! – hänge ich meine Gasmaske um und schnalle mein Koppel um, und um halb neun stehe ich unten auf dem Schulhof, der Spieß richtet die Kompanie aus und sagt – fast jeden Morgen –: „Der drittletzte Mann im zweiten Glied – Lommersburg – den Bauch zurück – so". Und dann kommt der Alte und sagt: Heil Landesschützen" und wir sagen „Heil, Herr Hauptmann". Dann „Augen geradeaus, das Gewehr über, ohne Tritt marsch, Marschordnung rührt Euch – ein Lied!" Ein Lied (...) er sagt „ein Lied" und er könnte ruhig sagen „das Lied", denn das Lied heißt: „Die dunkle Nacht ist nun vorbei und herrlich beginnt es zu tagen". Dann folgt die Grüngürtelaffäre am Fort 5, und nach der Rückkehr, zwischen halb elf und elf, packe ich meinen Brotbeutel und putze meine Stiefel, um elf esse ich meine Butterbrote und trinke diesen kalten, entsetzlichen Kaffee dazu und um 11.45 Uhr ist dann die Vergatterung (...)

Briefe an seine spätere Frau Annemarie während seiner Stationierung in Köln-Müngersdorf. (Gekürzte Transkription der Originalbriefe) er wandte sich kopfschüttelnd ab; er war unser Geschichtslehrer gewesen, anständig, nie Nazi, nur ganz „Frontkämpfer“, und ich vergaß seinen enttäuschten Blick auf meinen Ärmel nie; er erklärte mir vieles an ihm, das ich bis dahin nicht verstanden hatte: diesen Hindenburgfluch, der auf anständigen und nationalistischen deutschen Akademikern lastet, und die Denkprägung, für die etwas nicht existiert, was nicht *bescheinigt* ist. Im fünften Kriegsherbst, in einer Kölner Straßenbahn, ein halbes Jahr nach Stalingrad, wo gewiß viele seiner früheren Schüler gestorben und verelendet waren, blickte er erst auf meinen Ärmel, dann mir kopfschüttelnd ins Gesicht.

An einen Bischof, einen General und einen Minister des Jahrgangs 1917, 1966. In: AUFSÄTZE, KRITIKEN, REDEN, Köln 1967, S. 257.

Die letzten *Blumen aus dem Beethovenpark* sah ich im Januar 1945 – die vertrockneten Blätter lagen auf dem Boden, raschelten im kalten Januarwind; es standen noch die Stengel in Vasen und Milchflaschen, der Mörtelstaub hatte sie weißgelb gepudert, ihre *Struktur* sichtbar gemacht; tot waren sie, dürr, und doch schön, und sie *waren fremd, fremd*. Ich war von Siegburg aus mit dem Fahrrad nach Köln gefahren, hauptsächlich, um auf dem Schwarzmarkt Zigaretten zu kaufen, und ich bekam sogar welche (...); ich hatte das Glück, von einer Prostituierten, die von schwarzhandeltreibenden Deserteuren, welche in den Trümmern hockten, als Sicherungsposten ausgestellt worden war, als der Sohn meines Vaters, also *politisch zuverlässig* erkannt zu werden; der Vater des Mädchens saß als Kommunist im KZ; aber nein (...), *mein* Vater war ja kein Kommunist, er war Zentrumsmann, *schwarz bis ins Mark*, aber das Mädchen war in einem Haus, das meinem Vater gehörte, geboren und groß geworden, sie *erkannte* und *kannte* mich, und so kam ich in den Besitz von fünfzig französischen Zigaretten, das Stück zu acht Mark. Aber natürlich war ich nicht *nur* nach Köln gefahren, um Zigaretten zu kaufen, auch, um *einmal bei unserer Wohnung vorbeizuschauen und festzustellen, ob noch irgendwas Brauchbares drin ist*; zu diesem Zweck hatte ich eine hübsche strohgeflochtene Dameneinkaufstasche am Lenker meines Damenfahrrads, und ich radelte also vom Waidmarkt aus (mein Rendezvous mit jener Dame hatte an der Hohen Pforte stattgefunden) nach Sülz. Ich fand die Wohnung *nicht ganz ausgeplündert*: Die Bilder zum Beispiel hatten offenbar keinem so recht gefallen, und doch ließ ich sie hängen, erstens, weil mir *Ballast* zuwider ist (sie fanden wenige Monate später dann doch einen Liebhaber: Es waren sehr schöne, kolorierte französische Stiche aus der Biedermeier-Zeit); dem offenbar hastig arbeitenden Dieb war sogar noch Schmuck entgangen, der in der *Nähkiste* wahrscheinlich nicht vermutet wurde, obwohl er auch dort – wie aller Schmuck in unserer Familie – nicht etwa mit dialektischer Schläue, sondern *zufällig* – hingelegt worden war; was außerdem dem Dieb entgangen war, war *Tafelsilber*, und ich nahm's mit, weil es mir ein begehrtes Tauschobjekt gegen *Zigaretten* darzustellen schien, Strümpfe fand ich noch, Schals und Handschuhe, viel Staub und Glassplitter, vor allem aber von unserem letzten Besuch her *Blumen aus dem Beethovenpark*: kahle Stengel, mörtelstaubüberpudert. Beim Hinausgehen traf ich noch auf unseren Nachbarn, einen netten Flak-Oberleutnant, der einige, vielleicht auch nur einen Kilometer entfernt *in Stellung lag* und der mich bat, ihm doch unseren Plattenspieler zu leihen (was angesichts der „Kriegslage" bedeutete: zu schenken). Ich ging noch einmal in die Wohnung zurück, deren Tür ich mit dem Fuß aufstieß, holte ihm den Plattenspieler und ein paar abgeleierte Beethovenplatten. Was dieser *Offizier* mir riet: weiterhin Urkundenfälschung zu begehen, Fahnenflucht stand auf den Fahnen der Truppe, deren Moral schlecht war. Und *verdammte Scheiße* war das letzte Wort, das ich von diesem netten Menschen hörte.

An einen Bischof, einen General und einen Minister des Jahrgangs 1917, 1966. In: AUFSÄTZE, KRITIKEN, REDEN, Köln 1967, S. 257 ff.

Ich war damals hier in der Nähe von Köln, habe drei, vier Monate als Deserteur bei meiner Frau gelebt, versteckt, mit gefälschten Papieren; nur waren die nicht so hieb- und stichfest, und ich bin dann bewußt, ganz bewußt, um zu überleben, wieder in die Armee zurückgegangen, wieder mit einem gefälschten Papier; das war der sicherste Weg, um zu überleben, denn Deserteure wurden ja damals standrechtlich erschossen. Und vierzehn Tage später war ich dann in Gefangenschaft in Frankreich. Nach einem halben Jahr konnte ich nach Deutschland zurück, Ende 1945 also. Damals lebte meine Frau auf dem Lande, sie war evakuiert im Bergischen. Wir sind dann aber sehr schnell wieder nach Köln zurückgegangen, in ein zerstörtes Haus, das wir uns aufgebaut, langsam eingerichtet haben.

Drei Tage im März, Köln 1975, S. 43 f.

Ich glaube, im Oktober 45 sind wir wieder nach Köln gezogen. Die letzten Reste sind noch kaputtgeschmissen worden im März 45. Das hatten wir also noch nicht gesehen. Die völlige Zerstörung des berühmten Kölner Panoramas – bis auf den Dom eben – der lächerlicherweise übrigblieb. Ich glaube, daß die amerikanischen Bomberkommandos, ich kann's nicht beweisen, ein gewisses Touristendeutschland verschont haben, zum Beispiel Heidelberg, zum Beispiel den Kölner Dom, und ich sehe darin eine besondere Variante der Barbarei, daß man sich also nicht leisten kann, den Kölner Dom kaputtzuschmeißen, weil the Cathedral of Cologne internationales Signum ist. Auch diese Erkenntnis gehört für mich zum Krieg. Diese peinliche Art, bestimmte Dinge zu verschonen, wenn man schon Wohnviertel nicht verschont.

Ansichten eines Autors, Sender Freies Berlin, 11.9.1969, Ms. S. 14.

Als wir Köln wiedersahen, weinten wir. Wir kamen über die geländerlose, von Lehm glitschige Behelfsbrücke von Deutz herüber, ein englischer Panzer, der uns entgegenkam und ins Rutschen geriet, drängte uns fast in den Rhein. Wieder und noch einmal: Todesangst.

Das zerstörte Köln hatte, was das unzerstörte nie gehabt hatte: Größe und Ernst. Das Schicksal war in seiner Unbarmherzigkeit genau gewesen. Die Zerstörung war vollständig und kriegstechnisch vollkommen sinnlos: Das war der angemessene Zustand für einen Ort, in dem wir leben wollten. Tränen, und von Allerheiligen noch die Kränze und Blumen auf den Trümmergrundstücken.

Das unzerstörte Köln war, bis in die wilden Bacchanalien hinein, die in Luftschutzbunkern stattfanden, während die Bomben fielen – es war unernst gewesen, unordentlich auch und, obwohl fast ein Jahrhundert lang Festung und große Garnison, nie militaristisch. Der Härte, die sich unter rheinischem Humor verbirgt, einer Härte, die kriminell werden kann, waren die ordentlichen und korrekten Preußen nie gewachsen. Köln war nie so recht Großstadt, immer Stadt, seine Verdorbenheit saß tiefer als die pointierte Verdorbenheit der gängigen Großstadt, die sich so leicht verfilmen läßt.

Stichworte, 1964. In: AUFSÄTZE, KRITIKEN, REDEN, Köln 1967, S. 173 f.

Köln war eine große Stadt, und die einzige Möglichkeit, Hoffnung zu haben, war, in dieser zerstörten Stadt zu wohnen. Die Frage: Wie kann man in Köln leben?! ist inzwischen snobistischer und schlüpfriger, als sie je hat sein können. Ich erkenne in dieser Frage das alte (nicht unberechtigte) preußische Mißtrauen gegenüber jenem Rheinland, das 1815 an Preußen fiel. Wenn schon gestellt, dann müßte die Frage längst lauten:

Wie kann man in Deutschland leben?, und daraus ergäbe sich die zweite Frage: Ist Köln deutsch? Die überraschende Antwort lautet: ja. Der Zweifel an diesem Ja ist in der ersten Frage, mag sie stellen, wer will, immer enthalten. Die letzten Zweifel über dieses Ja fielen von mir, als ich an einem regnerischen Novembertag 1945 (...) mit meiner Frau, meiner Schwester und meinem Bruder zum erstenmal seit Kriegsende wieder von Deutz nach Köln hinüberging. In der Stadt wohnten nicht nur dreißigtausend Einwohner, außerdem noch: zwei Madonnen. Die eine schön, später Trümmermadonna genannt, die andere nicht schön, aber groß, sehr alt, erdhaft, unsymmetrisch, mit gläsernen Augen. Sie steht in Sankt Maria im Kapitol.

Stichworte, 1964. In: AUFSÄTZE, KRITIKEN, REDEN, Köln 1967, S. 174 f.

Ich weiß nicht, warum ich mich weigerte, zu tun, was als jeden heimkehrenden Bürgers erste Pflicht mit neudemokratischem Enthusiasmus propagiert wurde: mich mit Schaufel und Hacke an der Enttrümmerung zu beteiligen. Es war nicht nur das Gefühl, Besseres zu tun und genug getan zu haben, es war nicht nur Faulheit, nicht nur Gleichgültigkeit gegenüber einem „Aufbauwillen", dessen Geist sich nicht artikulierte. Vielleicht erinnerte mich die Art, wie sie da zusammen standen, auf Schaufel und Hacke gestützt, einander von Krieg, Gefangenschaft und politischen Irrtümern erzählten, zu sehr an Stammtisch und Kampfkommandanturen gleichzeitig.

Stichworte, 1964. In: AUFSÄTZE, KRITIKEN, REDEN, Köln 1967, S. 174.

Es fällt auf, daß man immer nur an den Osten Deutschlands denkt, wenn das Wort heimatvertrieben fällt. Natürlich denkt man schon gar nicht an die allerersten, die aus der Heimat vertrieben wurden, die Emigranten. Daß die Zerstörung der großen Städte im Westen eine Vertreibung bewirkte, paßt wohl nicht ins politischpropagandistische Vokabularium. Das Wort „alte Heimat" ist voll melancholischer, das Wort „neue Heimat" voll optimistischer Wehmut. Das Wort Völkerwanderung klingt mißverständlich, zweideutig, weil Wanderung und Wandern so friedliche Wörter sind. In Wahrheit war Völkerwanderung immer Völkerverdrängung; nie ging das ohne Gewalt, da wurde verschleppt, mitgeschleppt, zurückgelassen; mancher, der im Sinne des politischen Terminus technicus „heimatvertrieben" ist, hat sich hier besser zurechtgefunden als mancher, der seine Heimat im Sinne dieses Terminus technicus nie verlor.

Das zerstörte Köln war nicht die alte, es war eine zweite Heimat, die schon wieder verloren ist. Köln erschien uns als der angemessene Wohnort.

Heimat und keine, 1965. In: AUFSÄTZE, KRITIKEN, REDEN, Köln 1967, S. 203

(...) Glatteis bedeckte in diesem Winter 45/46 fast ständig den Raum, der später die Küche werden sollte. Da waren schon ein paar Pirouetten fällig, wenn die Suppe gekocht werden mußte.

Wir begannen in einem Trümmerhaus in der Schillerstraße in Köln-Bayenthal – schlichtweg als Hausbesetzer, wurden später zu Instandbesetzern. (Zugegeben: Diese Art von Besetzung war seinerzeit legal; auch unsere eigene Wohnung war legal besetzt worden – und futsch.) Interessant wäre nur, einmal festzustellen, wie viele Einwohner Kölns damals als Hausbesetzer begannen. Es gab da einen Stichtag, nach dem, was nicht bewohnt, für Besetzung frei war. (...) Ja, Glatteis also bedeckte den Boden der Küche. Es war ein harter Winter, und wir schliefen, meistens zu fünfen, darunter mein fünfundsiebzigjähriger Vater, der des Landlebens überdrüssig war, gelegentlich auch zu sieben im späteren Schlafzimmer auf Pritschen, die aus geklauten Türen und Balken zurechtgezimmert waren. Mit dem morgendlichen Waschen kann's nicht viel gewesen sein: Das Wasser mußten wir aus einem ziemlich weit entfernten Hydranten (ich glaube, auf dem Bayenthalgürtel) holen; das Glatteis in der Küche entstand aus Schnee und gelegentlichem Regen, und doch spielte Wasser bei unserer ersten Arbeit, die einer Kafka-Geschichte würdig wäre, eine große Rolle: Der Heizungskeller war überschwemmt, und wir schöpften ihn mit Blechbüchsen leer, kippten das schwärzliche Wasser in den Abfluß der nahe gelegenen Waschküche im Keller, bis wir – nach Wochen erst – feststellten, daß das Wasser aus der Waschküche aufgrund schwer zu eruierender installatorischer Fehlkonstruktionen in den Heizungskeller zurücklief; daß hier eine Fehlkonstruktion vorlag, die vor dem Krieg durch eine elektrische Pumpe, die das Wasser direkt in den Kanal pumpte, reguliert worden war. Woher eine elektrische Pumpe nehmen, und wer, wenn sie aufzutreiben gewesen wäre, würde sie installieren? So überließen wir das schwärzliche Wasser sich selbst und den Ratten.

Nächstwichtige Arbeit: das Dach dicht zu machen. Womit? Da bot sich der Asphalt der Trottoirs an: Er wurde geschmolzen in einem alten Waschkessel; Brennmaterial gab's reichlich in den Trümmern ringsum, das Geschmolzene wurde aufs provisorisch vernagelte Dach verteilt; woher die Nägel? Dorther, wo alles herkam: aus den Trümmern, alle

Bretter wurden sorgfältig entnagelt, die Nägel gerade geklopft: Instandbesetzer sind einfallsreich. Wir scheuten auch nicht davor zurück, den Asphalt des Trottoirs auf dem Bayenthalgürtel in unsere Materialbeschaffung einzubeziehen, und stellten dabei fest, daß Kardinal Frings unser unmittelbarer Nachbar war; als wir den Asphalt vor der bischöflichen Wohnung zweckentfremden wollten, wurden wir von einem priesterlichen Adlatus milde auf andere Quellen verwiesen. Deren gab es genug, und so gab's keinen Ärger mit erzbischöflichen Instanzen.

Hoffentlich kein Heldenlied, 1981. In: VERMINTES GELÄNDE, Köln 1981, S. 237 ff.

Tage, Wochen, Monate verschwimmen in meiner Erinnerung, nur eines Datums bin ich sicher: Am Nikolaustag 1945 kam mein Schwager Eduard aus einem britischen Gefangenenreservat zu uns nach Köln; nach Prag konnte er nicht zurück, das Schicksal seiner Familie war (und blieb lange) ungewiß. Auf dem Kölner Hauptbahnhof hatte man ihm, bevor er aufs Einwohnermeldeamt ging, um uns ausfindig zu machen, seinen einzigen Besitz, einen prall gefüllten Seesack gestohlen. Oh, freundliche Begrüßung eines Heimkehrers! Er blieb bei uns, bekam seinen Pritschenplatz und wurde zum brauchbaren Instandbesetzer. Immerhin hatte er seine Marinepräzisionstaschenuhr gerettet, die später dem Schwarzmarkt geopfert werden mußte. Annemarie war als Lehrerin hauptsächlich damit beschäftigt, an ihre 60 – 70 Schülerinnen Suppe zu verteilen und unter diesen Trümmerkindern halbwegs Disziplin zu halten. Edi und ich, wir lauerten wie hungrige Wölfe auf die Suppenreste und ihre eigene Portion, die sie im Kochgeschirr mitbrachte, wenn sie mittags total erschöpft nach Hause kam; es gab süße Suppen und fettige, die fettigen waren uns lieber. Nein, Helden des Wiederaufbaus waren wir nicht, und jeder, jeder Nachgeborene würde nach einer vergleichbaren Katastrophe unter vergleichbaren Umständen das gleiche „leisten" – ich wiederhole es und füge hinzu: *wir*, wir wären nach einer wahrscheinlich unvergleichbaren Katastrophe nicht mehr fähig, auch nur irgend etwas zu „leisten".

Hoffentlich kein Heldenlied, 1981. In: VERMINTES GELÄNDE, Köln 1981, S. 241 ff.

Weihnachten 1945: Ich habe keine genauere Erinnerung daran. Christbaum? Kerzen? Ich weiß es einfach nicht mehr. Da war noch etwas, das vielleicht „festgehalten" werden könnte: der Staub und die Stille. Und es erscheint mir am besten, ich zitiere, was ich vor sechzehn Jahren darüber geschrieben habe und heute besser nicht ausdrücken kann:

„Staub, Puder der Zerstörung drang durch alle Ritzen, setzte sich in Bücher, Manuskripte, auf Windeln, aufs Brot und in die Suppe; er war vermählt mit der Luft, sie waren ein Leib und eine Seele; jahrelang die tödliche Qual gegen alle Vernunft, gegen alle Hoffnung als Sisyphus und Herakles diese Unermeßlichkeit des Staubs zu bekämpfen, wie ihn eine zerstörte Stadt von den Ausmaßen Kölns hervorbrachte; er klebte auf Wimpern und Brauen, zwischen den Zähnen, auf Gaumen, allen Schleimhäuten, in Wunden – jahrelang dieser Kampf gegen die Atomisierung unermeßlicher Mengen von Mörtel und Stein.

Das andere war die Stille. Sie war so unermeßlich wie der Staub, nur die Tatsache, daß sie nicht total war, machte sie glaubwürdig und erträglich; irgendwo in diesen unermeßlichen stillen Nächten bröckelten lose Steine ab oder stürzte ein Giebel ein; die Zerstörung vollzog sich nach den Gesetzen umgekehrter Statik mit der Dynamik im Kern getroffener Strukturen; offenbar kann man auch den statischen Kern eines Gebäudes spalten. Oft konnte einer es am hellen Tage beobachten, wie ein Giebel sich langsam, fast feierlich senkte, Mörtelfugen sich lösten, sich weiteten wie ein Netz – und es prasselte Steine. Die Zerstörung einer großen Stadt ist kein abgeschlossener Vorgang wie eine Operation, sie schreitet fort wie eine Paralyse, es bröckelt allenthalben, bricht dann zusammen. Der freiwillige, weder durch Sprengung noch durch sonstige akute Gewalt bewirkte Einsturz einer Giebelmauer ist ein unvergeßlicher Anblick; in irgendeiner nicht voraussehbaren, schon gar nicht berechenbaren Sekunde gibt dieses im Kern getroffene, schön geordnete, in Zuversicht und Lust zusammengefügte Gebilde nach; es zählt, fast hörbar tickend, knisternd, vom Datum seiner Entstehung auf Null und Nichts zurück – auch beim Abschuß von Raketen wird auf Null und Nichts zurückgezählt – und gibt sich auf."

Hoffentlich kein Heldenlied, 1981. In: VERMINTES GELÄNDE, Köln 1981, S. 243 ff.

Es gab in den ersten Nachkriegsjahren außer Staub und Stille noch etwas, das, nicht durch Anführungszeichen gesichert, in dieser dritten Heimat, die Bundesrepublik heißt, als Provokation empfunden werden muß: Besitzlosigkeit. Jeder besaß das nackte Leben und außerdem, was ihm unter die Hände geriet: Kohlen, Holz, Bücher, Baumaterial. Jeder hätte jeden mit Recht des Diebstahls bezichtigen können. Wer in einer zerstörten Großstadt nicht erfror, mußte sein Holz oder seine Kohlen gestohlen haben, und wer nicht verhungerte, mußte auf irgendeine gesetzeswidrige Weise sich Nahrung verschafft haben oder haben beschaffen lassen. Wahrscheinlich ist diese ganze Kriminalität des Ausnahmezustandes, die in der zweiten Heimat dynamisch war, in der dritten wieder statisch geworden, übertritt nicht mehr geschriebene, nur noch ungeschriebene Gesetze, schreit wahrscheinlich heute bei der geringsten Gelegenheit: „Haltet den Dieb!"

Heimat und keine, 1965. In: AUFSÄTZE, KRITIKEN, REDEN, Köln 1967, S. 204.

In alten Notizbüchern denkwürdige Budgetziffern. Zwei Pfund Mehl, ein halbes Pfund Butter: 325 Mark. Das Monatsgehalt einer Lehrerin. Ein Brot, fünf Astern: 40 Mark, fünfzig Gramm Tee 75, eine Schachtel Streichhölzer 5, vier Zigaretten 32 Mark, fünfundzwanzig Gramm Tee 37,50, zehn Pfund Kartoffeln 75 Mark und für Zeitungen, Zeitschriften, Bücher 60 Mark. Das Monatsgehalt einer Lehrerin. Hintereinander drei Posten und zwei Monatsgehälter: für Briketts (gestohlene) 250, 220, 160 Mark. Eine Lehrerin hätte zwanzig Monate arbeiten müssen, aber ist nicht ein Monat ein Monat?

Stichworte, 1964. In: AUFSÄTZE, KRITIKEN, REDEN, Köln 1967, S. 171.

Wie wir zwischen 1945 und der Währungsreform gelebt haben, wovon? Kaum „von der Hand in den Mund", denn oft genug waren die Hände leer. Meine Frau verdiente als Mittelschullehrerin etwa 350 Reichsmark im Monat, das waren nach echten Mark, das heißt Schwarzmarktwerten, gerechnet zehn Brote, etwas mehr als ein halbes Pfund Butter. Zum Glück – und zu unserer Rettung – bekamen wir ab 1947 Pakete von englischen Freunden, aus einem Land also, in dem auch strenge Rationierung herrschte. Ich gab Nachhilfestunden und arbeitete für eine Mark Stundenlohn in der Werkstatt meines Bruders, hauptsächlich als bezahlter Instandbesetzer an dem Haus, in dem wir wohnten. Nebeneinnahmen gab es, wenn wir aus den Trümmern geklaute Stahlträger an aufbauwillige Schwarzhändler verkauften. Um Brennholz brauchten wir uns nicht zu sorgen: Wir wohnten in einer total zerstörten Straße in Köln, in der nur zwei Häuser bewohnt waren. (...)

Nach der Währungsreform gab es dann Waren, deren Herstellung mit weicher Mark bezahlt worden war. Seltsam, wie man die Arbeit anderer in stabile Werte verwandeln kann. Vielleicht ist das das Geheimnis des „Mehrwerts" – manche Kurzgeschichte brachte acht Zigaretten der Marke „Camel" oder 100 Gramm Kaffee oder Tee, und die Arbeit meiner Frau! Für zehn Brote im Monat versuchte sie – manchmal mit geringem Erfolg –, law and order, Englisch, Geschichte, Geographie und Religion sechzig bis siebzig 16- bis 17jährigen Kölner Trümmermädchen beizubringen; von einigen dieser Mädchen stellte sich später heraus, daß sie Nachtausweise der belgischen oder britischen Armee und erstaunliche englische Sprachkenntnisse besaßen. (...)

Am Tag der Währungsreform stellten wir fest, daß wir die einhundertzwanzig Reichsmark – für uns beide und unseren ältesten Sohn, der knapp eineinhalb Jahre alt war – nicht zusammenbekamen. Mein Vater half uns, und so fingen wir mit einhundertzwanzig harten Mark ein neues Leben an. Meine Frau träumte von Obst und Gemüse, auch von Tee und Kaffee wie ich, der ich mehr auf Zigaretten aus war und – Gott sei's geklagt – auf „wirklich schönes“ Schreibpapier; ich war die schäbige Sorte „Saugpost“, auf der ich bis dahin geschrieben hatte, leid, das schöne Papier war kriminell teuer, aber ich kaufte es, und außerdem (eine zufällig zu Besuch weilende Tante bekam darüber fast einen Anfall!) eine Briefwaage, die ich – was eben heftig bestritten wurde – dringend brauchte.

Mehr als zwanzig Jahre hat sie gedient, auch als Mehl-, Butter- und Zuckerwaage beim Backen, und später wogen unsere Kinder so vielerlei merkwürdiges Zeug drauf, daß sie völlig ausleierte, irreparabel wurde und endgültig im Spielzeug landete. Die Tante wohnte übrigens auf dem Land, hatte von Schwarzmarkt wenig Ahnung – und dieses Köln, das von Schwarzmarkt und Schiebung wimmelte, war ihr ein Greuel. Immerhin hat sich meine anscheinend törichte Briefwaagenanschaffung doch als gute Kapitalanlage erwiesen.

Die wenig wunderbare Brotverringerung, 1984. In: DIE FÄHIGKEIT ZU TRAUERN, Bornheim 1986, S. 55 ff.

Wenn Sie in einer zerstörten Stadt wie Köln gelebt haben – und ich bin 1945 direkt mitten in die Trümmer zurückgezogen -, da bildete sich ja etwas sehr Merkwürdiges, im Grunde auch eine Gesellschaft von Besitzlosen und potentiellen Dieben. Ich sag's laut und deutlich: Was da alles geklaut worden ist und was wir geklaut haben – Fenster, Türen, Ziegelsteine, Brennholz, Bücher, wenn wir sie in zerstörten Kellern fanden -, das war ja klassenlos bis zu einem gewissen Grad; es hatte etwas Klassenloses, sagen wir, so in Köln zwischen 1945 und noch 1949, als es schon die Bundesrepublik Deutschland ungefähr gab, war etwas – ich will das nicht anarchistisch nennen, das wäre zu bewußt –, aber etwas vom Tag-auf-Tag-Leben, sich so durchschlagen, da ging man mal auf den Schwarzmarkt, wenn man Geld hatte, verkaufte was oder kaufte was, schlug sich so gerade durch, und wir Autoren waren ja in der vergleichbaren Lage; wir verdienten sehr wenig Geld, wahrscheinlich nicht viel mehr als ein Arbeiter, wahrscheinlich weniger, und so weiter. Wir (...) haben von unseren Frauen gelebt; meine Frau war Lehrerin. Es gab ja eine neue Gesellschaft, eine andere, sagen wir nicht neu, das ist zu positiv, sondern von der Geschichte in eine bestimmte Situation hineingezwungene Gesellschaft, in der ich keinen Klassenunterschied festgestellt habe. Natürlich gab's irgendwo sehr reiche Leute, für die dieser dreckige Alltag gar nicht existierte. Aber ich erinnere mich nicht, daß Unterschiede etwa zwischen einem Oberstudienrat oder einem Arbeiter oder mir bestanden, wenn's ums Fressen ging, um Hausbrand, Kohlen oder Holz – es war kein großer Unterschied (...)

Ich habe nichts über den Krieg aufgeschrieben. Ein Gespräch von Jürgen Manthey und Nicolas Born mit Heinrich Böll und Hermann Lenz. In: LITERATURMAGAZIN 7, Reinbek 1977, S. 57 f.

Strom war kontingentiert, Schwarzhandel mit Kilowatt noch nicht erfunden, Bestechung nicht möglich. Manchmal aber wird der Beruf eines Schriftstellers auch nach Anbruch der Dunkelheit noch ausgeübt, außerdem muß sich einer – unverschämt, wie Schriftsteller nun einmal sind – hin und wieder Hände und Füße wärmen. Jemand zeigt mir, wie man die Zählscheibe des Meters stoppt: Man bohrt unten ein Loch in die plombierte Blechverkleidung, umwickelt einen drei- bis vierzölligen Nagel oben mit Watte, stößt ihn durch das Loch gegen die Zählscheibe, die weiß-rot, weiß-rot rotierend die verbrauchten Einheiten zählt; stellt man fest, daß die Zählscheibe tatsächlich in ihrer Bewegung innehält, keilt man den Nagel fest, beobachtet die Scheibe zur Kontrolle noch ein paar Sekunden – und ungezählt fließt der Strom durch den Meter in der Leitung, Licht und Wärme verbreitend. Es war nicht nur der falsche Trick, ich wandte ihn auch ungeschickt an, die Watte rutschte, ohne daß ich's bemerkt habe, und der Nagel hinterließ auf der Zählscheibe jene Kratzspuren, die mich überführten, noch bevor ich gestand. Richtig ist es, die Plombe zu lösen, die Zählscheibe durch einen Magneten zu lähmen. Es gab Spitzel, sie bekamen Prämien, wenn sie einen erwischten, der auf die oben beschriebene Art nicht nur gegen die „Bewirtschaftungsbestimmungen" verstieß, sondern auch Diebstahl beging. Es galt der Grundsatz, der zwölf Jahre lang gegolten hatte: Man darf alles, man darf sich nur nicht erwischen lassen. Ich war erst verärgert, dann erleichtert, als ich erwischt wurde.

Stichworte, 1964. In: AUFSÄTZE, KRITIKEN, REDEN, Köln 1967, S. 171 f.

Unsere Kinder wuchsen also mitten in den Trümmern auf, und – so frage ich mich heute – wurden sie, die Trümmer, ihr kulturelles Erbe? Erst viel später fiel mir ein und auf, daß die Trümmer ideale, wenn auch partiell gefährliche Spielplätze waren, weil man in ihnen beides spielen konnte: Aufbau und Zerstörung: Immerhin gab's Steine, Mauerreste, Eisenträger genug, und nach wenigen Jahren wuchsen Bäume und Blumen in den Ruinen, und war es nicht das Recht eines neuen Geschlechts, das da aufwuchs, die Überreste eines wahnsinnigen Krieges wenigstens als Spielplätze nicht nur brauchbar, sondern ideal zu finden? Es mag in meiner Überlegung ein Schuß Nihilismus gesteckt haben, aber war es noch oder schon Nihilismus, als unser ältester Sohn nach einem Besuch in einem der lieblichsten Teile Englands, in Surrey, wo er bei guten Freunden in einer Villa mit herrlichem Garten und einer klassischen Nursery gewohnt hatte – als der Dreijährige, während der Zug von Ostende in den Kölner Hauptbahnhof einfuhr, erleichtert ausrief: Endlich wieder Trümmer! Und wir begriffen: Er war wieder zu Hause, diese zerstörte Stadt war seine Heimat, und wenn wir uns aller poetisch-metaphysischen Tricks enthalten, so müssen wir zugeben: Es war auch unsere.

Ich bin ein Deutscher, 1974. In: EINMISCHUNG ERWÜNSCHT, Köln 1977, S. 180 f.

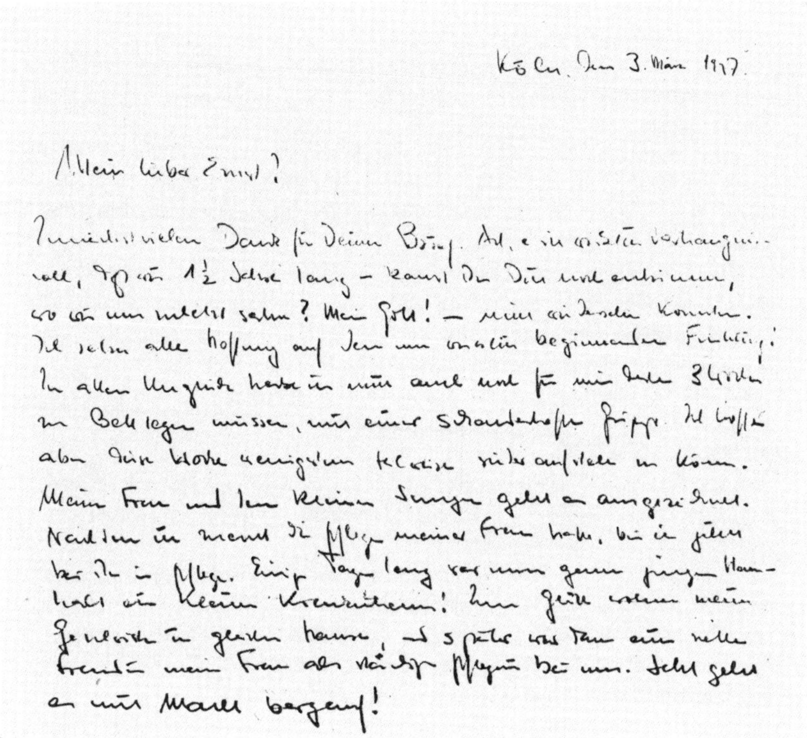

Köln, den 3. März 1947

Mein lieber Ernst!

Zunächst vielen Dank für Deinen Brief. Ach, es ist wirklich verhängnisvoll, daß wir [uns] 1 1/2 Jahre lang – kannst Du Dich noch entsinnen wo wir uns zuletzt sahen? Mein Gott! – nicht wiedersehen konnten. Ich setze alle Hoffnung auf den nun wirklich beginnenden Frühling. Zu allem Unglück habe ich mich nun auch noch für mindestens drei Wochen zu Bett legen müssen, mit einer schauderhaften Grippe. Ich hoffe aber diese Woche wenigstens teilweise wieder aufstehen zu können. Meiner Frau und dem kleinen Jungen geht es ausgezeichnet. Nachdem ich zuerst die Pflege meiner Frau hatte, bin ich jetzt bei ihr in Pflege. Einige Tage lang war unser ganzer junger Haushalt ein kleines Krankenhaus! Zum Glück wohnen meine Geschwister im gleichen Haus, und später war dann eine nette Freundin meiner Frau als nächtliche Pflegerin bei uns. Jetzt geht es mit Macht bergauf.

Damit ich es nicht vergesse, will ich Dir zunächst etwas von den Kölner Theatern schreiben. Das eigentliche Schauspielhaus zerfällt in drei Spielgruppen:
1. Schauspielhaus, das jetzt, nach der Rückkehr René Deltgens wohl stark aufblühen wird. Im Allgemeinen – ohne Deltgen – ganz gut. Leider hatte ich in diesem Winter keine Gelegenheit, mir ein eigenes Urteil zu bilden.
2. Das sogenannte Studio, eine sehr exklusive, ausgezeichnete kleine Bühne, auf der ich eine tadellose und kühne Aufführung des „Woycek" von Büchner gesehen habe. Eine wirklich gute Bühne unter der Leitung eines gewissen Herrn Schalla, der vor und nach jeder Aufführung zu sprechen ist. Das Studio spielt vor etwa 60 Zuschauern. Sehr intim, ausdrucksvoll, unter Verzicht auf jede „Theatralik".
3. Haben wir die Kammerspiele, auch ein kleines Ensemble, das auch kleinere Stücke spielt, klassische Stücke, griechische und deutsche Klassiker. Leider mir selbst aus eigener Anschauung unbekannt, aber von zuständigen Bekannten gelobt.
Als 4. ist noch eine Art Heimatbühne, das sogenannte „Millowitsch" populär und beliebt. Nicht schlecht, aber ich könnte mir denken, daß Du von dieser Art vorläufig genug hast. Das Beste wäre wohl das „Studio". Und ich glaube, Du könntest leicht mit dem Spielleiter in Konex kommen. Herr Schalla wird allerdings, wie ich höre, bald nach Düsseldorf gehen. Vielleicht versuchst Du mal Dein Glück. Die anderen drei Theater fallen unter die Kategorie der „städtischen Bühnen Köln".

Sobald ich wieder aus dem Bett bin, werde ich Dir alles, was ich selbst an verfügbaren und brauchbaren Bühnentexten habe, zuschicken. Zu kaufen gibt es fast nichts, aber ich werde die Augen offenhalten. Was ich Dir von mir schicke, kannst Du vorläufig als auf 99 Jahre geliehen betrachten; es wird sehr qualvoll für Dich sein, auch darin behindert zu sein. Aber Mut, Mut und Vertrauen! Wir werden beide viel arbeiten müssen! Ich setze nach diesem grauenhaften Winter alle Hoffnung auf den beginnenden Frühling. Hätte man nun nicht diese tägliche Plackerei um das Essen und den Brand – nicht diesen aufreibenden Kampf um die allernotwendigsten Dinge! Aber vielleicht gehört das mit zu unserem Beruf! Sobald ich Papier und Nerven genug habe, schicke ich Dir auch die Abschriften einiger Novellen von mir. Ich werde jetzt die ersten Schritte an die Öffentlichkeit wagen (...)

Dein Hein

Ernst-Adolf Kunz (1923–1979) lernte Heinrich Böll während der Kriegsgefangenschaft kennen. Mit Kunz, der sich nach dem Krieg u.a. als Schauspieler versuchte, verband Böll eine tiefe Freundschaft. Unter dem Pseudonym Philipp Wiebe publizierte Kunz später Hörspiele, Erzählungen, Features und Fernsehspiele.

HEINRICH BÖLL

KÖLN-BAYENTHAL, den 4.Januar1950
Schillerstraße 99

A A Z 478

Stadt-Anzeiger

<u>Köln</u>

Pressehaus.

P.P.

Hiermit bewerbe ich mich um eine Beschäftigung als Berichterstatter.
Seit 1947 arbeite ich als freier Schriftsteller in Köln,veröffentlichte in verschiedenen literarischen Zeitschriften(Karussell,lit.Revue,Ruf usw.),die ihr Erscheinen einstellen mussten.Meine erste Buchveröffentlichung"Der Zug war pünktlich" erschien Weihnachten 49 im Verlag Middelhauve,Opladen;eine zweite Buchveröffentlichung"Aufenthalt in X" ist im gleichen Verlag in Vorbereitung.Stilproben kann ich auf Wunsch vorlegen.
Ich bin 1917 in Köln geboren,lebe seitdem-mit der Unterbrechung 1938-45- hier -und bin mit den Verhältnissen des Kölner Raumes völlig vertraut.

Hochachtungsvoll

Heinrich Böll

Belvederestr. 22/4 54

Daniels 31.8.54

… Bewerbungsschreiben an den *Kölner Stadt-Anzeiger*

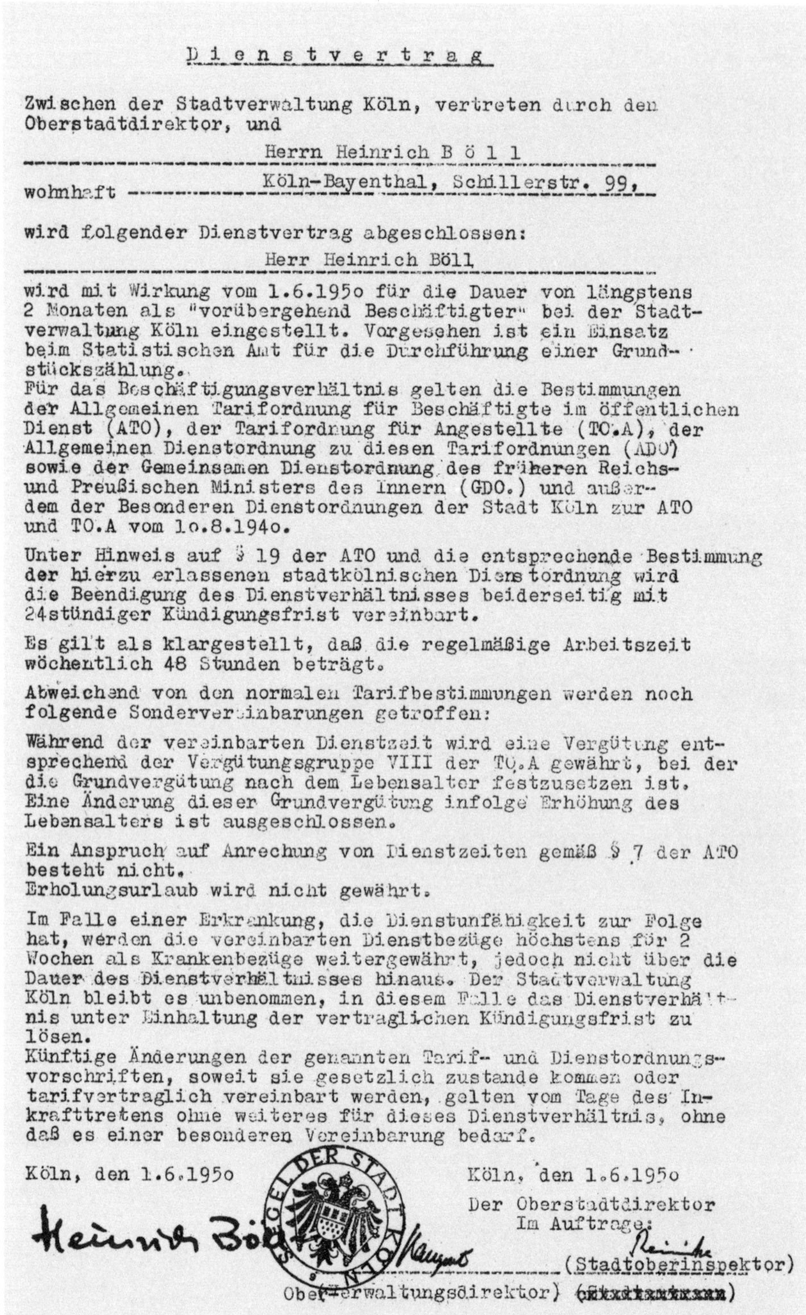

D i e n s t v e r t r a g

Zwischen der Stadtverwaltung Köln, vertreten durch den Oberstadtdirektor, und

Herrn Heinrich B ö l l

wohnhaft Köln-Bayenthal, Schillerstr. 99,

wird folgender Dienstvertrag abgeschlossen:

Herr Heinrich Böll

wird mit Wirkung vom 1.6.195o für die Dauer von längstens 2 Monaten als "vorübergehend Beschäftigter" bei der Stadtverwaltung Köln eingestellt. Vorgesehen ist ein Einsatz beim Statistischen Amt für die Durchführung einer Grundstückszählung.

Für das Beschäftigungsverhältnis gelten die Bestimmungen der Allgemeinen Tarifordnung für Beschäftigte im öffentlichen Dienst (ATO), der Tarifordnung für Angestellte (TO.A), der Allgemeinen Dienstordnung zu diesen Tarifordnungen (ADO) sowie der Gemeinsamen Dienstordnung des früheren Reichs- und Preußischen Ministers des Innern (GDO.) und außerdem der Besonderen Dienstordnungen der Stadt Köln zur ATO und TO.A vom 1o.8.194o.

Unter Hinweis auf § 19 der ATO und die entsprechende Bestimmung der hierzu erlassenen stadtkölnischen Dienstordnung wird die Beendigung des Dienstverhältnisses beiderseitig mit 24stündiger Kündigungsfrist vereinbart.

Es gilt als klargestellt, daß die regelmäßige Arbeitszeit wöchentlich 48 Stunden beträgt.

Abweichend von den normalen Tarifbestimmungen werden noch folgende Sondervereinbarungen getroffen:

Während der vereinbarten Dienstzeit wird eine Vergütung entsprechend der Vergütungsgruppe VIII der TO.A gewährt, bei der die Grundvergütung nach dem Lebensalter festzusetzen ist. Eine Änderung dieser Grundvergütung infolge Erhöhung des Lebensalters ist ausgeschlossen.

Ein Anspruch auf Anrechnung von Dienstzeiten gemäß § 7 der ATO besteht nicht.

Erholungsurlaub wird nicht gewährt.

Im Falle einer Erkrankung, die Dienstunfähigkeit zur Folge hat, werden die vereinbarten Dienstbezüge höchstens für 2 Wochen als Krankenbezüge weitergewährt, jedoch nicht über die Dauer des Dienstverhältnisses hinaus. Der Stadtverwaltung Köln bleibt es unbenommen, in diesem Falle das Dienstverhältnis unter Einhaltung der vertraglichen Kündigungsfrist zu lösen.

Künftige Änderungen der genannten Tarif- und Dienstordnungsvorschriften, soweit sie gesetzlich zustande kommen oder tarifvertraglich vereinbart werden, gelten vom Tage des Inkrafttretens ohne weiteres für dieses Dienstverhältnis, ohne daß es einer besonderen Vereinbarung bedarf.

Köln, den 1.6.195o

Heinrich Böll

Köln, den 1.6.195o
Der Oberstadtdirektor
Im Auftrage:

Reinke (Stadtoberinspektor)

Kanyant Ober-Verwaltungsdirektor) (Stadtamtmann)

Dienstvertrag mit der Stadt Köln als Hilfsangestellter beim Statistischen Amt

Der Oberstadtdirektor von Köln

Der Oberstadtdirektor von Köln

Fernsprecher	Nebenstelle
7 09 01	3 21

Herrn
Heinrich B o e l l

Köln - Bayenthal

Schillerstr. 99

Ihr Schreiben vom	Ihr Zeichen	Tag	Zeichen (Bei Antwort angeben)
		22.12.51	7 II/H.

Betr. Beihilfe zur Förderung schriftstellerischer Tätigkeit. – – –

Sehr geehrter Herr Boell !

Von der Stadt Köln erhalten Sie zu meiner Freude zwecks Förderung Ihrer schriftstellerischen Tätigkeit eine einmalige Beihilfe von 600 DM.

Diese Summe ist Ihnen in Teilbeträgen von 500 und 100 DM durch die Post bereits zugegangen.

Ich wünsche Ihnen für Ihre weitere schriftstellerische Tätigkeit beste Erfolge.

Hochachtungsvoll

Steinforth

(Steinforth)
Beigeordneter

1111 Vordr. Nr. 4502

Konten der Stadthauptkasse: Sparkasse der Stadt Köln Nr. 93 · Postscheckkonto Köln Nr. 3546
Landeszentralbank Köln Nr. 3/163

Nachricht über eine einmalige Förderbeihilfe von der Stadt Köln

Köln eine Stadt – nebenbei eine Großstadt

Es ist fast müßig, eine Stadt zu loben, die fast zweitausend Jahre lang ohne viel Geschrei ihre Anziehungskraft bewiesen hat. Köln zu loben ist also wirklich fast müßig, und doch muß es einmal geschehen, obwohl es schwer ist, etwas zu beschreiben, was unbeschreiblich ist. Die wirklichen Städte haben die Eigenschaft, daß sie die Vorzüge eines Dorfes mit den Reizen einer Stadt verbinden: Sie bestehen aus Vierteln, Quartieren oder Faubourgs, die sich, um ein Zentrum gruppiert, ihre Eigenart bewahrt haben, und es gibt Leute in Köln, die zehn Minuten vom Dom wohnen, aber „in die Stadt gehen", wenn sie sich ins Zentrum begeben. Man kann nach jemandem, der mitten in der Stadt wohnt, fragen und erhält die Antwort: „Er ist in die Stadt gegangen." Eine wirklich schöne Frau braucht nicht zu beweisen, daß sie es ist: Mögen Eifersüchtige ihr nachweisen, daß ihre Nase nicht vollendet, ihre Taille zu schmal, ihr Mund zu groß sei; sie lächelt über diese Tadel, denn sie weiß, daß sie etwas besitzt, das undefinierbar und unmeßbar ist: Schönheit; etwas, was nicht perfekt, aber vollkommen ist. Köln ist nicht perfekt, aber vollkommen, es ist vollkommen Köln, und wieder wird es mir schwer, zu sagen, was Köln ist:

Den Kölner Dom zu loben, ist wirklich überflüssig: Er ist so groß, läßt sich gar nicht übersehen, steht außerdem gleich am Bahnhof und wirft seinen Schatten fast über alle einfahrenden Züge: Man steigt aus, blickt unwillkürlich zu ihm auf, und einige Minuten später ist man drin, möglicherweise noch bevor man den Koffer ins Hotel gebracht hat; auch der Rhein ist eigentlich ziemlich breit, von vielen Schiffen befahren und von vielen Brücken überbrückt, und wenn man ausgestiegen ist, riecht man ihn, wenn man ihn auch noch nicht sieht; da wären eher die romanischen Kirchen zu loben, die viel zu bescheiden sind: ein ganzer Kranz von ihnen, die sanft und grau um den Dom herum liegen. Es ist schwer zu definieren, was Sympathie erweckt: Jedenfalls vieles in Köln erweckt sie, und ich weiß nicht, ob der Geruch des Rheines nicht so bedeutsam ist wie der Dom; ob es die vielen sanftgrauen romanischen Kirchen sind, oder die Kölner Straßenbahnschaffner: Ich weiß es nicht. Vielleicht ist es das stetige Gefühl, in einer Stadt zu sein, was viel mehr bedeutet, als in einer Großstadt zu sein. Großstädte gibt es unzählige, aber schöne Städte gibt es nicht so sehr viel, und überdies sind sie Großstädte noch ganz nebenbei.

Wenn ich mich entscheiden müßte, was eigentlich den Ausschlag gibt in meiner Liebe zu dieser Stadt, die Straßenbahner würden siegen, weil sie sich aus einer sagenhaften Rasse rekrutieren, die es eigentlich gar nicht gibt; die aber aus dem Unsichtbaren heraus sich immer wieder manifestiert in den Schaffnern: aus der sagenhaften Rasse der Kölner, die aus sovielen Elementen besteht wie es Heere, wandernde Völker in Europa je gegeben hat; alles, was zwischen Moskau und Calais, zwischen Neapel und Stockholm je auszog, das Fürchten zu lernen, von allem ist in Köln etwas hängengeblieben; schließlich und endlich die ebenso biederen wie geschickten Ubier, die in Köln ihre Götter verehrten. Diese Mischung hat in zweitausend Jahren allerlei Weisheit angehäuft, und sie gibt ihre Weisheit, wohldosiert, weiter an alle Zugewanderten, an jeden, der sie hören mag, sie gibt sie weiter durch den Mund ihrer Straßenbahnschaffner! Jemand – ein Fremder – hat mir einmal zu beweisen versucht, daß die Stadtverwaltung (heimlich natürlich) ihre Schaffner in Psychotherapie unterweisen lasse, aber Psychotherapie ist ein dummes Wort, und der Fremde hatte natürlich unrecht. Wie es in Berlin wenig Berliner gibt, gibt es in Köln wenig Kölner: Irgendwo aber muß diese geheimnisvolle Rasse existieren, denn sie sendet immer wieder ihre Boten in die Stadt, damit ihr Geist sich den Zugewanderten mitteile. Wer sich zu ihnen in die Kur begibt, also mit der Straßenbahn fährt, wird bestimmt geheilt entlassen, geheilt von der Vorstellung, das Leben sei lang genug, daß man Zeit habe, sich aufzuregen. Auch die Vorstellung, das Leben sei so tödlich ernst, wie es manchmal aussieht, wird von ihnen widerlegt, und außerdem (und ich hoffe, daß die Stadtverwaltung es nie erfährt) bestehen sie, falls man kein Geld mithaben sollte, nicht unbedingt darauf, daß man bezahlt: Man kann mit ihnen reden: Überhaupt lassen die Kölner mit sich reden: Sie sind die am wenigsten fanatische Rasse, die ich kenne, und es ist gewiß kein Zufall, daß Hitler sich in keiner Stadt so wenig wohlgefühlt hat wie in Köln; die Souveränität der Bevölkerung liegt so sehr in der Luft, daß kein Tyrann, kein Diktator sich in Köln wohl fühlen kann.

Man kann mit dem Auto durch eine Stadt fahren, kann sie vom Flugzeug aus betrachten, schließlich die abenteuerliche Perspektive des Radfahrens wählen, aber die abenteuerlichste bleibt die des Fußgängers, der gelegentlich die Straßenbahn benutzt: Er taucht in die Bevölkerung ein wie in ein Element, er nimmt an ihrem Leben teil, an ihrem Alltag, und dieses Erlebnis nimmt ihm das ein wenig befremdende Gefühl, ein Tourist zu sein.

Köln ist eine Großstadt – gewiß –, aber das sagt nicht viel: Es ist eine Stadt, und in einer Stadt fühlt man sich zu Hause, in einer Großstadt nicht immer.

Zuerst veröffentlicht in: KÖLNER LEBEN 2, 1953, Nr. 36, S. 6.

Masken

Die allgemeine Maskerade hat ihren Höhepunkt erreicht, und es mag nützlich sein, mitten im letzten Trubel, der auf den Ernst des Aschermittwochs zielt, etwas über Masken zu sagen, über das Bedürfnis des Menschen, sein Gesicht nicht nur zu verhüllen, sondern ein anderes Gesicht aufzusetzen: eins, das aus Pappe, aus Leder oder aus Seide gemacht ist: Die, die sich schwach glauben, binden sich eine Maske vor, die sie stark erscheinen läßt; die, die sich häßlich glauben, geben sich ein, wenn auch künstliches, Gesicht, das sie schön erscheinen läßt, die Jungen machen sich alt, die Blassen legen sich künstliche Röte auf, und die Rotgesichtigen pudern sich mit Blässe, von der sie glauben, daß sie vornehm wirkt; die Mageren plustern sich mit Kissen auf, und die Dikken schnüren ihre Taille, weil sie einmal im Jahr wenigstens schlank erscheinen möchten. Aber was uns am meisten beschäftigt heute, ist die Verhüllung des Gesichts: Sehen wir einmal von der Vielfalt der Kostüme ab, lassen wir die geschminkten, die mit Rouge belegten, die blaßgepuderten Gesichter beiseite, und blicken wir die an, die sich eine richtige Maske vorgebunden haben.

Wer einmal einer Demaskierung beigewohnt hat, sich selbst demaskieren mußte, weiß, welch ungeheure, fast schreckliche Überraschung hinter jeder Maske verborgen ist, etwas Ungeheuerliches, das plötzlich unser ganzes Interesse erweckt, uns zittern läßt mit einer Neugierde, die mehr als bloße Neugierde ist. Hinter jeder Maske ist es verborgen: das menschliche Gesicht, das Gesicht unseres Zeitgenossen, schutzlos preisgegeben. Es ist das Gesicht Adams, das Gesicht Evas, als sie erkannten, als ihnen verkündet wurde, daß sie sterben würden: In diesem Augenblick der Demaskierung entblößen wir etwas, was wir nur selten entblößen: unser Gesicht und das Gesicht unseres Partners wird zum Spiegel, nur für einen Augenblick, für jenen Augenblick, den er nötig hat, sein altes Gesicht wieder aufzusetzen, die Maske, die er täglich trägt, ohne sich dessen bewußt zu sein: die Maske des Geschäftsmannes, die Maske des Verkäufers, die Maske der Dame, des Kavaliers.

Längst ist uns der kultische Sinn entschwunden, den die Maske gehabt hat, bevor wir sie in unsere Gesellschaftsspiele aufnahmen: Aber das Spiel ist ernst – wie jedes Spiel, das wir als Erwachsene spielen, und in unsere Freude am Spiel hinein mischt sich der Ernst, der unser Leben – auch während des Karnevals bestimmt: Es ist auch unserer Betrachtung wert, daß nirgendwo, niemals im Jahr soviele ernste Gespräche geführt, soviele Bekenntnisse gemacht werden wie in der Karnevalszeit: die Frau, die niemals mit jemandem reden würde über Dinge, die ihr Kummer bereiten, die sie bedrücken; die spröde Schöne, die das ganze Jahr über ihre Maske unversehrt auf dem Gesicht trägt, bekennt sich irgend jemandem, einem Unbekannten, den sie nie wiedersehen wird, bekennt sich ihm, der sie zu einem Glas Wein eingeladen hat, den sie mit seinem Vornamen, den sie „du“ nennt; für diese Nacht demaskiert sie sich.

Vielleicht wird sie ihn später wiedersehen, den Cowboy, den Türken, oder was immer er sein mag: Sie wird enttäuscht sein, ihn völlig normal gekleidet, mit einem verlegenen Lächeln im Gesicht im Café wiederzutreffen: diesen fast belanglosen Zeitgenossen, dem sie Dinge erzählte, die sie noch niemandem erzählt hat und von denen sie hoffte, daß er sie vergessen wird: aber gleichwohl, sie hat darüber gesprochen, hinter ihrer Maske verborgen, fühlte sie sich stark genug, von ihrem eigenen Gesicht, ihrer alltäglichen Maske befreit, wurde sie frei genug, mit jenem unbekannten Cowboy, mit diesem Türken zu reden, von dem sie nur den Vornamen wußte und der sie später langweilen wird, wenn sie ihn wiedersieht, so wie die meisten Zeitgenossen sie langweilen: Aber was er, der Türke oder Cowboy ihr erzählte, war noch gewichtiger: Was er von seinen Geschäften erzählte, hätte er niemandem von seinen Geschäftspartnern erzählen können; dann fing er von seiner Frau an, zog die Fotos seiner Kinder aus der Tasche, und seine Bekenntnisse wurden penetrant, Tränen schienen in seinen Augen aufzutauchen, wurden unterdrückt, und er bestellte eine ganze Flasche Sekt, um seinen tiefen Weltschmerz hinunterzuspülen. Er war eben nicht Willi Mader, der Kaufmann, der munter mit seinem Wagen durch die Lande fuhr, war Willi, der Türke, der alles vergessen wollte, und dem alles um so heftiger aufstieß, der aus seinem Durchschnittsgesicht in die Maske hineinsprach, er, der kleine und so große Unverstandene, ihn lockte die starr grinsende Pappmaske einer Japanerin, hinter der sich das Gesicht einer Unbekannten verbarg, von der er nur wußte, daß sie ein Mensch, eine Frau war. Die Künstler haben es gewußt: daß der Mensch göttlichen Ursprungs ist und daß das menschliche Antlitz das Schönste ist, was es auf dieser Erde gibt, und der Schrecken, den wir im Augenblick der Demaskierung empfinden, mag davon herrühren, daß wir plötzlich in ein solches Gesicht blicken, wissen, daß es keine häßlichen Gesichter gibt: Häßlich wird unser Gesicht nicht durch die Maske, die wir ihm im Spiel vorbinden, auch nicht schöner können wir es machen durch eine solche Maske, häßlich machen wir es durch die Maske, die wir morgens aufsetzen, wenn wir uns ins Leben begeben: Sehen wir unsere Kinder an, die es nicht zu dieser zweifelhaften Fähigkeit gebracht haben, sich täglich durch eine Maske zu schützen: Es gibt kein häßliches Kindergesicht, wenn wir von denen absehen, die es schon zu dieser Fähigkeit gebracht haben.

Es ist gewiß kein Zufall, daß die großen Künstler der Maskerade, die großen Clowns, schwermütige und zugleich sehr kindliche Menschen gewesen sind, und die etwas sentimentale Fabel vom Bajazzo, der die Menschen zum Lachen bringt, während ihm selbst zum Weinen ist, ist eine im tiefsten wahre Fabel, die jeden Menschen trifft. Wer den Mut hat zur Maske, muß den Mut haben, sich zu demaskieren: einen einzigen, sehr kurzen Augenblick lang sein Gesicht wirklich zu zeigen. Wie viele Menschen mag es geben, die ihr wahres Gesicht nie gezeigt haben, die sich früh genug eine Maske zulegten, sie ihr ganzes Leben ihrer Frau, ihren Kindern gegenüber aufbehielten: die Maske des strengen, die Maske des langweiligen Vaters und Ehemannes; Menschen, die ihr eigentliches Gesicht mit ins Grab genommen haben.

Wir kennen den Ausdruck „sein wahres Gesicht zeigen", sind zu sehr gewohnt, diese Phrase negativ zu deuten, uns einzureden, daß das wahre Gesicht, das jemand zeigen mag in plötzlicher Erregung, ein schlechtes, ein böses Gesicht ist. Aber wie viele Menschen mag es gegeben haben, mag es geben, die ihr wahres gutes Gesicht nie gezeigt haben, die sich niemals aus dem Schutz ihrer Maske hinausbegaben, indem sie, das Spiel spielend, das wir Karneval nennen – sich eine Maske aus Pappe, Leder oder Seide vorbanden, bereit, dieses künstliche Gesicht abzulegen und für jenen einen entscheidenden Augenblick der Demaskierung ihr wahres Gesicht zu zeigen, das möglicherweise besser war, als sie zugeben wollten?

Der Karneval ist eine günstige Gelegenheit, die Alltagsmaske, die sich auf unserem Gesicht festgefressen hat, abzulegen. Erschreckender als die Maskierten sind die Unmaskierten, wenn wir sie genau beobachten: Ihr Gesicht hat die Fähigkeit verloren, sich zu bewegen, sich zu verändern, und wir möchten ihnen etwas wünschen von der Unbefangenheit der Kinder, von jener kindlichen Unbefangenheit, die auch die erwachsenen Narren besitzen. Indem sie ihr Gesicht bedecken, beweisen sie, daß sie eines haben, und die vielen unbekannten großartigen Narren, die in diesen Tagen unsere Straßen bevölkern, die Originale, die ihren Namen niemals preisgeben, beweisen, daß sie etwas besitzen, was selten zu werden beginnt: Individualität – sich für einige Tage zum Narren zu machen, sein eigenes verbrauchtes, abgenutztes Gesicht, diese verschlissene Maske des Alltags ablegen zu können, das beweist wirklich, daß die kindlichen Elemente im Menschen noch nicht ganz verbraucht, nicht ganz verdeckt sind. Es hat ein Philosoph unserer Zeit, ein frommer, gesagt, daß der Mensch noch nicht ganz verloren ist, durch dessen Gesicht noch der Junge, das Mädchen hindurchzusehen ist, das er einmal gewesen ist.

Es wäre einer besonderen Betrachtung wert, den Unterschied zwischen Maske und Kostüm darzulegen: Das Kostüm bietet der Eitelkeit zahlreiche Möglichkeiten, dient der Verführung, aber die Maske setzt den Augenblick der Demaskierung voraus, in dem das wirkliche Gesicht enthüllt wird: Wir wollen versuchen, zwischen Kostüm und Maske scharf zu trennen, obwohl im Sprachgebrauch diese Begriffe nahe verwandte Zustände benennen mögen. Die Maske schließt das Einverständnis über eine vorübergehende Täuschung ein, während das Kostüm eine Täuschung ist, es mag eine liebenswürdige Täuschung sein, aber die Maske, aus alten, längst vergessenen Kulten in unser Gesellschaftsspiel übernommen, verbirgt den Schrecken, den nicht sie selbst, sondern das Gesicht auf uns ausüben wird, das sie verbirgt. Kostüme sehen wir viel, Masken aber weniger.

Vielleicht verhüllen wir unser Gesicht nicht mehr gern, weil wir es nicht zeigen möchten: weil wir zu sehr unsere Alltagsmaske lieben, unser bequemes Gesicht, das uns niemand nehmen kann. Wir haben sie wohl einstudiert, ohne es zu wissen, diese Maske, die unser wahres Gesicht verbirgt, dieses bewundernswürdige menschliche Gesicht, das wir vielleicht nicht einmal unserer Frau, nicht unseren Kindern, nicht unserer Geliebten zeigen: unser wahres Gesicht, das möglicherweise viel weniger böse ist, als wir selbst annehmen mögen.

Zuerst veröffentlicht in: *Köln*, Vierteljahresschrift, 1956, H. 1.

Straßen wie diese

Durch Straßen wie diese führte mein Schulweg, sieben Jahre lang; viele tausend Male bin ich durch solche Straßen gegangen, aber nie in sie eingedrungen; erst viel später – in der Erinnerung – begriff ich, was Straßen wie diese bedeuten, ich begriff es, wie man plötzlich Träume begreift, wenn ich in fremden Städten stundenlang durch Straßen ging und eine wie diese suchte, aber nicht fand. Diese Straßen sind wie die Wohnzimmer kinderreicher Sippen, in denen nach dem geschriebenen Gesetz der Vater das Oberhaupt ist, nach dem ungeschriebenen und wirksameren aber die Mutter. Das Leben verläuft anarchisch, das heißt: nach strengen Regeln, die alle ungeschrieben sind; die Männer dürfen gelegentlich ihre Streitereien ausfechten, denn Eifersuchtsdramen heben das Ansehen der Frau, aber es darf nicht zu ernst werden: Blut ist ein kostbarer Saft, den man nicht gerne opfert, am wenigsten gern auf Schlachtfeldern, denn man weiß in diesen Straßen: Das Leben ist kurz, es verläuft hier rascher als anderswo und ist doch ewig unabänderlich; wie bei einem Bagger, der den Flußlauf reinigt, weiß man nie: Ist das Wasser, das die Schöpfräder hochbringen, immer dasselbe oder nur das gleiche Wasser?

Mädchen kreuzten meinen Schulweg, balgten sich am Straßenrand, heute – morgen, so schien es mir, waren sie schon junge Frauen, übermorgen Mütter; in diesen Straßen wird man kein Backfisch; und ich ging immer noch zur Schule, da brachten diese jungen Frauen schon ihre Erstgeborenen mit frisch geschnittenem Haar, sauber gebürstet, mit nagelneuen Ranzen und der prallen Tüte ans Schultor; weinend taten sie es, sie wußten, daß geschriebene Gesetze anfingen, wirksam zu werden, weinend taten sie es, denn die Träne ist der Preis für den Genuß und die Erkenntnis der Vergänglichkeit.

Streikende sah ich, rote Fahnen, Panzer fuhren auf, und die Polizisten leiteten unseren Schulweg auf sichere Pfade um, durch bürgerliche Straßen, mit strengen, abweisenden Fronten, leer waren diese Straßen, nur selten einmal spielte dort ein Kind, langweilig waren sie, und ich war froh, wenn der Streik vorüber war und der Schulweg wieder durch heitere Straßen wie diese verlief. Schmuggler sah ich, die der Polizei Tausende von leeren Zigarettenschachteln vor ihre Haustüren stapelten, ganze Türme von Leergut, aus dem die gepanschte Ware längst verkauft war; aber eins blieb immer gleich, sieben Jahre lang, siebzig, siebenhundert Jahre: der Karneval, der einfach ausbrach, und im Rhythmus des Jahres, so wie die Patronatsfeste der Pfarreien fielen, Prozession und Kirmes: Goldene Lämmer aus Gips wurden von weißgekleideten Mädchen getragen, rote Herzen Jesu, Lilien, barocke Laternen und auf roten

Samtkissen die goldenen Symbole für Glaube, Hoffnung und Liebe: Kreuz, Anker und Herz.

Viel später, in der Erinnerung erst, begriff ich, was das ist: Volk. Volk ist der älteste Adel mit den strengsten Gesetzen, stolz und unnahbar. Jahrhundertelang oft wohnen ganze Sippen in Straßen wie dieser, verbergen ihren Reichtum, verbergen ihre Armut, pflegen ihre Kranken, ihre Krüppel in immer derselben Wohnung. Fremde werden aufgenommen, mögen sie Stanislaus, John oder Luigi heißen, Jan oder Sven; es gibt nur eine einzige Münze für Haben und für Soll: Treue und die Anerkennung der Gesetze, die niederzuschreiben unmöglich wäre, deren Größe und Härte in ihrer Ungeschriebenheit besteht. Das geschriebene Gesetz ist immer der Auslegung unterworfen, Ermessensstreit wird ausgefochten, Anwälte spitzen Zunge und Feder; das Gesetz dieser Straßen kennt nur zwei Antworten auf die Frage: „Schuldig?" – Ja – oder Nein. Schuldig, ein Mädchen sitzengelassen zu haben, schuldig, der Sippe nicht den gebührenden Tribut gezahlt zu haben, schuldig, Verrat geübt zu haben. Der Strafen gibt es viele, von der Ächtung bis zu denen, die mit Messern vollstreckt werden, wobei die Ächtung oft schmerzlicher den Schuldigen trifft als der Denkzettel mit dem Messer; es gibt Verweise, Mahnungen, dunkle, es gibt Bewährungsfrist; manchmal entzieht sich der Schuldige durch die Flucht, doch auch das geschieht selten, denn wer in solche Straßen einheiratet – nicht immer vor Gesetz und Kirche, und doch gibt es keine Scheidung – weiß den Preis und entrichtet ihn.

Vielleicht wird nur in Straßen, wie diese eine ist, richtig gelebt; heftig ist die Blüte der Frauen, Blumen im Haar, und der Troubadour hängt, wenn er zu Besuch kommt, seine Mandoline neben das Muttergottesbild, vor dem die rote Lampe brennt; heftig sind die Gefühle: Liebe und Haß, Mitleid und Härte, und man hat ein Gefühl für Unmenschlichkeit und für das Lächerliche: Niemals ist die SA frohen Mutes durch solche Straßen marschiert; der Wurfgeschosse gibt es viele: Apfelsine, Blumentopf, Nachtgeschirr, und noch hat keiner den Panzer erfunden gegen die Verwundung, die so rasch tötet: das Gefühl, lächerlich zu sein. Man liebt Armeen nicht, denn man weiß, sie schleppen die Söhne fort, in die Wüste, in die Steppe, in Straßen, wo sie auf ihresgleichen schießen müssen und von ihresgleichen erschossen werden, und Armeen verderben die Töchter, suchen sie aus dem Bereich der ungeschriebenen in den geschriebener Gesetze zu ziehen.

Straßen wie diese bilden sich nicht mehr neu; wie alles, was heidnische Züge hat, sind sie an uralte Konventionen gebunden und an den Ort, an die Laren; sie sind nicht zu verpflanzen, ihr Geist geht unter mit dem Ort, an dem sie lagen; zum Glück haben einige von ihnen das Bombardement überdauert, die leeren Fensterhöhlen sind wieder mit Glas und Gardinen, mit Blumen gefüllt, Frauen mit Säuglingen auf dem Arm stehen wieder in den Türen, rote Samtpolster werden wieder durch die Straßen getragen, mit goldenen Symbolen für Glaube, Hoffnung und Liebe: Kreuz, Anker und Herz. Diese Straßen können nur als Ganzes leben, nicht in Partikeln, sie sind wie Pflanzenkolonien, die sich aus geheimen Wurzeln nähren; in ihnen lebt es noch, uralt, stolz, unnahbar und seinen Gesetzen treu: Volk.

Straßen wie diese, 1958. Nachwort zu einem Fotoband von Chargesheimer, Köln 1958.

Stadt der alten Gesichter

Köln ist für mich die Stadt der alten Gesichter, Gesichter von Menschen, die mir nie vorgestellt wurden und deren Namen ich auf dem Grabstein nicht wiedererkennen würde. Die Wirklichkeit dieser Gesichter schwände dahin, wenn sie für mich „Herr Schmitz" und „Fräulein Reinartz" würden. Die Heftigkeit meiner Erinnerung ist abhängig von ihrer Anonymität. Mit manchen von ihnen habe ich Worte gewechselt, aber nie mehr als „Umsteigen, bitte. Danke", oder „Zwei Bananen, bitte. Danke"; mit den meisten habe ich nie ein Wort gewechselt, und gerade deshalb sind sie für mich Köln.

Bis heute weiß ich nicht, ob der gepflegte Herr, den ich noch als braunhaarig in Erinnerung habe, grauhaarig und weißhaarig werden sah, Gerichtsvollzieher oder Kassierer fürs E-Werk ist. Er trägt immer eine kleine schwarze Ledertasche unterm Arm – sie ist halb so groß wie ein Schulranzen –, und ich werde nie erfahren, ob sie Pfändungsbefehle oder Stromrechnungen enthält, oder Schriftsätze und Briefabschriften, wie sie Leute mit sich herumtragen, die ein Leben lang gegen das Unrecht ankämpfen. In wechselnden Abständen, oft sind es vier oder fünf Jahre, sehe ich den Herrn zu verschiedenen Tageszeiten in verschiedenen Stadtvierteln, immer sieht er aus, als wäre er zu einem bestimmten Ziel unterwegs, und doch muß ich fürchten, daß er sein Ziel nie erreicht. Zweimal innerhalb von fünfundzwanzig Jahren sah ich ihn in einem Café, beide Male trank er Tee, aß einen Berliner, den er sorgfältig zerteilte. Wenn ich ihn wiedersehe, wird Köln für mich wirklich.

Meine Verwandten und Bekannten sind für mich nicht so sehr Köln wie diese alten Gesichter, die keinen Namen haben. Verwandte, Freunde und Bekannte haben Namen, man weiß, wohin sie in Urlaub fahren, womit sie ihr Geld verdienen, welche Bücher sie lesen, kennt ihre politische Meinung, und doch machen nicht sie das „zu Hause" aus. Meine Frau ist auch in einem Eifeldorf meine Frau, und meine Kinder bleiben meine Kinder, wenn ich in einem Londoner Kino zwischen ihnen sitze. Man kann wegziehen und seine Familie mitnehmen, die Freunde würden einen besuchen, Briefe schreiben, man würde neue Freunde finden, neue Bekannte, Fräulein H., Herrn K. Angenehm – aber „zu Hause", da sind die Namenlosen, die man oft jahrzehntelang nicht sieht und doch immer wiedererkennt. An ihren Gesichtern lese ich den Ablauf der Zeit deutlicher ab als vom Kalender und von den Gesichtern derer, die mit mir älter werden.

Diese alten Gesichter gehören zu Straßenbahnern und Straßenhändlern, Zeitungsverkäufern und Polizisten und zu jenen müßigen Damen, wie man sie zwischen neun und halb ein Uhr morgens und nachmittags zwischen drei und sechs in den Cafés antreffen kann; es sind die Gesichter von Ladeninhabern, bei denen man, wie es sich gerade beim Bummel durch die Stadt ergibt, vielleicht alle drei Jahre einmal Zigaretten kauft oder alle fünf Jahre eine Uhr zur Reparatur abgibt; Kellner und Kellnerinnen zählen nicht: Sie wissen zuviel von einem, und man weiß zuviel von ihnen; sie wissen schon, welche Zeitungen man liest, was man ißt und trinkt, mit wem man sich trifft, wissen es schon nach vier oder fünf Besuchen im selben Lokal; sie sind fast schon Bekannte, bald weiß man, ob sie Wohnungssorgen haben oder nicht, Schulnöte werden offenbart, Lebensweisheiten ausgetauscht; zuviel, mit einem „alten Gesicht" spricht man überhaupt nicht oder nur in einem streng begrenzten Vokabular. „Umsteigen. Geradeaus. Danke. Bitte." „Zwei Bananen. Danke. Bitte." Kaum mehr als es Responsorien in den Litaneien gibt: „Erbarme dich unser, erhöre uns, höre uns."

„Zwei Bananen, bitte", sagte ich im Jahr 1929 zu einem fünfzehnjährigen Mädchen auf dem kleinen Platz vor St. Severin; die blühende Frische einer eben Schulentlassenen, die sorglos das Wechselgeld aus der grünen Stahlkassette nahm; dasselbe an derselben Stelle zur selben Person gesagt im Jahr 1959; erschreckend die rauhe, fast schon runzelige Hand der Frau mittleren Alters, die bekümmert in die grüne Stahlkassette blickte. Nirgendwo deutlicher werde ich lesen, wie lange dreißig Jahre währen.

Der Eismann am Perlengraben schrieb unsere Schulden mit dickem Zimmermannsbleistift an die getünchte Wand seiner Bude; ein Strich bedeutete fünf Pfennige, ein Dreieck einen Groschen, ein Viereck fünfzehn Pfennig; Kerbholz und Latte lebten in dieser Buchführung fort; wenn die Schulden beglichen wurden, wischte er mit feuchtem Daumen die geometrischen Figuren aus, und an anderer Stelle der beschmierten Wand wurde bald ein neues Konto eröffnet; zwanzig Jahre später: das Gesicht des Eismanns hinter der Theke eines großen Cafés; tadelloser Anzug, graue Krawatte mit silberner Perle, glattes Gesicht über Berge von Pralinen und Torten gebietend, und als hätte er die Pointe für mich reserviert, sagte er gerade zu seiner Verkäuferin: „Ich gehe rasch zum Maniküren." Als hätte er nie andere Sorgen gehabt als die Politur seiner Fingernägel; und malte doch mit so bekümmertem Gesicht seine Kreditgeometrie an die blaugetünchte Wand, wischte nach Ostern die aus, die sitzengeblieben waren, die Schule gewechselt und ihn draufgesetzt hatten; „Tiebler", drei Striche, zwei Dreiecke, ein Viereck. „Fünfzig Pfennig im Eimer", sagte vor zwanzig Jahren die Stimme, die jetzt sagte: „Ich gehe rasch zum Maniküren."

Nichts wäre verhängnisvoller, als in solchen Augenblicken „Erinnerungen austauschen“ zu wollen. Per Distanz hütet man die Erinnerungen der anderen besser, als wenn man zuließe, daß sie ins Vokabularium der Sentimentalität gehoben und getötet würden: „Wissen Sie noch, damals am Perlengraben vor zwanzig Jahren“, der feuchte Daumen, Buchführung an der blaugetünchten Wand, Kindergewimmel am Perlengraben, wo nach dem Krieg fünfzehn Jahre lang eine fast pompejanische Stille herrschte. Alles wäre ausgelöscht, würde man sich auf das „Wissen Sie noch“ einlassen; man muß auch die Erinnerungen der Städte und Stätten hüten; Fehltritte solcher Art machen die Treffen von Schulkameraden, die Saufabende jeglicher „Schicksalsgemeinschaft“ zu so traurigen Veranstaltungen. Die Erinnerung an eine Handbewegung, an einen Laut, einen Geruch enthält mehr als das stundenlange Bramarbasieren. Erinnerung an eine Stimme, die an einem kühlen Montagmorgen, als wir zur Turnhalle gingen, in die Spitzengasse hinunterrief: „Ich schlag dich kapott“, grüner Morgenrock, schwarzes Haar, weiße Haut, noch ungewaschen; die Frau war wohl fünfundzwanzig und hübsch, ist noch heute hübsch, noch mit siebenundvierzig, sitzt hinter der Kinokasse und sagt: „Macht eins achtzig, zwanzig Pfennige zurück. Macht zwei fünfzig, fünfzig Pfennige zurück. Loge ausverkauft.“ Und rief vor zweiundzwanzig Jahren nur den einen Satz: „Ich schlag dich kapott.“

Sehen und schweigen, hören und wissen: Er trug die rote Fahne, trug sie mit fanatischem Gesicht der marschierenden Kolonne voran, in den engen Gassen das Echo wilder Lieder; Eulengarten, Schnurgasse, Ankerstraße; mißtrauische Arbeitslose am Straßenrand köpften vorsichtig ihre Zigaretten, während er in den grauen Novemberhimmel hineinschrie: „Wir wählen Thälmann“ – Asketenhände, die den Bannerstiel umklammerten, Asketengesicht, blickte gen Himmel, schrie: „Wir wählen Thälmann.“ Gesicht, das sich vorgestern pedantisch über meinen Paß beugte, ihn prüfte, Hände, die den Paß zurückschoben, mir Geld auf die Banktheke zählten, gerechte Hände; mir unvergessen, was er vielleicht längst vergaß.

Ich könnte die alten Gesichter nicht zählen oder gar aufzählen, manche verschwinden, ohne daß ich es bemerke, andere reihen sich ein: Fünfundzwanzigjährige, die einmal sechs- oder zehnjährige Kinder waren, bummelten mit dem Schulranzen auf dem Rücken oder mit Einkaufstaschen in der Hand an irgendeinem Fenster irgendeiner unserer Wohnungen vorüber: am Karolingerring oder in der Maternusstraße; führen jetzt irgendwo in Parks oder in Ladenstraßen ihre eigenen sechs- oder zehnjährigen Kinder an der Hand spazieren; alte Gesichter und neue, die einmal alte sein werden.

Es gibt prominente darunter, Zeitungsverkäufer, aus deren Mund ich per Schlagzeile die ganze Geschichte der letzten dreißig Jahre hörte:

Brüning zum Kanzler ernannt; Papen zum Kanzler ernannt, Schleicher zum Kanzler ernannt, Hitler zum Kanzler ernannt; Röhmputsch niedergeschlagen; Sieg im Westen; Absatzbewegungen im Osten; erster Großangriff auf Köln; die neueste Verordnung der Militärregierung; die Zuteilungen in der einhundertvierzigsten Zuteilungsperiode; Adenauer, der Sohn unserer Stadt, wird Bundeskanzler; gereizte Stimmung in Bonn; Adenauer und Erhard versöhnt.

Unmenschlich die immer gleiche Begeisterung dieser Stimme, die die *Kölnische Zeitung* und die *Vossische* anpries, den *Stürmer* und den *Völkischen Beobachter*, *Die Welt* und die *Abendpost*, die neuen Karnevalsschlager, die den Sputnik verkündete und Chruschtschows Besuch in den USA – welche Zeitung wird dieses alte Gesicht wohl in zehn Jahren anpreisen? Unsterblich erscheint es mir, fast schon ein Denkmal, das der Zeit trotzt, wie die müßigen Damen in den Cafés, die in Mode und Kosmetik immer up to date sind, sich nur zögernd vom verführerischen zum mütterlichen Lächeln entschließen, plötzlich bereit sind, älter zu werden und sich mit der Ausbildung des Nachwuchses zu beschäftigen; Töchter und die Töchter von Freundinnen werden in die hohe Kunst eingeführt, müßig zu sein; ich weiß nichts von ihnen, weiß nicht, ob sie Söhne verloren oder Freunde verraten haben; sie sind nur „alte Gesichter" – nicht Freunde und Bekannte, auf deren Güte und Fehltritte man heftig reagiert.

Sie alle sind für mich Köln; zu Hause bin ich da, wo jeweils meine Familie sein mag, wo ich die Bekannten kenne; Köln liegt da, wo ich die Unbekannten kenne, liegt am Rhein, hat Kirchen und Brücken und viel Geschichte, römische Legionäre kratzten diese Geschichte in Ziegel, mittelalterliche Baumeister bauten die romanischen Kirchen, die viel kölnischer sind als der Dom, der ein wenig fremd, für Fremde, so nahe am Bahnhof und viel zu nahe an den großen Hotels liegt; zu leicht kann man sich einbilden, Köln zu kennen, wenn man aus einem Hotelfenster auf den Dom blickt, Köln liegt für mich am Perlengraben und auf dem Platz vor Sankt Severin, es ist die Stadt der Unbekannten, die ich kenne.

(1959). In: ERZÄHLUNGEN, HÖRSPIELE, AUFSÄTZE, Köln 1961, S. 404 ff.

Der Rhein

Der Rhein ist männlichen Geschlechts, keltisch ist sein Name, römischen Ursprungs sind die Städte an seinen Ufern. Die Römer brachten den Stein, pflasterten Straßen, bauten Paläste, Lager, Tempel und Villen. In Steinen brachten sie den vergeblichen Traum von Dauer, Steine blieben als Zeichen ihrer vergangenen Herrschaft. Den deutschen Kaisern hinterließen sie die Erbschaft: Herrschen bedeutet bauen und Gesetze geben. Auf Flößen rheinabwärts, die Nebentäler hinauf, brachten die Römer Marmorblöcke, fertige Säulen, Kapitelle – und die Lex. Der Rhein war Straße und Grenze zugleich, nicht Grenze Deutschlands, nicht Sprachgrenze, er trennt anderes voneinander als Sprachen und Nationen. Der Rhein hat nichts von der fälschlicherweise sprichwörtlichen rheinischen Verbindlichkeit. Bis in die Neuzeit hinein, die ein sechshundert Meter breites Wasser als kein Hindernis erachtete, bewies er, daß er Grenze ist. Im Jahre des Heils 1945 war es kein geringeres Abenteuer, als es zur Römerzeit gewesen sein muß, von einem Ufer auf das andere zu gelangen.

Die Römer, erfahrene Eroberer, glaubten zu wissen, wodurch dieser breit dahinfließende, wilde Fluß zu zähmen sei: durch Brücken. Sie bauten sie, errichteten Brückenköpfe und faßten doch nördlich der Mainmündung nie so recht Fuß auf dem rechten Ufer. Brücken sind kostspielig und leicht zerstörbar; durch Äxte und Feuer, Bomben und Sprengladungen kann die Trennung der Ufer schnell wieder vollzogen werden. Die siegreiche Armee, die neue Brücken errichtet, erhebt einen unerbittlichen Zoll: Kontrolle. Ein Brückenkopf ist wie ein Nadelöhr; Tausende kann man täglich einzeln durchfädeln. Sechshundert Meter grauen, kraftvoll dahinfließenden Wassers trennen Familien, Liebende. Es waren zwei Königskinder. Die falsche Nonne nimmt im Lauf der Geschichte zahlreiche Verkleidungen an: römischer Söldner, merowingischer Räuber, kurkölnischer Hauptmann, napoleonischer Sergeant, Kettenhund der deutschen Wehrmacht, amerikanischer Leutnant. „Ausweis, Ausweis, Entlassungsschein." DDT als gelbliches Pulver in die Kleider gestäubt. Keine Laus durfte lebend über den Rhein, mochte sie noch so zäh sein, den Weg bis zum Rhein überstanden haben. Hier war die Grenze. Fähren, Pontons, technisch kaum denen überlegen, wie sie die Römer benutzt haben mögen, wurden zu Machtmitteln, Quellen des Reichtums. Sehnsüchtig blickte man hinüber und herüber. Das Wasser war viel zu tief.

Große Flüsse sind unerbittlich. Außer Basel ist es keiner Stadt gelungen, mit beiden Hälften so am Rhein zu liegen, wie eine Stadt an der

Seine, am Tiber, an der Themse liegen kann. Praga ist nicht Warschau Pest nicht Buda, und auch die modernste Administration hat die Grenze zwischen Köln und Deutz (dem römischen Brückenkopf Divitia) nie ganz aufgehoben. Abenteuerlich war der Marsch über die Pionierbrücke, die Deutz mit Köln genau an der Stelle verband, wo die Römer ihre erste Brücke bauten. Lehmig, ein Urstrom, floß der Rhein im Herbst 1945 am zerstörten Köln vorüber nordwestwärts, während wir, mit Ausweis und DDT versorgt, über die glitschige, geländerlose Brücke zwischen Panzerwagen und Jeeps auf das ersehnte linke Ufer zustrebten. Dumpf dröhnten die hölzernen Bohlen der Brücke, wie sie einst unter den Schritten der Chatten und Cherusker, der Brukterer und Sugambrer gedröhnt hatten.

Der Rhein fließt nicht durch die Städte hindurch, er fließt an ihnen vorbei; an Straßburg und Mainz, an Koblenz und Bonn, Köln und Düsseldorf; die Schwerpunkte der alten Städte römischen Ursprungs liegen auf dem linken Ufer, wo die Römer den erschrockenen und erstaunten Germanen den Anblick steinerner Gebäude, gepflasterter Straßen, ummauerter Lager boten – und die Lex, die den unter harte Strafe stellte, der sich an dem vergriff, was den Germanen so wenig bedeutete: Staat und Besitz, Eigentum. Auf dem rechten Ufer hatte als schwerstes Vergehen die Feigheit gegolten; sie wurde mit dem Tode bestraft. Moorleichen, Jahrtausende alt, zeugen bis heute von der germanischen Rechtsprechung. Im Jahr 1945, mit dem Rückzug über den Rhein, wurde die Barbarei endgültig: Auf dem rechten Ufer herrschte Wotan; längst waren die Sümpfe trockengelegt, der Fortschritt hatte sie besiegt, und doch herrschte Wotan: An Bäumen und Telegrafenmasten hingen die Deserteure und alle, die dafür gehalten wurden. Germani ignavos in paludem praecipitabant – so steht es im Lateinbuch der Sextaner. Am Rhein erst wurde der große Strom der aus Frankreich zurückflutenden deutschen Wehrmacht im Herbst 1944 aufgehalten; die wenigen Brücken waren leichter zu kontrollieren als Tausende von Dörfern, Nebenstraßen, Waldstücken. Und der Name des alliierten Vorstoßes über den Rhein ist trotz der Bomber der Name einer Brücke: Remagen.

Kosaken und Spanier, Schweden, Römer und Hunnen standen auf dem einen oder anderen Ufer, blickten über den majestätisch dahinfließenden Strom, der zunächst Halt gebot. Napoleon versuchte noch einmal, den Rhein zur Grenze zweier Nationen zu machen: Scharf zog er die Grenzlinie am linken Rheinufer entlang von Basel bis Kleve hinauf. Napoleons Versuch mußte mißlingen. Nation ist ein zu schwacher Begriff, um voneinander zu trennen, was durch den Rhein voneinander getrennt wird. Es wird deutsch gesprochen in Köln und in Deutz, in Bonn und in Beuel, und doch, wenn man auf dem linken Ufer geboren ist, löst die Fahrt über eine der Brücken von Ost nach West Gefühle aus, die älter sind, als man je werden kann. Das so schwer zu Bestimmende des Rheins als Grenze machte Napoleons Versuch so töricht, machte auch den Separatismus im Rheinland so unpopulär. Von Süden nach Norden fließend, trennt der Rhein vieles, und doch verlaufen viele geheimnisvoll verbindende Linien west-östlich. Sprachgrenzen, Grenzen der Brotform, Konfessionsgrenzen, die oft sogar Grenzen innerhalb der einzelnen Konfessionen sind; Grenzen der alten Kurfürstentümer und Bistümer; hier trierisch, dort kölnisch; der eine Katholizismus ländlich, ergeben, fast barock, der andere städtischer, freiheitlicher. Sobald der Rhein zur Grenze von Nationen erklärt wird, leben uralte Gefühle auf, die nicht längs, sondern quer beheimatet sind. Eine ganze Literatur würde nicht ausreichen, wollte man das Geheimnis lösen, was nun quer und was längs begrenzt wird. Nördlich Bonn ist das Barock nur noch als Einzeltraum zu finden, fremd, weder als Baustil noch als Lebensgefühl je wirklich geworden.

Der Niederrhein, zwischen Bonn und Rotterdam, der am wenigsten bekannte Rhein, ist, auch nach Kilometern gemessen, keineswegs der geringere. Sprache, Lebensgefühl, Humor nehmen unmerklich niederländische Züge an; Bier und Schnaps, die Getränke der Völker, denen Nebel und Regen vertraut sind, beherrschen die Kneipen. Das klingt so wenig nach „rheinisch", wie die stillen niederrheinischen Dörfer mit ihren Breughel-Kirchtürmen Aussicht hätten, als „rheinisch" anerkannt zu werden. Spielt die Basler Fastnacht sich nicht am Rhein ab wie der Kölner Karneval? Die eine ist bizarr, Tiere und Dämonen sind ihre Masken, starre Tänze ihr Rhythmus – der andere ist vulgär, seine Tänze sind à la mode, sein Witz ist politisch und immer aktuell und doch uralt: Der Vulgus macht die Oberen lächerlich in einem Land, wo Lächerlichkeit tötet, und hält doch, mit untrüglichem Instinkt, die eine Obrigkeit, die Kirche, aus aller Lächerlichkeit heraus. Nichts hat der Kölner Karneval mit der Basler Fastnacht gemein, und sind doch beide rheinisch.

Gleiche Rechtsprechung gilt heute für das linke wie das rechte Ufer; durch stabile Brücken sind sie scheinbar auf ewig wieder miteinander verbunden; fröhlich, emsig, unermüdlich fahren die Lastkähne rheinaufwärts und zu Tal, von Basel bis Rotterdam. Keine Zollkanonen schießen ihm Warnschüsse vor den Bug, keine gierigen Stadtväter, keine bankrotten Kurfürsten üben mehr Stapelrecht aus; die Raubritterburgen sind Ruinen, die Nibelungen ein großartiger Traum; Besatzungen sind ein Dauerzustand, jede Armee, mag sie auch die eigene Sprache sprechen, wird als Besatzung empfunden; zu oft waren es drei, vier Armeen, sprachen alle die gleiche, die eigene Sprache, kämpften erst mit-, dann gegeneinander, wechselten die Fronten; wer wollte sich da noch auskennen?

Das neunzehnte Jahrhundert erst brachte den Erzfreund und Erzfeind: den Touristen. Der Rhein wurde Ware. Landschaft ließ sich in klingende Münze verwandeln, Landschaft, die eine unersetzliche Eigenschaft bewies: Sie war unverschleißbar. Millionen Augenpaare haben den Blick vom Drachenfels ins Rheintal getan: Unverändert blieb der Anblick. Millionen Augenpaare blickten von Dampfern aus auf die Ruinen der Raubritterburgen: Sie blieben – mit einiger Nachhilfe – stehen. Ein unersetzliches Panorama, von jedem besungen, der je einen Vers zu schmieden vermochte. Ich weiß nicht, was soll es bedeuten. Harte Herzen, kalte Hirne, starke Männer wurden weich, warm und schwach, wenn sie per Dampfer von Bonn bis Rüdesheim durch diese düstere, großartige Urlandschaft fuhren, die der Rhein geformt hat und immer noch beherrscht. Er blieb die Majestät, läßt alles, was an seinen Ufern geschieht, als vorübergehend erscheinen. Wenn die lehmigen Fluten der Hochwasser über Promenaden und Kais in Ausfluglokale steigen, wenn die Anlegebrücken nicht mehr abwärts in freundliche Dampfer, sondern aufwärts in einen dunkelgrauen Himmel führen, ist nur noch das drohende Gemurmel des Wassers zu hören. Nördlich Bonns, wo der Rhein aus der Enge der Berge in die Ebene tritt, lädt er weit aus, wälzt sich dunkel an ängstlichen Dörfern vorbei, bedroht sogar Köln, seine heimliche Königin. Alles, was sich an seinen Ufern tut und getan hat, erscheint wie ein Witz, der erst zwei Jahrtausende währt, wie ein zweiter, dritter, vierter Traum von Dauer, auch die gewaltigen Industriekulissen, die sich in törichtem Optimismus immer dichter, immer aufdringlicher auftun. Nicht einmal der Industriedreck, der den Rhein zum schmutzigsten Fluß Europas macht, nimmt ihm seine Majestät; er kann sehr wohl schmutzig und majestätisch sein.

Was rheinisch ist, haben lange Zeit die Verseschmiede bestimmt; für sie fing der Rhein bei Rüdesheim an und hörte bei Bonn auf. Die Strecke zwischen Bonn und Rüdesheim macht kaum ein Zehntel der Länge des Rheins aus. Ein strenger Geist wie Stefan George war rheinisch und eine so weiche, schwermütige, auf der Basis eines tiefen Humors mit Engeln und Dämonen vertraute Dichterin wie Elisabeth Langgässer. Rheinisch sind die stillen Tabakbauerndörfer am Oberrhein, so sehr voneinander verschiedene Städte wie Köln und Duisburg, Düsseldorf und Mainz; das „Rheinisch" der Verseschmiede ist nicht einmal für die von ihnen besungene Strecke typisch: Weinbau bedeutet harte Arbeit, und der Fremdenverkehr hat nur eine kurze Saison; den größeren Teil des Jahres lebt man abgeschminkt in den Dörfern, die eng und schattig sind, alle ehemalige Fronsiedlungen der Burgen. Wenn sie sich bacchantisch geben, weinlaubbekränzt, so schielt das rheinische Auge doch immer auf die Kasse, die Bilanz, und auch der Humor ist längst zur Ware geworden. Die schönen rheinischen Mädchen, die zu den Madonnen Modell gestanden haben, müssen alle einen kühlen Zug um den Mund, eine spöttische Härte in den Augen gehabt haben. Da blieb gewiß in Hingabe und Zärtlichkeit immer ein Rest jener Vernunft, die mit den Steinen und der Lex auf dem linken Rheinufer nordwärts getragen wurde. Weder Wein noch Tanz oder Gesang spülen die ganze Vernunft weg, und wie vernünftig die rheinischen Mädchen sind, haben die Soldaten aller Armeen erfahren, die je durchs Rheintal zogen: Ehe gebot die Vernunft, und sie siedelten sich an. Daß der Rhein auch eine Liebesgrenze sei, mag als kühne Theorie wirken; es müßte denn Zufall sein, daß die Grenze für die offiziellen Venusquartiere am Rhein entlangläuft (über den Main als Grenze, über den Ausnahmezustand der Hafenstädte wäre in diesem Zusammenhang besonders zu sprechen). Das Unvernünftige der Liebe wird am Rhein durch Vernunft gebändigt. Es gibt Grenzen, die auch der Karneval, der anderswo als Vakanz gilt, nicht auslöscht. Die erhabenste Eigenschaft der Madonna hat auch einen lateinischen Namen.

(1960). In: ERZÄHLUNGEN HÖRSPIELE AUFSÄTZE, Köln 1961, S. 416 ff.

HEINRICH BÖLL

hat in den Jahren nach dem zweiten Weltkrieg, als sich eine in Sprache und Sache verantwortliche deutsche Dichtung neu bilden mußte, mit einer Reihe von Erzählungen begonnen, die aus den inneren Erfahrungen des Hitlerregimes und der Kriegs- und Nachkriegszeit geboren waren. Zeitkritisch und einen denkenden Schriftsteller verratend, bleiben sie jedoch in Kritik und Reflexion nicht stecken, sondern finden das Ja zum Nein und die dichterisch anschauliche Gestalt. Böll erkennt die geistigen, sittlichen und religiösen Kräfte, die nach den Erschütterungen der Katastrophe allenthalben sich regten, aber er sieht auch, wie rasch ein in Wohlstand und Tagesinteresse genügsam werdendes Volk sich seiner besten Möglichkeiten berauben kann, und rettet nun, eindringlich mahnend, ins dichterische Bild, was im wirklichen Leben verloren zu gehen droht. Die Damaskusstunde, die „das Herz eines Menschen berührt", daß er seine Bestimmung findet und Verantwortung für andere übernimmt, kann als das wiederholt gestaltete Symbol dieses Vorgangs gelten. Im Geiste dieses unbedingten Offen-werdens sucht Böll hinter der Kultur das Menschliche, diesseits der Tradition das Lebendige und Zukünftige und, wiewohl er dezidierter Christ ist, über den Konfessionen Glaube und Frömmigkeit. Aus dieser Haltung erwächst ihm auch das nüchterne Pathos seiner Darstellung,

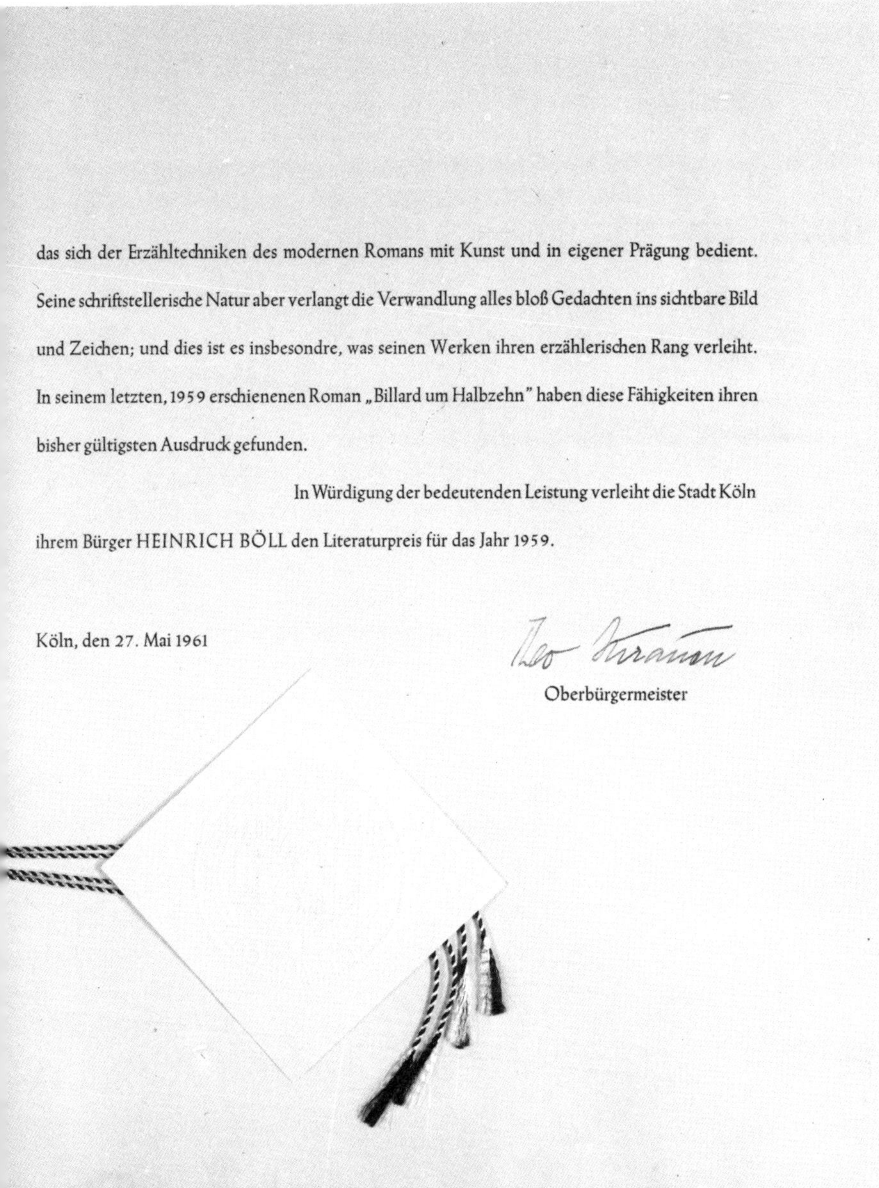

das sich der Erzähltechniken des modernen Romans mit Kunst und in eigener Prägung bedient. Seine schriftstellerische Natur aber verlangt die Verwandlung alles bloß Gedachten ins sichtbare Bild und Zeichen; und dies ist es insbesondre, was seinen Werken ihren erzählerischen Rang verleiht. In seinem letzten, 1959 erschienenen Roman „Billard um Halbzehn" haben diese Fähigkeiten ihren bisher gültigsten Ausdruck gefunden.

In Würdigung der bedeutenden Leistung verleiht die Stadt Köln ihrem Bürger HEINRICH BÖLL den Literaturpreis für das Jahr 1959.

Köln, den 27. Mai 1961

Oberbürgermeister

Heinrich Böll wurde rückwirkend für das Jahr 1959 der Literaturpreis der Stadt Köln verliehen.

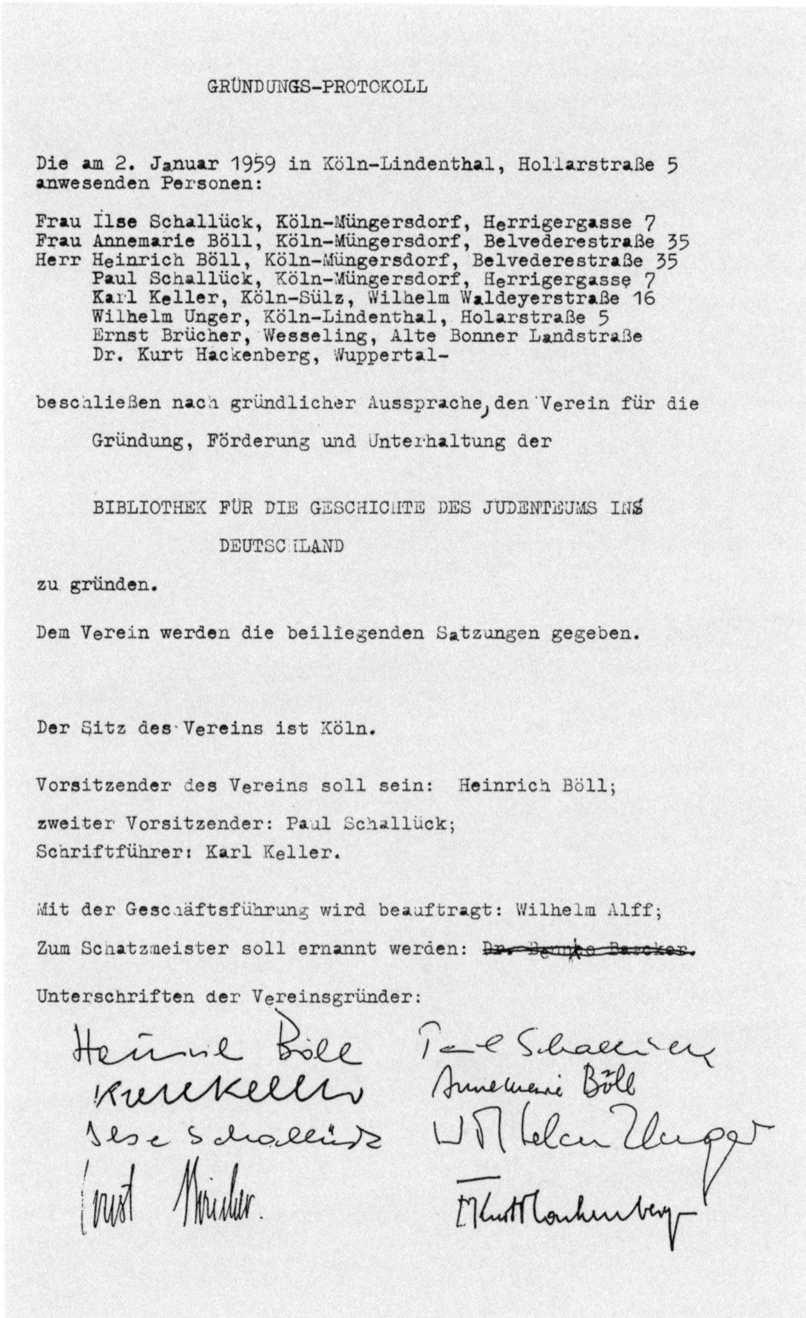

GRÜNDUNGS-PROTOKOLL

Die am 2. Januar 1959 in Köln-Lindenthal, Hollarstraße 5 anwesenden Personen:

Frau Ilse Schallück, Köln-Müngersdorf, Herrigergasse 7
Frau Annemarie Böll, Köln-Müngersdorf, Belvederestraße 35
Herr Heinrich Böll, Köln-Müngersdorf, Belvederestraße 35
Paul Schallück, Köln-Müngersdorf, Herrigergasse 7
Karl Keller, Köln-Sülz, Wilhelm Waldeyerstraße 16
Wilhelm Unger, Köln-Lindenthal, Holarstraße 5
Ernst Brücher, Wesseling, Alte Bonner Landstraße
Dr. Kurt Hackenberg, Wuppertal-

beschließen nach gründlicher Aussprache, den Verein für die

Gründung, Förderung und Unterhaltung der

BIBLIOTHEK FÜR DIE GESCHICHTE DES JUDENTEUMS INS

DEUTSCHLAND

zu gründen.

Dem Verein werden die beiliegenden Satzungen gegeben.

Der Sitz des Vereins ist Köln.

Vorsitzender des Vereins soll sein: Heinrich Böll;

zweiter Vorsitzender: Paul Schallück;

Schriftführer: Karl Keller.

Mit der Geschäftsführung wird beauftragt: Wilhelm Alff;

Zum Schatzmeister soll ernannt werden: ~~Dr. [illegible]~~

Unterschriften der Vereinsgründer:

Kölner Bürger gründen einen Verein, dessen Ziel die Einrichtung einer Bibliothek für die Geschichte des Judentums in Deutschland ist.

Was ist kölnisch?

Wahrscheinlich assoziiert der Nichtkölner bei kölnisch irgend etwas, das sich – in verschiedenen Mischungsgraden – aus dunkel, fromm, bürgerlich, Dom, Karneval, Rhein, Wein, Mädchen zusammensetzt. Für die Bewohner der Umgebung, die an Samstagen und Sonntagen in die Stadt strömen, hat Köln sehr unterschiedliche, sehr gegensätzliche Anziehung. Köln ist immer noch Pilgerstadt, die Pilgerziele sind für manchen verschwiegener, oft nur scheinbar gegensätzlicher Natur. Wer wird das Gleisdreieck konstruieren, an dem Frömmigkeit, Vernunft, Natur ohne jegliche Kollision auseinanderrangiert werden könnten? Auf einigen Bildern von Max Ernst steht ein Ohr im Mittelpunk; der zum Ohr gehörige Mund schwebt in einer entfernten Bildecke. Max Ernst, im Bannkreis der Stadt Köln geboren, hat den Bann dieser Stadt gespürt und beschrieben; Mysterium wurde für ihn Magie. In der Kühle des Doms waltet der Pönitentiar seines Amtes; ein Ohr, das hört und doch nicht hört; ein Mund, weit entfernt von diesem Ohr, der lossprechen kann, wovon nicht jeder Pfarrer lossprechen kann. Die Kölner Redensart „Der muß im Dom beichten gehen –“ drückt die gleiche, mit Schrecken gemischte Ehrfurcht aus, wie sie im Gefängnis die kleinen Betrüger, Diebe, Gelegenheitskriminelle dem großen Räuber entgegenbringen. Ich habe oft den Gehilfen meines Vaters zugesehen, wenn sie sich über Zeichnungen von Beichtstühlen beugten, das Holz zurichteten, aus Einzelteilen das Gehäuse zusammenbauten; die Kommentare waren so drastisch und kritisch, wie nur ehemalige Katholiken sie geben können, Kommentare von Kommunisten, Atheisten aller Schattierung, und doch gab es eine unsichtbare Grenze, die in Gegenwart eines Kindes niemand je verletzt hätte; auch im Karneval, gerade da, wo er sich aus dem Urgrund der Vulgarität nährt, wird diese Grenze nie verletzt; verletzt wird sie nur da, wo man etwas so völlig Unkölnisches wie Fasching mit Karneval verwechselt; Karneval ist vulgär, mit der Größe und allem Schrecken des Vulgären, aber nie frivol; Fasching ist eine Erfindung der Boheme, der Karneval stammt aus dem Volk, er ist klassenlos, so wie eine ansteckende Krankheit keine Klassenunterschiede kennt. Den Fasching bemerkt man nicht im Leben der Stadt, man kann ihn ignorieren; in Köln den Karneval ignorieren zu wollen, wäre zwecklos; man kann sich nur aus der Ansteckungszone entfernen.

Der Karneval ist ohne das allgegenwärtige Ohr nicht denkbar; es schwebt darüber, ein Max-Ernstsches Ohr; würde ich Vorschläge für ein neues Kölner Stadtwappen zu machen haben, das Ohr wäre Bestandteil eines komplizierten Wappens, das über das Kölnische Auskunft geben könnte; der dazugehörige Mund müßte in einer anderen Ecke des Wappens zu sehen sein.

Der Dom würde nicht in mein Wappen passen; daß er so offensichtlich von Bomben verschont wurde, während man die herrlichen romanischen Kirchen keiner Schonung für würdig fand, gehört zu den sentimentalen Irrtümern über das Kölnische; der Dom ist viel weniger kölnisch als andere Kirchen; nicht einmal als Bischofskirche ist er in der Stadt so richtig warm geworden. Jahrhundertelang herrschte Streit zwischen Köln und seinem Bischof; Schlachten wurden geschlagen, Listen ersonnen, Bannflüche in Rom erwirkt, Priester und Sakramente der Stadt entzogen; und meistens ging es um Geld, Besitz und Privilegien. Die meisten Kölner Bischöfe waren immer mehr Fürst als Bischof, und ein Fürst bedeutet fast immer: ein verschuldeter Fürst. Erst seitdem die Bischöfe keine Fürsten mehr sind, herrscht Verträglichkeit zwischen Stadt und Bischof; diese Verträglichkeit ist erst einhundertfünfzig Jahre alt und nicht frei von einer gewissen Ironie; man weiß es genau: Es gibt keine Streitobjekte mehr, keine, die so handgreiflich wären wie die guten kölnischen Thaler. Seit einhundertfünfzig Jahren erst wohnt der Bischof wieder in der Stadt; alle Hirtenschreiben und Predigten haben seitdem einen versöhnlichen, fast werbenden Ton, und das in einer Stadt, wo fast zwanzig Prozent der Katholiken ihre kirchlichen Pflichten erfüllen; der Bischof wohnt noch nicht lange genug mitten in der Stadt, und seine Kirche, der Dom, liegt so ungünstig, ein wenig erhöht, von riesigen Hotels umgeben, am Bahnhof, an der zugigsten Stelle der Stadt, die wahrscheinlich schon die römischen Wachposten ihrer Zugigkeit wegen verflucht haben. Ins imaginäre Stadtwappen würde der Dom noch nicht 'reingehören, würde er nicht passen. Sankt Gereon würde sich gut ausmachen: Märtyrerkirche, Meutererkirche: Ein gegen Rom rebellierender Thebäer gab ihr den Namen, und das architektonische Hauptmerkmal von Sankt Gereon hat einen heimatlich klingenden Namen: Dekagon. Ein kleines Ohr, einen winzigen Mund, Sankt Gereon ins imaginäre Wappen; dazu einen halben Bischofsstab, und als letztes der kirchlichen und religiösen Embleme ein Madonnenbild. Auf vielen Plakaten strapaziert, in allen Broschüren abgedruckt, sind sie doch unverbraucht und typisch: die Trümmermadonna und ihre Schwester auf dem Lochnerschen Bild. Aus dem uralten Adel des Vulgus, von unten, oder von oben aus dem städtischen Adel tauchen sie immer wieder auf; in der Straßenbahn, hinterm Steuer des Sportkabrioletts; verkaufen Lippenstifte bei Woolworth, lauschen einem Vortrag über Existenzialismus, sind nicht zahlreich und doch vorhanden: diese Gesichter, die so kölnisch sind; die steinerne ein wenig mokant, und doch: ganz Madonna, die andere sanfter, freundlich und auch: ganz Madonna.

Ohr, Mund, Gereon, Bischofsstab und Madonna, das wären der kirchlichen und religiösen Embleme genug. Es fehlen die weltlichen: ein Versicherungsgebäude oder ein Bankhaus. Daneben unbedingt zwei Hände, die eine die andere waschend; mag's überall Kompromisse geben, Gentleman's agreement, Aufeinanderabstimmen, Korruption, Bestechung – der Klüngel ist doch etwas anderes, er ist die kölnische Form des „Seid nett zueinander"; wenn jemand auf nette Weise ein Brot verlangt, und du kannst es ihm nicht geben, du hast sogar die Macht und das Recht, es ihm zu verweigern – dann gib ihm drei Scheiben Brot; wirft er sie dir vor die Füße, besteht auf seinem ganzen Laib Brot, dann ist er eben nicht nett – und nicht kölnisch; uralte Bürgerweisheit, daß er wahrscheinlich von den drei Scheiben überrascht und überwältigt wird. Über den beiden Händen, die eine die andere waschend, müßte der Grielächer schweben, jene Person, deren Hand einmal wäscht, ein andermal gewaschen wird; der Grielächer nimmt nichts ernst, auch nicht, was ernst genommen zu werden verdiente; für ihn wird alles zur Variation einer Karnevalssitzung: Männergesang und Frauenrecht, Schulreform und Deportation; alles ist ihm nur Anlaß, Witze zu erzählen und allgemeine Nettigkeit zu fordern; er weiß, daß nichts so heiß gegessen wird, wie es gekocht wird; deshalb kocht er gleich lau und kommt nie in Gefahr, sich den Mund zu verbrennen; er könnte – so zwischen den beiden Händen schwebend – ein vulgäres Gesicht haben, patrizisch gekleidet sein, zwinkernde Augen wie Schäl, eine kreislaufgestörte Nase wie Tünnes haben; zarte Hände und plumpe Füße, oder umgekehrt; er hat einen Horror vor dem Geistigen, der ihn manchmal sogar seine Ureigenschaft, den Humor, vergessen läßt; wenn ein Grielächer ernst wird, wird es ungemütlich: Er hat seinen Urfeind, den Geist, gewittert und ahnt, daß Unnettes unvermeidlich wird – und wenn es unnett wird, ist Köln nicht mehr Köln, und wohin sollte man sich als tumbes Brüderlein dann wenden? Grielächer ist unübersetzbar.

Damit wären noch lange nicht alle Ingredienzen aufgezählt, die das Kölnische zu einem wahren Eigenschaftswort machen, das beansprucht werden kann, eine Vokabel ganz besetzt zu halten. Der Rhein gehört natürlich dazu, Fabriken, Vororte, römische Mauern. Obwohl es Gefängnisse in jeder Stadt gibt – und in einigen den Rhein, die römischen Mauern und die Brücken, Vororte –, wäre das Stadtgefängnis am Klingelpütz doch noch als typisch zu nennen; es ist häßlich und doch vertraut, es ist ständig überfüllt, längst nicht mehr up to date, und doch erfüllt der Plan eines Neubaus die gegenwärtigen, die ehemaligen und die potentiellen Insassen mit einer gewissen Trauer; was die Fachleute Kriminalität nennen, ist in Köln, aus bislang ungeklärten Gründen, so verbreitet, wie es ansonsten nur in Hafenstädten verbreitet ist. So bezeichnet der Ausdruck „Er sitzt im Pütz“ eher einen Unglücks-, nicht immer einen Trauerfall, und die Anzahl der Kölner, die den „Pütz“ von innen kennen, ist so groß (ich werde mich hüten, hier Zahlen zu nennen), daß man getrost von einer gewissen Vertrautheit sprechen kann. Ob so viele Kölner den Dom von innen kennen wie den Klingelpütz? Ich will mich bemühen, nett zu bleiben. Sicher ist, daß der Gefängnispfarrer die Pfarre mit der höchsten Kirchgängerquote im gesamten Erzbistum hat. Da sitzen sie nun, die das komplizierte Instrument Klüngel nicht zu benutzen verstanden, deren Unnettigkeit aktenkundig werden mußte.

Vielleicht wäre ein kleines Gitter, das viele Deutungen zuließe: Parkgitter, Rheingitter, Gefängnisgitter, als zusätzliches Moment in meinem imaginären Stadtwappen angebracht.

Zuerst veröffentlicht in: *Deutsche Zeitung* v. 18.8.1960

... Der Vorort, in dem wir wohnen, ist immer noch Dorf. Kaum fünf Kilometer vom Stadtzentrum entfernt, erhält sich die Dörflichkeit aus geographischen Gründen. Jedenfalls im oberen Teil des Dorfes. Im Osten und Süden ist es durch zwei sehr verkehrsreiche Straßen fast wie durch Stacheldrahtverhaue geschützt, im Westen durch einen Grünstreifen, der nicht bebaut werden darf, im Norden durch die Bahnlinie Köln-Aachen, über die nur eine einzige schmale Brücke führt. Große Bauernhöfe, die schon lange nicht mehr als solche betrieben werden, alte Bäume, von denen einer – das sind Einzelheiten, wie die Kinder sie aus dem Heimatkundeunterricht mitbrachten –, von denen einer als die zweitgrößte Rotbuche Nordrhein-Westfalens bezeichnet wird: ein wahrhaft majestätischer Baum. Wir sehen ihn vom Fenster aus; er steht ungefähr an der Stelle, von der aus, wie die Dorflegende berichtet, Napoleon, als er hier einmarschierte, auf das ihm zu Füßen liegende Köln geblickt haben soll. Aus der Richtung, aus der Napoleon kam, aus Westen, rückte im März 1945 die amerikanische Armee von hier aus auf Köln vor.

Das Dorf ist wenig zerstört gewesen, aus – wiederum laut Dorflegende – einem Grund: Seine zweitürmige Kirche liegt genau westlich vom zweitürmigen Dom, sie soll anfliegenden Bomberverbänden als Richtzeichen gedient haben. Zwischen ihren beiden Türmen und den Domtürmen durfte „abgeladen" werden. (...)

Das Dorf hat, wenn auch nicht mehr einen eigenen Bahnhof, wie das beneidenswerte benachbarte Bocklemünd, aber noch einen eigenen Halte-Perron, der Köln-Stadion heißt, Fußballfreunde kennen das Dorf, es heißt Müngersdorf; die Müngersdorfer, obwohl ihnen der Fußball, wie einst die Pilger, gewisse Einkünfte beschert, sind keineswegs einhellig begeistert über die Heimspiele des 1. FC Köln. Autos rücken wie Heuschreckenschwärme aufs Dorf zu, besetzen es, umzingeln es, machen jeden zweiten Samstagnachmittag zu einem unerfreulichen; sie bewirken eine Art Belagerungszustand. Es ist nicht nur nicht leicht, sondern fast unmöglich, an Heimspieltagen des 1. FC nach Hause oder von zu Hause wegzukommen. Eine Autoschlange ist eine Autoschlange – und wenn einer nicht des Schlangenfahrens verdienten Lohn, das Fußballspiel, vor Augen hat, ist es einfach nur ärgerlich, weil ganz und gar sinnlos, für eine Strecke, die in vier bis fünf Minuten zurückzulegen wäre, eine bis eineinhalb Stunden zu brauchen. Das ist besonders ärgerlich, wenn man nicht von zu Hause weg, sondern nach Hause will. Es ist schwer begreiflich zu machen, daß einer zwar nach Müngersdorf, aber nicht zum Fußballspiel will; eine solche Feststellung wirkt wie eine Beleidigung, sie ist offenbar so unwahrscheinlich wie unverständlich, wird als eine Art ideologischer Kriegserklärung gegen das Fußballspiel verstanden. Da nützen nicht Ausweis noch Beteuerungen, da nützen keine Flüche und kräftigen Ausdrücke: Der heimwärts Strebende wird über kilometerlange Umleitungen, an hilflosen Polizisten vorbeigelenkt. Ist das Wetter besonders schön, der Gegner besonders attraktiv, desto dichter rücken natürlich die Heuschreckenschwärme heran. Mag einer ansonsten auch keinen Terminkalender benötigen: Wenn er in Müngersdorf wohnt und für Samstag Verabredungen trifft, muß er sich die Heimspieltage des 1. FC, muß griechische, jugoslawische, italienische Gastspiele vormerken oder sich listig wie Odysseus zwischen Spielbeginn und Ende von zu Hause weg oder nach Hause schleichen. Spaziergänge, während das Spiel im Gang ist, sind gespenstisch: Kilometer im Umkreis bestimmen Autos, Autos, Autos, Straßen und Landschaft, sie bestimmen die Wiesen, die Wälder, Bäume und Häuser – und von Schönheit der Technik keine Spur. Manche der heranrückenden Fußballfreunde, weiten Weges nach Mekka daherpilgernd, erleichtern sich auch auf der Stelle, und das ist weder für jung noch alt, noch für Mann und Frau sehr erhebend.

Weithin ist zu hören, wenn ein Tor fällt, wenn eine Torchance verpaßt wurde, und da dem Genius loci immer am lautstärksten gehuldigt ist, hört man auch, wer wem eins reinschoß: der fünfzigtausendstimmige Seufzer bei verpaßter Chance, die sechzigtausendstimmige Begeisterung – es bedarf keines stubtilen Gehörs, nicht einmal geübter Ohren, um am herüberziehenden Geseufze und Gebrüll das Ergebnis vorwegzuerraten.

Manchmal gehen wir nach der Halbzeit auch ins Stadion: Die beherrschende Farbe ist Blau; blaue Mäntel, blaue Regenschirme – und das bewegte Blau der permanenten Zigarettenwolke, Rauchopferwolke, aus einem großen Hain aufsteigend; der saftig-grüne Rasen zwischen so viel Blauschattierungen, unten die flinken, intelligenten Akrobaten, die genau wissen, was sie ihrem Beruf, ihrer Ehre und dem Publikum schuldig sind in den Kommentaren der Zuschauer eine gewisse Vertraulichkeit, mit Biertischbesserwisserei gemischt; der gelobte oder getadelte Spieler wird beim Vornamen genannt, als wäre man mit ihm zur Schule gegangen; das Possessivpronomen „unser" ist so obligatorisch wie peinlich. (...)

An dreizehn von vierzehn Tagen – und wenn der FC Platzverbot hat, oft wochenlang hintereinander, ist Müngersdorf friedlich mit seinen schönen alten Bäumen, den Bauernhöfen, mit seinem Klatschzentrum, wo die Hausfrauen im morgendlichen Einkaufsrhythmus unweigerlich aufeinandertreffen, eine Pause machen und sich das Neueste erzählen: daß der und der da und da, wie und wo –, oder daß er beim Metzger wieder hat anschreiben lassen. Oh, die alten, hohen Platanen, sie wüßten wohl zu erzählen.

Stichworte, 1965. In: AUFSÄTZE, KRITIKEN, REDEN, Köln 1967, S. 160 ff.

Vorwort zu „Köln fünf Uhr dreißig“

Diese Fotografien müßte man auf einen Blick sehen können, aneinandergereiht wie eine einzige große Momentaufnahme: eine Großstadt morgens zwischen 5 Uhr und 5.30 Uhr. Dann würde die Täuschung, die am einzelnen Foto noch möglich ist, wegfallen. Die Täuschung besteht darin, daß diese Stadt einen Namen hat, eine verbürgte Geschichte, die unvermeidlicherweise mit auf die Fotos gerät. Diese Stadt heißt Köln, und es ist fast unmöglich ihr Stadtinneres zu fotografieren, ohne irgendwo den Dom mit zu erwischen, ein Stadttor oder irgendeine der romanischen Kirchen. Der Name der Stadt ist so gleichgültig wie ihre Geschichte, die lediglich für den Tourismus, also aus kommerziellen Gründen, interessant ist. Im übrigen könnte sie Duisburg, Essen oder Stuttgart heißen, und sie ist wie alle Städte für die Autos und die Autofahrer da. Gerade weil auf diesen Fotos die Autos fehlen, sieht man, daß eigentlich sie es sind, denen die Stadt gehört – wie ihnen alle anderen Städte gehören. Es wäre logisch, diese Städte auch tatsächlich namenlos zu machen, indem man sie mit einer Kombination von Autokennzeichen und Postwertzeichen benennt: 5 K 1; die Gefahr, daß man diese Bezeichnung mit der für ein obskures Stärkungsmittel verwechselt, könnte durch einen Computer beseitigt werden. Die Probleme dieser Städte sind bekannt: Parkprobleme und „Flüssigkeit“ des Autoverkehrs; bekannt ist auch, daß beide Probleme nie gelöst werden können, weil alles Bauen lange dauert, und was für 1970 eine Lösung hätte sein können, in Wirklichkeit die Lösung für 1965 gewesen sein mag. Der Irrsinn ist so offensichtlich wie des Kaisers neue Kleider, aber es gibt da zwei Augen, die ständig zugedrückt werden müssen: die freie Marktwirtschaft und jenes Etwas, das sich Individualismus nennt. Es wäre müßig, hier noch über die Grundstückspreise zu meditieren, die Gazetten sind voll davon, jeder weiß es, jeder beklagt es, und doch geht alles weiter. „Wir werden weiter marschieren“, und wir werden weiter die beiden Augen zudrücken. Wahrscheinlich wird man in einigen Jahren die These von der Unwirtlichkeit unserer Städte schon als euphorisch bezeichnen, die These von der Unbewohnbarkeit der Städte wird aufkommen und, wenn sie aufkommt, zutreffen. Privilegierte können sich helfen: durch ein Haus auf dem Land, oder indem sie das Parkproblem ihrem Chauffeur überlassen. Da man witzigerweise Arbeitsstätten für Zigtausende – Funkhäuser, Banken, Versicherungen, Kaufhäuser etc. – mitten in die Städte baut, bewirkt man die blödsinnige Hetze um den Parkplatz. Etc. Etc. Die Frage „Wieviel Erde braucht der Mensch“ muß neu gestellt werden: Ein Parkplatz ist in den meisten Fällen nur wenig größer als ein Grab.

Ich wohne in dieser Stadt, ich bin in ihr geboren, fragte man mich, ob sie meine Heimat sei, wüßte ich keine Antwort. Sie ist die Heimat meiner Erinnerung; das mag für einen Autor viel bedeuten – aber für wen sonst bedeutet es etwas? Ich kann das nicht beurteilen. Ich bin nur sicher, daß der Begriff der Heimatvertreibung einer neuen Deutung bedarf. Ich kann diese Deutung hier nicht liefern, kann nur an jene zwei bestimmten zugedrückten Augen erinnern, die es ermöglicht haben, zerstörte Städte ein zweites Mal zu zerstören; durch riesige Verwaltungsbauten, deren (sogar umstrittene) architektonische Eleganz eine Täuschung ist, eine böse, die noch böser wird durch das „Kleine Häuschen da an der Ecke", das man stehen läßt, um dem Individualismus ein Denkmal zu lassen. Es ist Herrschaftsarchitektur, für die „das Kleine Häuschen an der Ecke" ein Diener ist, den man herablassend gnädig behandelt.

Für einen Fotoband von Chargesheimer, Köln 1970.

KÖLN I

Für Joseph Faßbender

Wer an Kanälen lauscht
kann sie hören
in Labyrinthen
unter der Stadt
über Geröll, Scherben, Gebein
stolpert die Madonna
hinter Venus her
sie zu bekehren
vergebens
vergebens ihr Sohn hinter Dionys
vergebens Gereon hinter Caesar
Hohnlachen
wer an Kanälen lauscht
kann es hören

Der dunklen Mutter
durch Geschichte
nicht gebessert
steht Schmutz
gut zu Gesicht
in Labyrinthen
unter der Stadt
verkuppelt sie die Madonna
an Dionys
versöhnt den Sohn mit Venus
zwingt Gereon und Caesar
zur Großen Koalition
sich selbst verkuppelt sie
an alle die guter Münze sind

Zuerst veröffentlicht in einem Sonderdruck für Josef Faßbender zum 65., Köln 1968, S. 63

KÖLN II

Für Grieshaber

Sie glaubt nicht an Dauer
und dauert so lange
ewig ewig
heilig heilig
will sie nicht sein

über zerbrochenen Bischofsstäben
kocht sie ihr Süppchen
Material
aus Tränen
Asche der Heiligen
Hurenblut
Bürgertalg
zermahlenem Domherrengebein

mit Pinsel
aus Madonnenhaar
malt sie Flüche
an die Mauerreste
tief tief
unter dem Dom

beschwört ihn
sie liebt ihn
er sie nicht
immer immer
fließt er an ihr vorbei

Zuerst veröffentlicht in: *Engel der Geschichte*, H. 12 (1969) S. 64

KÖLN III

Spaziergang am Nachmittag des Pfingstsonntag
30. Mai 1971

die Stadt
in freudloser Sonne
verödet

wieder mal aufgewühlt
im dreißigjährigen Krieg
der Bauplaner
maschinen
firmen
ausschüsse
bagger
krane
unzählige Abschüsse
nach dreißigjährigem Einsatz der Preßlufthammerflak
Gefallene
Gefangene
Siege

im Aufriß und Abbau
unaufhaltsamer Vormarsch
die Sappen längst
bis Wladiwostock vorgetrieben

keinen Fußbreit hergegeben
an der grauen Front des Profits
in den Goldgruben der Schwerbewaffneten
(für humanistisch Gebildete: Hopliten)
stetig steigender Mietpreis

höhnische Stille
vertriebener Ruhe
Vollzugsmeldung
Ohrenbetäubung
durchgeführt

wunderbar den verwalteten Staub vermehrt
in Abriß und Aufbau

leukämische Fassaden
der Wucherer

o heiliger Geist
erbarme dich unser
nur noch zwanzig vom Hundert
beträgt unser Profit
erst in fünf Jahren
haben wir unser Kapital verdoppelt
heiliger Geist
bewahre uns
vor der Kostenexplosion
oh heiligster aller heiligen Geiste
verleihe den Verkäuferinnen Einsicht

vierhundert Mark (netto!)
oh heiliges Brutto
allerheiligstes Konto
wohin soll das noch führen

wo doch allein Haarkünstler
und Haartracht
einer Freundin
der Ersatzreserve III
erheblich mehr kostet
oh heiliger Geist
die Kosten explodieren

irgendwo
eine öde Nachmittagspredigt
anderswo
verschlossene Kirchtür

erbarmungslos
schlaffes Studentenpingpong
hinter überquellenden Abfalleimern
verkotzte katholische Revolution
unfreundlich freudlos
du einzig wahre
schieläugig
großartig
graue

irdische Himmelskundige
auf dem Hügel am Kapitol

aus deiner wievielten Ehe
stammte die süße
die feine
mokante
Trümmerkokette
unnahbar
ständig von Kerzen geküßt
im Himmelblaugelb
eingelullt von mehr Zärtlichkeit
als ihr zusteht
hört sie
unnahbar
nicht taub
über Dschungelschwüle hinweg
Geflüster von gebrochenen Herzen
gebrochenen Ehen
in genußreicher Jungfräulichkeit

schieläugige
grau großartig
versteckt am Kapitol
dir die Krone Mutterkuchen
und eine Kerze
der kleinen da in St. Peter
vor drei Jahren
am Geburtstag
hatte sie Fuchsienblüten für mich

zwei Boschgestalten
vor verschlossener Kirchtür
werden sie
am Pfingstsonntag beten
oder sich schamverletzend entblößen
von links nach rechts
aus der Mitte
von drinnen draußen
oben unten
ex-ego-konzentrisch
progress- und konservativ verhöhnt

der Bischofspalast
kein Bischofspalast
nicht Herr
Knecht
Bruder
Untertan
Fürst

nichtssagend
fünffach unechtechtunecht
steht er da
wo die Wucherer hausen
verspätet
erkenn ich auf einem Lochnerplakat
das Lochnerhaar-Gesicht
meiner Schwester Grete
gestorben an Leukämie

in der Schatzkammer Schnödigkeit Schnütgen
alles echt
Schwester
Sammlerauge
Kennerblick
verblüffend die Ähnlichkeit
Haubrich-Schnütgen
unschätzbare Werte
unschätzbare Wertsteigerung
neugotisches Gips gegen Echtes
dissertations-
habilitations-
ordinationsreif
das Abgetriebene
nicht geschützt durch 218
alles echt Schwester
der einzig echte Verrat
die einzig wahre Blasphemie
auch der Brief in meiner Tasche echt
vom Generalvikar
Alternative: zahl oder tritt aus
warum Schwester
kann ich beides nicht
erklärs denen

die dir gleichen

Sondermeldung: und ihr habt doch gesiegt
heil
der dreimal heiligen
Herrschaft
von Gerling und Breker
auf dem öden Reichsparteitagsgelände
vergoldet (echt)
ledergepolstert (echt)
pergamenttapeziert (echt)
echt echt alles
in der Kostenexplosion
keine falsche Bescheidenheit
Baukunst
Kunst am Bau
Zwei vom Hundert
für den ewigkeitssüchtigen Knaatschbüggel

zielstrebig Schwester
systematisch
(wie bei der Zerstörung Warschaus)
erobert die alte Herrschaft
neue Provinzen
das Friesenviertel fällt
mit dem Segen
der Oberhirten- und -häupter
ins Nichts der Leukämie
die Preßlufthammerflakregimenter
Ersatzreserve I
stehen einsatzbereit
für Baukunst
Kunst am Bau
und für deine Obdachlosen
Schwester
die große Vertreibung

ungeduldig wartet der graue Dom
Teich der Gründlinge
auf die große Blasphemie

überall angepriesen

das harntreibende Lokalgebräu
ölige Pfützen
nächtlicher Schamverletzer
nach raschem Blasendurchgang
unhold verwandelt
zur Kinderspielpfütze
die Litanei

von Sester und Sion
Früh Gilde und Gaffel
Sünner Kess Küpper und Stern
o heiliges Kölsch
Hochheiliges Sion

Natürlich
gibt's da auch Nettes
die pausbackig süßen Dirnen
gar nicht unnahbar
in St. Kunibert

und natürlich
den Rhein
und die Brücken
gut
richtig gut
das Positive ist unverkennbar
springt direkt in die Augen
wer wollte das leugnen
gleich neben St. Gerling St. Gereon
Brunnen
und der WDR
unverkennbar
baut er ewig für ewig
das hat er vom Dom gelernt
die Baukräne des WDR
gehören zum Stadtbild
wie früher
bevor die Preußen kamen
die des Doms

St. WDR
der du für uns gebaut hast

heiliger Lärmkotzer
Vertreiber
Unruhestifter
ruhelos
himmelstrebig
auf St. Gerling hinschwenkend
wann werden eure Krane sich endlich umarmen

in unersättlicher Zärtlichkeit
und immer noch
und immer wieder
Schwester
das leichte
so völlig unbegründete Gruseln
in der Marzellenstraße

zahl oder tritt aus
hast du immer noch nicht begriffen
nur einen Steinwurf weit
der Rheinische Merkur
und erkennst du nicht
die kalthingekotzte
spanische Barockmasche und -mache
nebenan in Maria Himmelfahrt
was denkst du
was das alles kostet
wer soll das bezahlen
und wiederum nur einen Steinwurf weiter
St. Bachem
der du für uns gedruckt hast
schon für unsere Urgroßeltern
und deren Eltern
Schwester
hat er gedruckt

Machabäerstraße
wo du
die anderen
auch Annemarie
und so viele
herangebildet wurden
dem gebildeten Katholiken Gattin zu sein

(welche Mesalliance, meine Liebste!)
und (Steinwürfe nur!)
das Marzellengymnasium
wo gebildete Katholiken erzogen wurden
zu allem
nur nicht dazu zärtlich zu sein
begattet wurden ihre Frauen
träumten von verbotenen Zärtlichkeiten
kannten sie nur aus dem Beichtspiegel
und der Pornographie des St. Ligouri
und tauchten Weiberfastnacht
auf und unter

Ihre Männer fanden verbotene Zärtlichkeiten
anderswo
ein paar Steinwürfe
südlich den Domes
nördlich des Domes
auf den Grundstücken
des erblichen Legaten
der Heiligen Römischen
die einträglichen Huren
waren gelehrige Schülerinnen
zahl oder geh
zahl oder tritt aus
doch hin und wieder übten sie gewiß Barmherzigkeit
mehr als der Obermeister der Gründlinge
er gab dem Rheinischen Merkur
zwei Millionen
zahl
Schwester
zahl
du hast gezahlt
viel zu viel
Schwester

vielzuviel
für die leukämischen Hostien
den vorenthaltenen Wein
von vereidigten Händlern geliefert
nicht für dich
die Schurken

mit dem gebildeten Gaumen
küssen im Weinkeller Schnödigkeit
mit ordinierten Zungen
was dir verboten war
ich hoffe
du triffst sie nicht
dort wo du hinwolltest
ihr Hohn könnte schlimmer sein
als Leukämie
ihr Kuß obszöner
als all das
von dem Kinder nichts wissen

zu spät
zehn Jahre nach deinem Tod
erkannt
auf einem vergilbten Lochnerplakat
am Pfingstsonntag
an einem Bauzaun
in der verödeten Stadt
in freudloser Sonne
zwischen St. Gereon
und St. Gerling

Gruseln
Schwester
ich hab's gelernt
bei den Gründlingen im grauen Teich
brauchte nicht auszuziehen
um Fürchten zu lernen

Schlüpfrigkeit
Schwester
ich hab sie kennengelernt
bei den Gründlingen
im grauen Teich
nie bei der einen
und nie bei den anderen
keine hat je gesagt: zahl oder geh

Heiliges Brutto
Heiliges Netto

Heiliges Konto
erbarmt euch unser
der Gymneten
(für nicht humanistisch Gebildete:
schutzlos Kämpfende)
im zweitausendjährigen Krieg
der Gründlinge

Segnet die Waffen
Fingerkuppen
Farbband

Papier
Bleistift
Radiergummi
Tippmaschine
und den
Briefträger
der's austrägt
um geringen Lohn.

Zuerst veröffentlicht in: *Notizbuch. 9 Autoren – Wohnsitz Köln*. Köln 1972, S. 69

1 Heinrich Böll mit Nachbarskindern im Vorgebirgspark, 1923

2 Klassenphoto 1924, Heinrich Böll, obere Reihe, fünfter von rechts

3 Im Vorgebirgspark, 1926

4 Das Geburtshaus, Teutoburgerstraße 26, Ecke Alteburgerstraße, 1. Etage (Photo 1982)

5 Das Haus in der Kreuznacher Straße 49, Wohnhaus der Familie von 1923–1930

6 Maternusstraße 32, 2. Etage, Wohnung der Familie von 1932–36 (Photo 1982)

7 Heinrich Böll im Kreise von Mitschülern 1937 (sechster von rechts)

8 Bei einem Klassenausflug (Heinrich Böll dritter von links)

9 Heinrich Böll, 1937

10 Hochzeitsphoto von Heinrich und Annemarie Böll vor dem Rathaus, 6. März 1942

11 Die drei Brüder Alois, Heinrich und Alfred in der Wohnung Karolingerring 17, 1940

12 Heinrich Böll als Soldat in Köln-Müngersdorf, 1943 (vordere Reihe, dritter von links)

13 Im Garten Schillerstraße 99, 1946

14 Viktor Böll bei seinem 80. Geburtstag 1950 mit seinen Kindern Greta, Alois, Heinrich, Gertrud, Alfred und Mechthild

15 Alois und Heinrich Böll mit Kindern in der Schillerstraße 99, 1948

16 Heinrich und Annemarie Böll mit ihren Kindern Raimund, Vincent und René, 1951

17 Die Rückfront des Hauses Schillerstraße 99

18 Heinrich Böll mit seinen Söhnen im Karneval

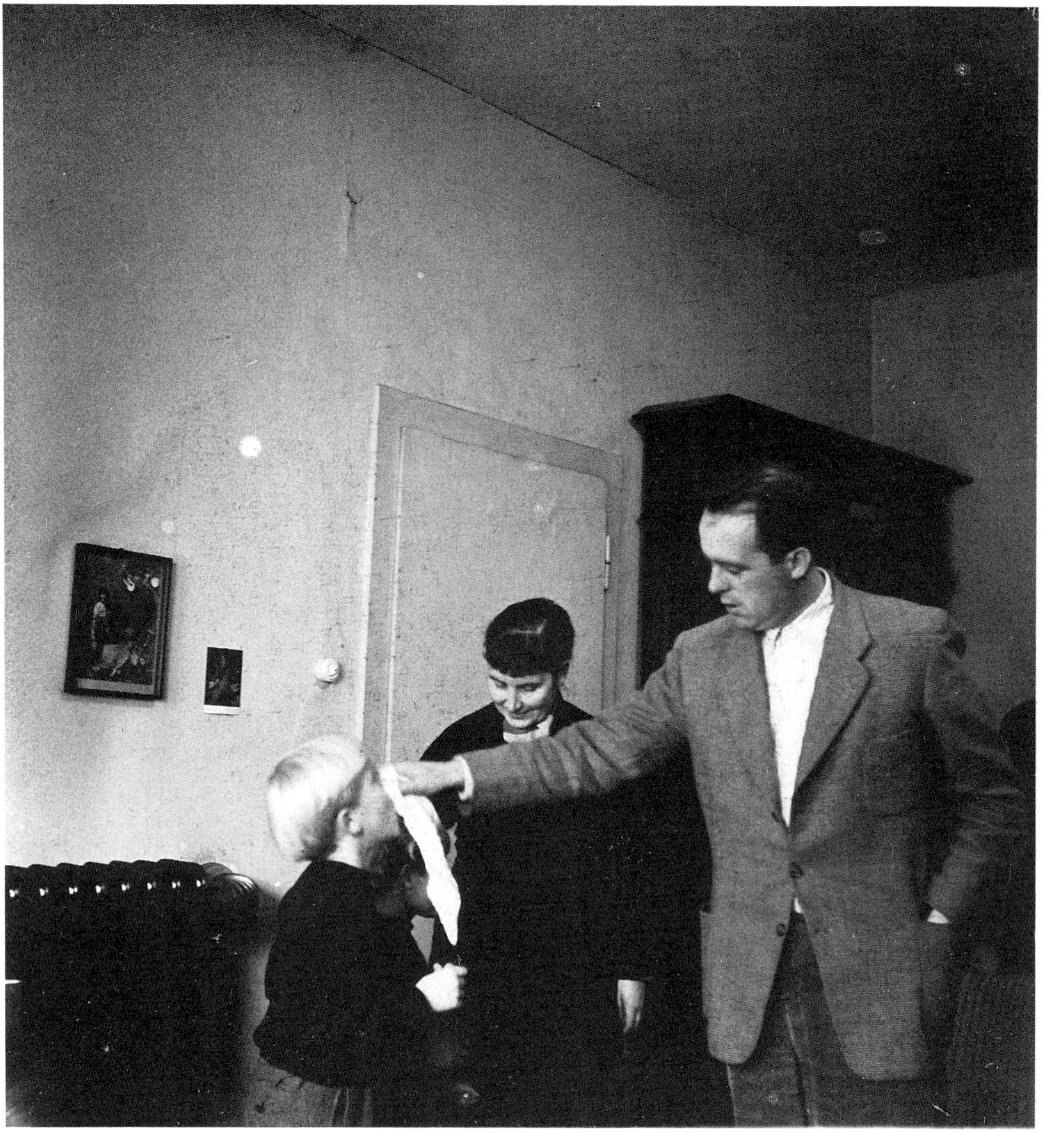

19/20 In der Wohnung Schillerstraße 99, 1953

21 1952 an seinem Schreibtisch ...

22 ... in seinem Arbeitszimmer

23 Bei einem „Mittwochsgespräch“ im Kölner Hauptbahnhof, 1952

24 Im Garten des Hauses Belvederestraße 35, Müngersdorf, 1959

25 Mit seinen Söhnen und dem Neffen Viktor, Ende der 50er Jahre

26 Mit Kardinal Frings, 1956

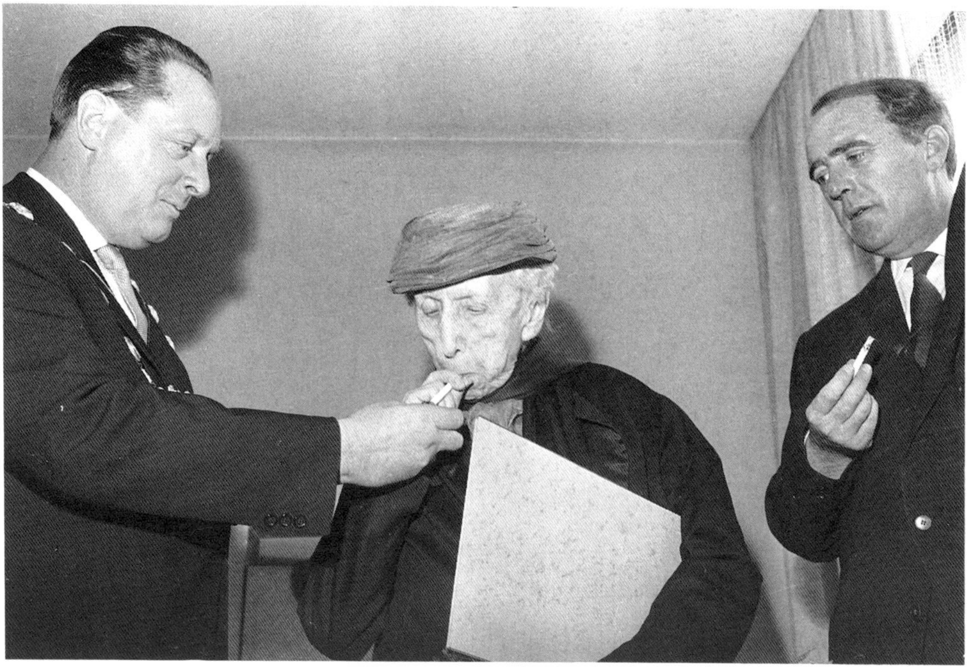

27 Oberbürgermeister Burauen, Annette Kolb und Heinrich Böll nach der Verleihung des Kölner Literaturpreises 1961

28 Im Gespräch mit dem Zauberkünstler Alexander Adrion, 1967

29 Heinrich und Annemarie Böll vor dem Haus Belvederestraße 35, Mitte der 60er Jahre

30 Das Gartenhaus in der Belvederestraße, Bölls Arbeitszimmer

31 In seinem Arbeitszimmer, 1967

32 Heinrich Böll, 1965

33 Bei einer Lesung im Gefängnis Köln-Ossendorf, 1969

34 Mahnwache im Kölner Dom für in Spanien zum Tode verurteilte Basken, 1970

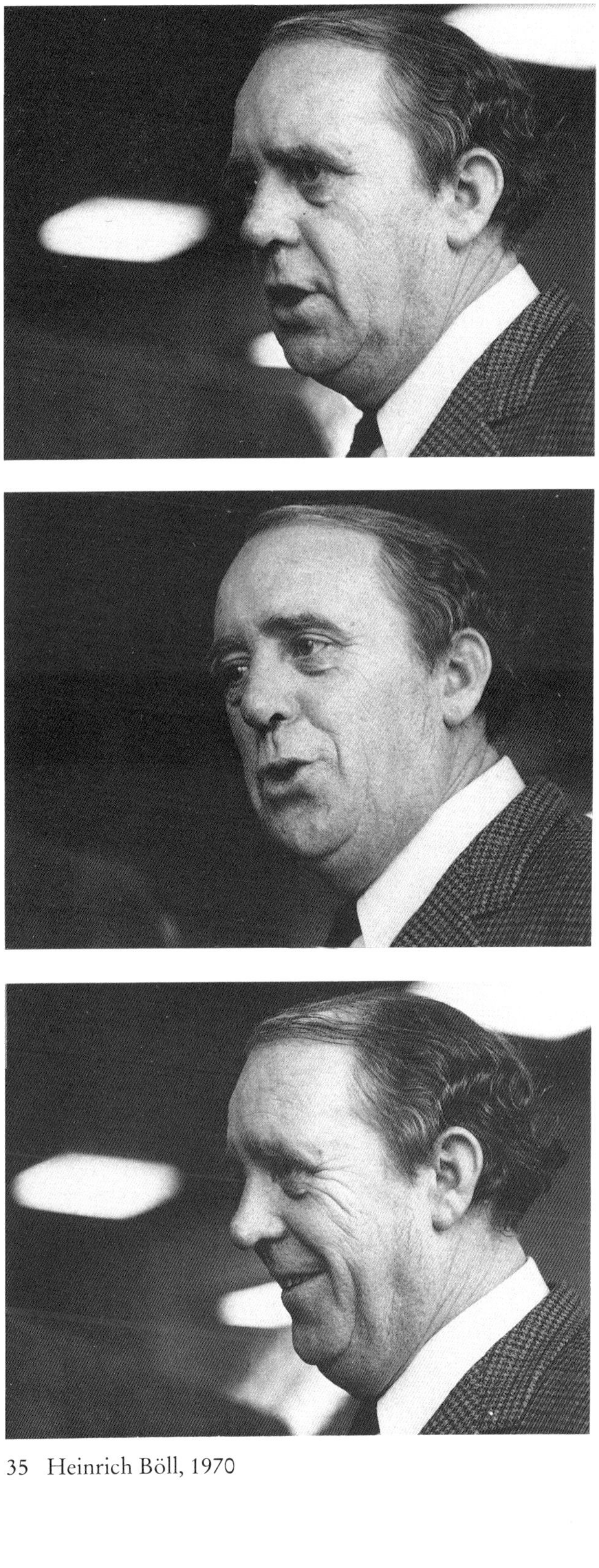

35 Heinrich Böll, 1970

36 Empfang der Stadt Köln zu Ehren des Nobelpreisträgers, 1972

37 Eintrag ins Goldene Buch

38 Bundespräsident Gustav Heinemann und Hilda Heinemann bei einem Besuch der Kölner Bibliothek Germania Judaica, 1971

39 Bei einer Wahlveranstaltung der SPD in der Kölner Sporthalle, 1972

40 Böll mit Paul Schallück, 1972

41 Im Gespräch mit Dieter Wellershof und Heinz Friedrich

42 Während eines Gesprächs mit Werner Koch, 1979

43 Mit Arthur Miller am Rhein, 1972

Eisstadion

44 Spaziergang am Rhein

45 Vor dem Haus Hülchrather Straße 7 . . .

46 … und in seinem Arbeitszimmer

47 In seiner Bibliothek Anfang der siebziger Jahre

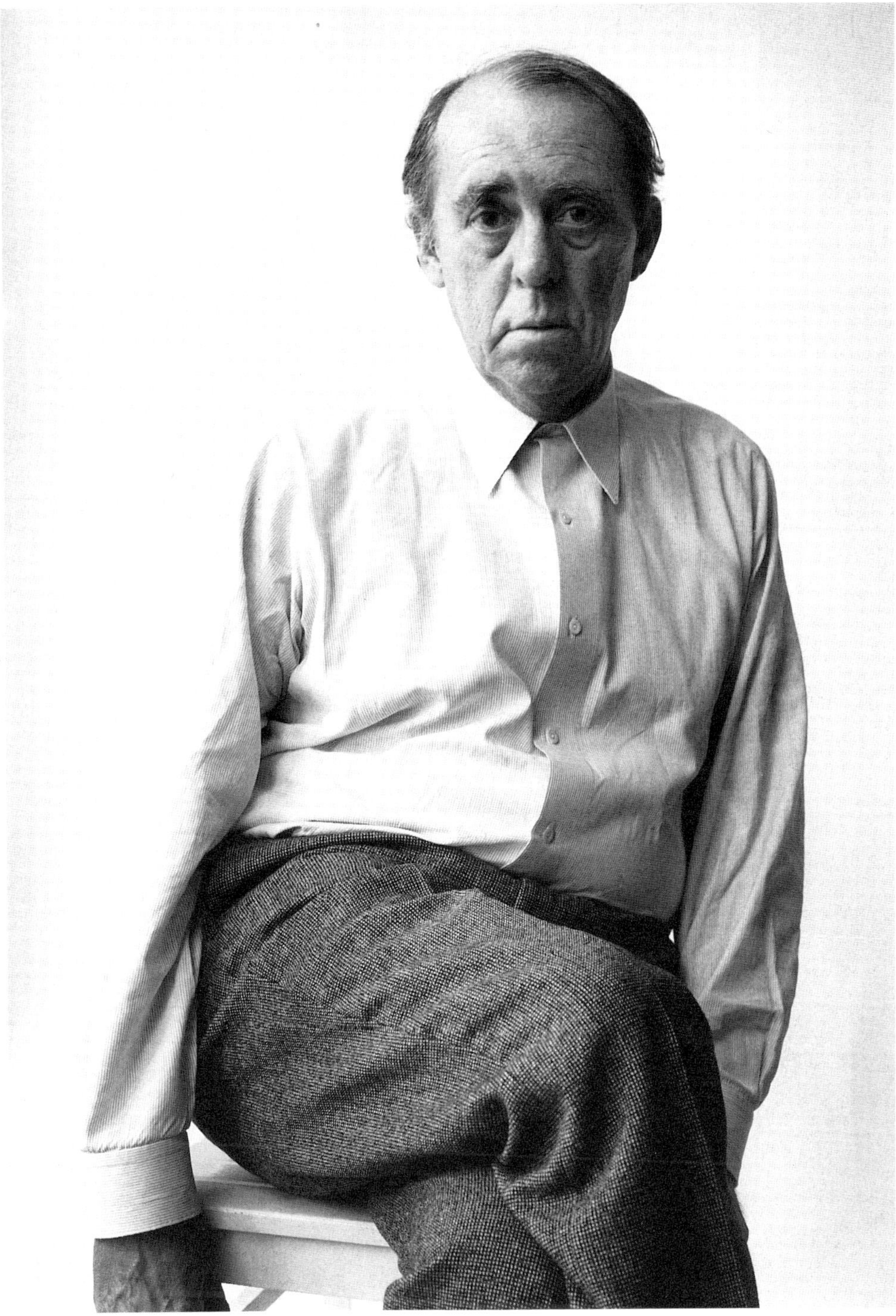

48 Heinrich Böll, 1975

49 Mit Günther Grass, 1974

50 Nach der Ausbürgerung Wolf Biermanns aus der DDR, in der Mitte Günther Wallraff, 1976

51 Im Gespräch mit Romy Schneider, 1977

52 Heinrich und Annemarie Böll mit Bibliotheksdirektor Horst-Johannes Thümmers bei der Eröffnung der Zentralbibliothek, 1979

53 Oberbürgermeister Dr. Norbert Burger gratuliert dem Ehrenbürger und seiner Frau, neben Heinrich Böll Annemarie Burger, 1983

54 Während der Feierstunde zur Verleihung der Ehrenbürgerschaft mit Willy Millowitsch

55 Im Gespräch mit dem Verleger Reinhold Neven DuMont

56 Bei der Wiederaufführung seines Dramas *Aussatz* im Theater „Der Keller", neben ihm der Sohn René, 1983

57 Während der Aufnahme zu einem Fernsehfilm mit Wolfgang Niedecken, 1984

58 In Bölls Bibliothek mit Lew Kopelew Anfang der 80er Jahre

59 Heinrich Böll, 1984

Hülchrather Straße Nr. 7

Natürlich fragt sich manch einer, warum man in solche Großstadtschluchten zurückzieht, wenn man fünfundzwanzig Jahre lang im Grünen gewohnt hat und dort hätte wohnen bleiben können; vielleicht zieht man nur um, um den mißlichen Zwang eines dauernd nach Pflege schreienden Rasens loszuwerden und dem Motorenlärm der Rasenmäher zu entfliehen, dem Traum vom englischen Rasen, der so unerfüllbar ist wie der Traum von einer Demokratie Schweizer Art.

Hier, hier ist es still, stiller als auf dem entlegensten Dorf, wo irgendwo doch immer ein Traktor brummt, Jugendliche ihre Mopeds ausprobieren, wo Städter unermüdlich ihren Zweitrasen schneiden; hier braucht nicht jeder wildwuchernde Busch – wie's uns da draußen so oft geschah – gestutzt, noch einmal gestutzt, letzten Endes auf ein Stummeldasein reduziert zu werden.

Hier zeigen die Vorgärten offen, was sie sind: zwischen Autos und Fassaden eingeklemmte Armseligkeiten, nicht einmal den Kindern zum Spielen freigegeben.

Der Stadtteil ist zum größten Teil nach 1890 erbaut; Zeit einer ersten Bodenspekulation; Jugendstilfassaden, die Straßennamen klingen noch nach dem Triumph, der damals erst zwanzig Jahre zurücklag und noch frisch im Ohr klang: Sedan, Wörth, Belfort, Weissenburg; eine selbstbewußte Zeit, die unerschrocken den beginnenden Jugendstil in seinen verschiedensten popularisierbaren (vulgarisierbaren) Formen aufnahm und eine bemerkenswerte Vorliebe für langhaarige Weiber entwickelte, die über Haustüren melancholisch den Eintretenden begrüßen oder mit gekonnter Tristesse Balkone stützen. In solchen Straßen, solchen Wohnungen sind wir beide groß geworden, haben wir gespielt; von solchen Häusern aus sind wir zur Schule gegangen – bis das Vaterland rief, den einen weg, während die andere zurückblieb, in einem ähnlichen Haus, in einer ähnlichen Wohnung. Es ist der Weg zurück in die Stadt, in die Vorstadt, zurück in eine mehr als dörfliche Stille, die sich hinter den Fassaden in riesigen, durch Mauern und Dachgärten verwinkelten Höfen verbirgt; aus der Schein-Individualität, der in Wirklichkeit total genormten Weekend-Gartenaktivität des Vororts im Grünen, zurück in die Anonymität, oder sollte man sagen: Urbanität?

Natürlich muß man hier die knappen Gehwege, die außerdem noch halb von parkenden Autos besetzt sind, mit den Hunden teilen, die notgedrungen, notwendigerweise und ungeniert hier wenig Heil anrichten; sie dürfen alles, sie dürfen dort, wo Kinder spielen, Kinderwagen parken; sie dürfen; natürlich müssen sie auch, aber sollte ein Hund überall müssen dürfen? Die Folgen sind verheerend – wann kommen Städteplaner endlich auf die Idee, Hundeaborte einzurichten? Oder sollten Hundebesitzer verpflichtet werden, das Hunde-Muß zu beseitigen?

Und dann gibt es ganz in der Nähe, kostenlos zu besichtigen, noch ein anderes, möglicherweise das entscheidende Umzugsmotiv: den Rhein. Fast fünfzehn Jahre lang wohnten wir zu weit von ihm entfernt, war der Rhein nur Ausflugsziel. In seiner permanenten, wer weiß wie alten Vergänglichkeit sagt er nichts, indem er für sich selbst spricht; er ist beruhigender als das Rasenmäherkonzert, und seitdem sein Wasser so schmutzig ist, daß es zum Autowaschen nicht mehr verwendet werden kann, bleibt er gänzlich unberührt von den Wochenendmechanismen, wird von Eimer, Schlauch und Schwamm nicht mehr in seiner schmutzigen Majestät gestört. Natürlich ist er alt, und doch vollzieht er ständig und täglich eine totale Erneuerung, im Gegensatz zu den Institutionen, die seine Ufer beherrschen.

Die Kinder sind zu einer anderen Zeit als die Hunde auf der Straße, sie treten sozusagen täglich deren Erbschaft an und spielen in deren Hinterlassenschaft; viel Platz ist da nicht, wo beiderseits Autos parken, die Vorgärten zu betreten verboten, wenn auch nicht unmöglich ist; es bleiben die schmalen Gehsteige zwischen Autos und Vorgärten, bleiben die Hauseingänge, und nicht einmal die Gossen, in denen man immerhin noch mit Klickern spielen könnte, sind frei. Hier wäre manches „zu unserer Zeit" fällig, und manches „als unsere Kinder noch klein waren"; immerhin hatten unsere Kinder noch so unersetzliche, künstlich schwer zu erstellende Spielplätze wie die Trümmer, es waren kaum Autos auf den Straßen, sehr selten einmal ein Hund, und die Trümmer erlaubten eine freie Entfaltung so widersprüchlicher oder einander ergänzender Spieltriebe wie Zerstören und Bauen, sie waren, jedenfalls so ums Jahr 1950 herum, dicht bewachsen, Ruinenparks; aber damals hat so manch einer die Trümmerkinder bedauert, die gar nicht so bedauernswert waren, spielende Kinder, auch in Dörfern, sind immer gefährdet, und Eingeweihte wissen längst, daß die berühmten Sandkästen, von denen einer auf einige tausend Kinder kommen mag, im Dunkeln, wenn die Kinder schlafen, für einige hundert Hunde willkommene Aborte sind; nicht nur die Straße, auch der halbe Bürgersteig gehört den Autos, und natürlich wird sich das Problem auf die Länge der Zeit von selbst lösen, durch Geburtenrückgang. Dann werden endlich Autos, Erwachsene und Hunde unter sich sein. Dann wird es auch keinen Ärger mehr mit den Vorgärten geben, sie werden alle aussehen wie Bühnendekorationen für Beckett-Stücke.

Wer wundert sich, daß die Lieblingsbeschäftigung der Kinder das

Schießen ist, nachgeahmtes oder mechanisch produziertes Rattern und Sägen von Maschinenpistolen? Knallen, Geheul – und wer würde sich wundern, wenn ihre Aggressivität sich eines Tages gegen ihre Konkurrenten, die Autos, richten würde, die ihnen den Spielraum wegnehmen, ihnen die Gosse versperren; wann wird das große Gekratze, Gekritzel beginnen? Es sind brave Kinder, auch wenn sie so viel schreien und schießen: Das große Tabu, das Auto, verletzen sie nur selten, und wenn, dann ungewollt.

Beherrschend für das Viertel ist das große Schloß mit der weitläufigen Fassade, es zieht viele Besucher an, weil in ihm die große Dame mit den verbundenen Augen residiert; sie entscheidet über Ehen, Scheidungen, Miet- und Wohnungsstreit, Beleidigungsklagen, klärt Besitzverhältnisse; es wäre ungerecht zu sagen, die Dame in ihrem Schloß wäre unproduktiv; eins wird ganz gewiß in ihrem Herrschaftsbereich produziert: Staub, jener besondere Staub, der sich in und auf Akten sammelt; die Dame erteilt Nummern, Termine, verhört Zeugen, Kläger, Beklagte; ihre Kunden, die Bittsteller, die nach Recht verlangen und um Gerechtigkeit begehren, bebend vor Ungeduld, weil Termine drohen, umkreisen sie die Häuserblocks, um irgendwo eine Lücke zu finden, und wenn sie keine finden, parken sie eben dort, wo's verboten ist, parken sogar dort, wo's Halten verboten ist; abgehetzte Anwälte, die rasch ihren Talar überziehen, mit Aktenordnern und -taschen sich zur Audienz ins Schloß begeben – da findet so manche rasche Verwandlung statt, die sichtbaren Türhüter sind freundlich, die unsichtbaren Türhüter, ich nehme an, sie lächeln, nicht verächtlich, eher traurig, wohl weil sie ahnen, daß hier auf ewig Mißverständnis herrscht: Mißverständnis über die verschiedenen Arten der Wörtlichkeit, die permanent hier aufeinanderprallen, die Wörtlichkeit der Eingeweihten und Einverstandenen mit der der anderen, die nicht begreifen können und wollen, daß geschriebenes, gesprochenes Recht eine andere Wörtlichkeit hat als ihr Streben, Gerechtigkeit zu erlangen. Da wird, was klar schien, unklar, geschriebenes, gesprochenes, ausgelegtes und gedeutetes Recht hat eine andere Dimension als jener Wunsch nach Gerechtigkeit, der eine andere Selbstverständlichkeit hat, als in diesem Labyrinth sichtbar wird. Was so klar als Recht schien, wird in einer anderen Wörtlichkeit unklar, es findet Reibung statt, Aufreibung auch, eine offenbar unvermeidliche Umwälzung von Worten, die sich unvermeidlicherweise in Akten niederschlagen, Staub anziehen, der aus Archiven in die Flure, aus den Fluren in den Verhandlungsraum, um viele Worte vermehrt aus dem Verhandlungsraum in die Flure, aus den Fluren wieder in die Archive zurückbefördert wird.

Die Schule im Hof des Nachbarblocks erspart uns den Wecker, wenn wir nicht vor halb acht aufstehen wollen; die langsame, stetig anschwellende Addition von Kinderstimmen, noch nicht mit Pausenfröhlichkeit, noch gedämpft; kein unangenehmer Wecker. Die Pause gegen 10 erspart den Blick auf die Uhr, und wer bis jetzt noch nicht wach ist, wird's unweigerlich; die Vehemenz kurzfristiger Befreiung erfüllt den benachbarten Hinterhof; Halbzeitlärm, der in der Pause gegen zwölf sich steigert, weil das Ende nahe ist. Die Entfernung von unserem Schlafzimmerfenster zum am nächsten gelegenen Unterrichtsraum mag drei oder vier Meter betragen; wenn hier und dort die Fenster offenstehen, im Sommer oder an warmen Herbsttagen, kann man, im Bett liegend, am Unterricht teilnehmen: seine Kenntnisse in Heimatkunde, Rechnen, Singen auffrischen; jugendliche Besucher lassen es sich nicht nehmen, vom Schlafzimmerfenster aus unmittelbar, vorsagend natürlich, Vorschläge hinüberrufend, in den Unterricht einzugreifen, hin und wieder auch ein gerade gesungenes Liedchen mitzusingen. Spätestens gegen Viertel nach eins tritt Stille ein, nicht einmal gestört durch Radios, Transistoren oder Fernsehlärm.

Da wir keine schulpflichtigen Kinder mehr haben, verschlafen wir manchmal, wenn der Wecker gegen einhalb bis Viertel vor acht nicht funktioniert, und stellen fest: Es sind Ferien, oder es ist Feiertag. Dann wird die Stille fast kathedral, der leere Schulhof mit seinem hohen Baum lädt zur Meditation ein: Wieviel Kinder mögen hier schon durchgewandert, abgewandert sein?

Ständig da und jeden Augenblick vergangen, Deutschlands Strom; wenige Kilometer nördlich von hier tritt er in sein schmutzigstes, giftigstes Stadium – was nützt da die Aufzählung von Geschichte, auf die man so stolz ist, die man in jedem Kubikmeter aufgewühlter Erde hier findet: vorrömische, römische, fränkische, merowingische Scherben und Steine? Hier – das weiß jedes Kind – wird viel Geld verdient, das anderswo verachtet und doch gern genommen wird. Merkwürdig, daß in diesem Land, in dieser Stadt am Rhein die Geschichtslast den Fortschritt nicht verhindert, eher fördert. Wo die ältesten Kirchen stehen, werden die modernsten gebaut, wo die älteste Brücke über den Rhein führte, wurde die modernste gebaut. Es können hier nicht alle Mißverständnisse über den Rhein und das Rheinländische geklärt werden. Man kann am Tegernsee gut über das Geld, das hier oben verdient wird, spotten, weil man die Luft, die aus dieser Art Geldverdienen entsteht, nicht ständig atmen, das Wasser, das durch diese Art Geldverdienen entsteht, nicht ständig als ungenießbar ansehen muß.

Es ist sehr leicht, von Fulda oder Rott am Inn aus von der heilen Welt zu sprechen, mit der man die heile Herrschaft meint, wenn man nicht ständig mit dem Unheil dieser Herrschaft konfrontiert ist. Ein Fluß, in dem man nicht mehr baden kann, ist kein Fluß mehr, sondern ein Abwässerkanal, und baden konnte man im Rhein schon um die Mitte der 50er Jahre nicht mehr: Wenn wir unsere Kinder manchmal hineinließen, kamen sie mit ölig gelben Unterhöschen heraus. Heil dir im Siegerkranz! Und natürlich steht sie, die Wacht am Rhein, die Union der festen Hand.

Man nennt solche Wohngegenden, wo die Hunde mehr Freiheit haben als die Kinder, Ballungszentren. Das ist ein hübsches Wort. Hier ballt sich auch der unerbittliche Müll, den man neuerdings Konsummüll nennt; weh dem, der nicht weiß, wann die Müllabfuhr kommt: am Montag, und wenn der Montag ein Feiertag ist, kann's Mittwoch oder Donnerstag werden, weil der Stufenplan geändert werden muß. Natürlich sind auch die Mülleimer die ständigen Spielkameraden der Kinder; sie stehen dort, wo noch ein bißchen Raum für spielende Kinder geblieben ist: in den Hauseingängen, offen, oder schamhaft bedeckt, und natürlich sind die Müllmänner die sehnlichst erwarteten Befreier. Sonntags abends setzt der Run auf die Mülleimer ein, werden rasch noch Papiersäcke gefüllt, nach unten gebracht, bevor der Müllwagen kommt, der prompt die unvermeidliche Verkehrsstauung verursacht, er ist breit genug, die Einbahnstraße zu blockieren, Rechts- oder Linksabbiegern Ungeduld zu verursachen, die Straßenkreuzung zu verstopfen, und wenn dann noch, was gelegentlich vorkommt, in der Nachbarschaft ein Lieferwagen die Einbahnstraße verstopft, setzt das so fröhliche wie sinnlose Hupen ein. Auf diese Weise kann man – von oben herab – die Absurditäten beobachten und – wenn man nach unten herabsteigt – die gesteigerte Vergiftung der Atemluft feststellen, in der um diese Zeit die nichtschulpflichtigen Kinder spielen. Sie sitzen mit ihren Puppen, Autos und Pistolen zwischen den Containern für Wohlstandsmüll, der von fröhlichen Ausländern abgeholt wird.

Es sind Italiener, Türken, Griechen, Marokkaner, die umsichtig und würdig die Straße von dem großen Alptraum einer ständig wachsenden Müllawine befreien; auf Extrakartons mit Müll sitzend, gelegentlich auch auf den Eimern oder auf Türschwellen unter den melancholischen Jugendstildamen, verzehren sie ihr Frühstück, lassen sich durch Hupen nicht beunruhigen. Was wären wir ohne sie? Verloren. Es erübrigt sich, ihren Fleiß und ihre Umsicht zu loben, die Eleganz, mit der sie die Mülltonnen an dicht parkenden Autos vorbeirollen, ohne ein Krätzerchen zu verursachen. Die meisten kommen aus sonnigen Ländern nach Nifelheim hier in den Norden, in das Land, durch das Siegfried nach Burgund, nach Worms ritt. Selten wird da, wo die Sonne scheint, viel Geld verdient, und wohl kaum gibt es dort viel Wohlstandsmüll – das meiste Geld wird unter grauem Himmel verdient, wo die Menschen wahrscheinlich aus Angst oder Verzweiflung arbeiten.

Abends, kurz vor acht, kurz vor Beginn der Tagesschau, sieht man sie oft am Kiosk, wo's Zigaretten, Alkohol und das lokale Boulevardblatt gibt; nicht nur sie, viele andere aus der Nachbarschaft, die rasch, bevor's am Fernsehschirm losgeht, noch Zigaretten, Bier oder Limonade brauchen; meistens kommen ihre Kinder, die noch nicht so recht deutsch verstehen, Geld hinhalten, den Namen einer Zigarettenmarke radebrechen oder „Bier" in den verschiedensten südländischen oder orientalischen Artikulationen murmeln. Hin und wieder, nicht selten, holt sich hier ein einsames Männer- oder Frauenherz die tröstende Flasche Schnaps.

Der Kiosk ist die letzte Rettung, wenn Kaffee und Zigaretten ausgehen oder wenn man rasch noch einen Krimi erstehen möchte. Natürlich gibt's auch Bonbons und Schokolade, Negerküsse und Waffeln – all die Nichtigkeiten, die an Kindheit erinnern, ein bißchen an Kirmes und Jahrmarkt.

Die Straße hat natürlich eine Geschichte, auch eine soziale. Ich nehme an, als sie vor etwa siebzig Jahren entstand, wohnten hier Gerichtspräsidenten und Landgerichtsdirektoren – sie galt wohl als vornehm, als eine gute Adresse; inzwischen hat sich das, etwa seit 1918 und noch einmal nach 1945, verändert und gemischt, und das macht die Straße so angenehm, macht sie weniger isoliert als einen Villenvorort; hin und wieder erkennt man jemanden, der zum zweiten oder dritten Mal aus einem bestimmten Haus kommt, und man weiß: Dort wohnt sie oder er, und wenn er dann den grünen Volkswagen besteigt oder den weißen Renault, dann weiß man, der ist die oder der, der den grünen Volkswagen fährt oder den weißen Renault. Es stehen teure Autos rum, Mittelklasse und billige, die Visitenkarte der Straße. Natürlich sind die meisten Fußgänger, Straßenbahnfahrer, Radfahrer vielleicht. Es ist ohnehin weniger mühevoll und geht rascher, wenn man mit der Bahn ins Stadtzentrum fährt oder zu Fuß geht; und so hält manches Auto, das eigene eingeschlossen, nur tagelang die Gosse besetzt, weil, wenn sich eine Lücke öffnet, sofort der nächste sie wieder schließt.

Die abendlichen Spaziergänger sind meistens ausländische Arbeiter, allein, mit Frauen, mit Frauen und Kindern – wahrscheinlich, um wenigstens für eine Stunde oder zwei den engen Wohnungen zu entfliehen; ums Geld für einen Kaffee zu sparen, spazieren sie, sauber gewaschen, mit ihren ernsten Bauerngesichtern unter dem Himmel von Nifelheim daher, fremd sich fühlend – so fern von Portugals oder Marokkos Himmel, so weit entfernt von den Männercafés, in denen man Domino oder Billard spielen kann. Sie kommen meistens aus den Hinterhäusern der Nachbarstraßen, wo sie zu Hunderten wohnen und sich erstaunt in diesem Land umsehen, von dem sie lange nicht wissen werden, ob es nun unfreundlich oder nur so sehr fremd ist; ob die Fremdheit Unfreundlichkeit vortäuscht oder die Unfreundlichkeit nur eine Erscheinungsform der Fremdheit ist. Die Stadt ist nicht fremdenfeindlicher und nicht fremdenfreundlicher als andere, und die sogenannte Kontaktarmut betrifft nicht nur die Fremden, auch die eigenen Landsleute.

Eines Tages, so denke ich mir, wird es den Fußgängern erlaubt werden müssen, über die Dächer langsam voranschleichender Autos hinweg zu spazieren und so, Schritt für Schritt, die Autos zu überholen. Man sollte für alle Fälle schon, wenn man weiterhin Autos und Autos und Autos in die Städte hineinpumpt, eine Art strapazierbaren Bodenbelags für Autodächer erfinden, und die Satiriker unter den Karikaturisten könnten sich vielleicht des Themas annehmen, denn es wäre viel bekömmlicher für die Fußgänger, über den Autos als neben ihnen herzuspazieren, und vielleicht ließen sich auf diese Weise sogar Autodächer zu Kinderspielplätzen, beweglichen, umfunktionieren; eine Art Spielrolltreppe für Kinder, Laufbänder, eins hin, das andere zurück, so daß die Kinder und auch Erwachsene ungefährdet und kostenlos natürlich, stadtein- und stadtauswärts über den Autodächern sich bewegen könnten. Fahrbare kleine Schwimmbassins, Ping-Pong-Tische – der Phantasie sind keine Grenzen gesetzt; man könnte auch die Autofahrer verpflichten, Liegestühle oder Bänke auf ihren Dächern mitzuführen.

Dann brauchte man nicht einmal mehr diesen permanenten, seit 1945 anhaltenden, immer neue Objekte findenden und erfindenden Wühlsinn, der nie und nimmer, aber auch niemals Ruhe geben wird, weil man 1970 baut, was 1960 hätte gebaut werden müssen und 1980 wahrscheinlich bauen wird, was 1970 hätte gebaut werden müssen – weil man alles das baut, was man 1945 schon hätte bauen müssen. Die Tristesse, die von den ständigen und stetigen Baustellen ausgeht, liegt vielleicht in der Tatsache, daß keiner – und mag er sich noch so fortschrittlich geben, es sogar sein, tatsächlich an die Zukunft zu glauben scheint; so wird ständig nur Versäumtes nachgeholt, und was 1960 versäumt wurde, kann man 1970 nicht nachholen, man müßte es wenigstens für 1980 bauen, und dann würde es, wenn es fertig würde, doch schon 1982 wieder nachgeholt sein. Es ist ein ständiges, absurdes Nachholen. Leute mit Straßenparkplatz in dichtbewohnten Vierteln, den so hübsch als Ballungszentren bezeichneten, kennen den Kummer, die Parkplatznot, die so erfinderisch macht, daß man auf die Dauer erkennt: Zu gewissen Zeiten ist es billiger, das Auto zum Waschen wegzugeben, als wieder einmal im Halteverbot zu parken. Wenn ich zu meiner Tankstelle will, muß ich, da ich am Ende einer Einbahnstraße wohne und weil durch schwer durchsichtige U-Bahn-Bauten der Weg nach vorne in komplizierte Sackgassen führt – ich muß um zwei, drei Häuserblocks herum, muß mindestens eine zweikilometerlange Acht fahren – aber da ich meistens den Anschluß in die zweite Schleife der Acht verpasse und – aufgrund täglich wechselnder Umleitungen und neuer Sackgassen – dann in relativ weit entfernten Vororten ankomme oder an der dichtbefahrenen, autobahnähnlichen Umgehungsstraße scheitere, die, wenn ich sie überquere, mich in entlegene Einbahnstraßen ablenkt, so daß der Heimweg nostalgisch-unfindbar wird – aus diesen Gründen überlasse ich es einem meiner Söhne, das Auto aufzutanken, Öl wechseln zu lassen.

Die angestrebte Urbanität ist erreicht, wenn man im Umkreis von zwei, drei Minuten alle Einkäufe erledigen, aller Dienstleistungen teilhaftig werden kann: Friseur und Schuhmacher, chemische Reinigung, unerläßlich unter diesem Himmel, der ständig Schmutz regnet; den Bäcker, Metzger, das Milch- und Lebensmittelgeschäft, Zigaretten und Zeitungen, Blumen, die Wäscherei, die Büglerei, den türkischen und italienischen Lebensmittelladen – und natürlich den Chrom-Riesen, der alles hat, alles zeigt, alles hergibt. Das große, weitgeöffnete, einladende Wunder der Verkaufspsychologie. Er, der große Chrom-Riese, ist der Herr der Heerscharen, sauber, bequem, lächelnd – alles liegt da, als wäre es geschenkt. Wird er sie alle schlucken? Eines Tages auch die Schuhe reparieren, die Wäsche waschen und bügeln, Anzüge reinigen? Ich hoffe nicht, und ich glaube nicht, weil der strahlende Riese nicht der ihn umgebenden Architektur entspricht. Diese Straßen mit ihren Hinterhöfen und Anbauten werden noch eine Weile dem ihnen verordneten Strukturwechsel trotzen. Der große Riese ist modern, und es bedeutet nichts, modern zu sein – modern, moderner als in Großstädten ist man auch auf dem Land und in den Kleinstädten. Die Behauptung, Städte wären traditionsfeindlicher als das Land, trifft nicht zu und ist nie zugetroffen. Je größer eine Stadt, desto mehr Altmodisches, Abseitiges erhält sich ihr – wie es an den Beispielen Berlin, London und New York zu beweisen wäre. Städte haben mehr Geduld, mehr Verstecke – und mehr Bedarf an Dienstleistungen, auch mehr Toleranz gegenüber allem, was nicht so brandneu ist. Urbanität besteht in der Duldung von Erscheinungen, die statistisch längst abgeschrieben sind – Urbanität kann es auf dem Land nicht geben.

In der Nachbarschaft haust schon der Abbruchhammer. Er schlägt große, völlig intakte Wohnhäuser und Villen um, im Auftrag jener unerbittlichen Gottheit, die Profit heißt und ihre Opfer fordert – und wenn der Abbruchhammer gesiegt hat, wird man jene Häuser bauen, die man vielleicht 1951 hätte bauen sollen. Sie werden den Schuhmacher, dem die Kinder noch zuschauen können, nicht mehr dulden, auch die Büglerei nicht – vielleicht ist es angemessener, im Jahre 1907 zu wohnen, wo die Herrschaft sich noch offen und spendabel zeigte: Die Familie, die damals schon an Grundstücken reich wurde, an denen inzwischen noch zwei- oder dreimal andere reich geworden sind, stiftete noch eine ganze Kirche von domhaftem Ausmaß – komplett eingerichtet.

Und in dem 1972 gebauten 1951 wird kein Platz mehr sein für Altmodisches, Abseitiges, für Geduld und Toleranz. Profit und Urbanität schließen einander aus.

Zuerst veröffentlicht in: *Köln*, Juli/September 1972.

✠

8831rb koeln d✠

8831rb koeln d

19700a stockh s

zczc sto/stg1288

stockholm 82 19 1310 page1/50

urgent

herrn heinrich boell

5koeln1

Hülchratherstr. 7

huelchratherstr 7

es ist mein angenehmer auftrage ihnen mitzuteilen , dass die

schwedische akademie heute ihnen den nobelpreis fuer literatur

dieses jahres zugeteilt hat . gleichzeitig spreche ich den

lebhaften wunsch der akademie aus , dass sie samt frau boell

gelegenheit finden am 10 dezember

col 5koeln1 huelchratherstr 7 in der adresse , . , 10

sto/stg1288 herrn heinrich boell 5koeln1 huelchratherstr 7 page 2/32

zu stockholm zu kommen um den preis zu empfangen . fuer [redacted] drahtantwort dankbar statte ich ihnen den warmen

glueckwunsch der akademia ab [redacted]

karl ragnar gierow svenska adademien kaellargraend 2 111 29

stockholm

col . . akademie ab [redacted] 2 111 29

Telegrafische Mitteilung der Schwedischen Akademie über die Verleihung des Nobelpreises für Literatur des Jahres 1972 an Heinrich Böll

-3/72

anlässlich eines Besuches in der Bundesrepublik Deutschland haben Eure Majestät einen gelehrten Blick in die Schichten der Vergänglichkeit getan, aus der wir kommen und auf der wir wohnen.

Eure Majestät, königliche Hoheiten, meine Damen und Herren,

Jungfräulich oder gar unschuldig ist dieser Boden nicht, [redacted] ~~den ich kam oder auf den ich warte,~~ und nie ist er zur Ruhe gekommen. Das begehrte Land am Rhein, von Begehrlichen bewohnt, hat zahl [redacted] reiche Herrscher gehabt, entsprechend viele Kriege gesehen. Koloniale, nationale, regionale, lokale, konfessionelle, [redacted] Weltkriege. Pogrome hat es gesehen, Vertreibung und immer kamen Vertriebene anderswoher und wurden andere anderswohin vertrieben. Und das man dort deutsch sprach, war zu selbstverständlich, als dass mans nach innen oder aussen hätte demonstrieren müssen. Das taten andere, denen das weiche d nicht genügte, die nach einem harten t begehrten. Teutsche

Abschnitt

Gewalt [redacted], Zerstörung, Schmerz, Missverständnisse, ~~all das liegt~~ liegen auf dem Weg, den einer daherkommt, aus ~~tiefen~~ den Schichten vergangener Vergänglichkeit in eine vergängliche Gegenwart. Und es schufen Scherben, [redacted] Geröll, Trümmer, schufen Ost- und Westverschiebungen nicht, was nach so viel, viel zu viel Geschichte zu erwarten gewesen wäre: Gelassenheit; wohl, weil man uns nie liess; den einen [redacted] ~~Teutschdemonstranten~~ zu westlich, [redacted], den anderen nicht westlich genug; den einen zu westlich, den andern nicht westlich genug [redacted] Immer noch herrscht Misstrauen unter den Demonstrativ-Teutschen, als wäre die Kombination westlich und deutsch doch nur eine Täuschung der inzwischen unheilig geworden Nation. Wo doch gewiss sein müsste, wenn dieses Land je so etwas wie ein Herz gehabt haben sollte, lags da, wo der Rhein fliesst. Es war ein weiter Weg ~~bis zur~~ in die Bundesrepublik Deutschland.

Als Junge hörte auch ich in der Schule den sportlichen Spruch, dass der Krieg der Vater aller Dinge sei; gleichzeitig hörte ich in [redacted] Schule und Kirche, dass die Friedfertigen, die

- 2 -

Sanftmütigen, die Gewaltlosen also, das Land der Verheissung besitzen würden. Bis an sein Lebensende wohl wird einer den mörderischen Widerspruch nicht los, der den einen der Himmel und die Erde, den anderen nur den Himmel verheisst, und das [redacted] [illegible] in einer Landschaft, in der auch Kirche Herrschaft begehrte, erlangte und ausübte, bis auf den heutigen Tag.

Der Weg hierhin war ein weiter Weg für mich, der ich wie viele Millionen aus dem Krieg heimkehrte und nicht viel mehr besass als die Hände in der Tasche, unterschieden von den anderen nur durch die Leidenschaft, schreiben und wieder schreiben zu wollen. Das Schreiben hat mich hierhergebracht. Gestatten Sie mir, die Tatsache, dass ich hier stehe, für nicht so ganz wahr zu halten, wenn ich zurückblicke auf den jungen Mann, der da nach langer Vertreibung und langem Umhergetriebensein in eine vertriebene Heimat zurückkehrte; nicht nur dem Tod, auch der Todessehnsucht entronnen; befreit, überlebend; Frieden — weitlos — ich bin 1917 geboren — weitlos weder Gegenstand der Erinnerung noch Zustand; Republik kein Fremdwort, nur zerbrochene Erinnerung. Ich müsste hier sehr vielen danken, ausländischen Autoren, die zu Befreiern wurden, das Befremdende und das Fremde aus der ~~Provinzialität~~ Eingeschlossenheit befreiten, das sich selbst um seiner Materialität willen wieder [redacted] in die Eigenheit zurückverwies; ~~das Konfessionelle aus dem Lokalelemente lösen und zurückverwiesen. Danken möchte ich~~ [redacted] [illegible]

Der Rest war Eroberung der Sprache ~~und das Zurechtfinden~~ im [illegible] [redacted] Zurückverweisung an ~~den Stoff und~~ das Material, an diese Handvoll Staub, die vor der Tür zu liegen schien. Danken möchte ich für viel Ermutigung und viele Versuche der Entmutigung, [redacted], denn vieles geschieht ohne Krieg, nichts aber, so scheint mir, ohne Widerstand. [redacted]

[illegible]

- 3 -

- 3 -

Diese siebenundzwanzig Jahre waren ein langer Marsch. ~~Ich weiss nicht, wies einem schwedischen oder~~

nicht durch einen Milch-, sondern durch ~~den Zeigefingerwald der Deutschdemonstranten~~ einen Wald von Zeigefingern, die aus der vertrackten Dimension der Eigentlichkeit stammen, in der verlorene Kriege zu eigentlich gewonnenen werden, und gar mancher Zeigefinger war scharf geladen und hatte seinen Druckpunkt an und in sich selbst.

Mit Bangen denke ich an meine deutschen Vorgänger hier, die innerhalb dieser verfluchten Dimension Eigentlichkeit keine Deutschen mehr sein ~~durften~~ sollten. Nelly Sachs, von Selma Lagerlöf gerettet, nur kanpp dem Tod entronnen. Thomas Mann vertrieben und ausgebürgert. Hermann Hesse, aus der Eigentlichkeit ausgewandert, schon lange kein deutscher Staatbürger mehr, als er hier geeehrt wurde. Fünf Jahre vor meiner Geburt, vor sechzig Jahren, stand hier der letzte deutsche Preisträger für Literatur, der in Deutschland starb, Gerhart Hauptmann. Er hatte seine letzten Lebensjahre in einer Version Deutschland verlebt, in die er wohl trotz einiger Missverständlichkeiten nicht hineingehörte. Ich bin weder ein Eigentlicher noch eigentlich keiner, ich bin ein Deutscher, mein einzig gültiger Ausweis, den mir niemand auszustellen oder zu verlängern braucht, ist die Sprache, in der ich schreibe. Als solcher, als Deutscher, freue ich mich über die grosse Ehre. Ich danke der Schwedischen Akademie, Eurer Majestät und dem Land Schweden für diese Ehre, die wohl nicht nur mir gilt, auch der Sprache, in der ich ~~schreibe~~ mich ausdrücke und dem Land, dessen Bürger ich bin.

Dankesrede Heinrich Bölls zur Verleihung des Nobelpreis für Literatur 1972.

... Der Tisch, an dem ich (...) schreibe, ist 76,5 cm hoch, seine Platte 69,5 mal 111 cm groß. Er hat gedrechselte Beine, eine Schublade, er mag siebzig bis achtzig Jahre alt sein, er stammt aus dem Besitz einer Großtante meiner Frau, die ihn, nachdem ihr Mann in einem Irrenhaus verstorben war und sie in eine kleine Wohnung zog, ihrem Bruder, dem Großvater meiner Frau, verkaufte. So kam er, ein verachtetes und ziemlich verächtliches Möbelstück ohne jeden Wert, nachdem der Großvater meiner Frau gestorben war, in unserem Besitz, stand irgendwo, niemand weiß genau, wo, herum, bis er anläßlich eines Umzugs auftauchte und sich als bombengeschädigt erwies; irgendwann wurde die Platte während des zweiten Weltkrieges von einem Bombensplitter durchbohrt – es hätte schon nicht nur sentimentalen Wert, wäre ein Einstieg in eine politisch-sozialgeschichtlich mitteilungswerte Dimension, den Tisch als Einstiegs-Vehikel zu benutzen, wobei die tödliche Verachtung der Möbelpacker, die sich beinahe weigerten, ihn noch zu transportieren, wichtiger wäre als seine gegenwärtige Verwendung, die zufälliger ist als die Hartnäckigkeit, mit der wir ihn, und das nicht aus sentimentalen oder Erinnerungsgründen, sondern fast aus Prinzip – vor der Müllkippe bewahrten, und man mag mir, da ich inzwischen einiges an diesem Tisch geschrieben habe, eine vorübergehende Anhänglichkeit gestatten; die Betonung liegt auf vorübergehend. Schweigen wir von den Gegenständen, die auf dem Tisch liegen, sie sind nebensächlich und austauschbar, auch zufällig, ausgenommen vielleicht die Schreibmaschine Marke Remington. Ausführung *Travel Writer de Luxe*, Baujahr 1957, an der ich ebenfalls hänge, an diesem meinem Produktionsmittel, das fürs Finanzamt längst uninteressant geworden ist, obwohl es doch erheblich zu dessen Einnahmen beigetragen hat und immer noch beiträgt. Ich habe auf diesem Instrument, das jeder Fachmann nur mit Verachtung anschauen oder anfassen würde, schätzungsweise vier Romane und einige hundert Items geschrieben, und nicht nur deshalb hänge ich daran, auch wiederum aus Prinzip, denn es tut's noch und beweist, wie gering die Investitionsmöglichkeiten und der Investitionsehrgeiz eines Schriftstellers sind. Ich erwähne Tisch und Schreibmaschine, um mir klar darüber zu werden, daß nicht einmal diese beiden notwendigen Utensilien mir ganz erklärlich sind, und würde ich versuchen, ihrer beider Herkunft mit der erforderlichen exakten Gerechtigkeit zu eruieren, ihren genauen materiellen, industriellen, sozialen Werdegang und ihre Herkunft, es würde ein fast endloses Kompendium britischer und westdeutscher Industrie- und Sozialgeschichte daraus. Schweigen wir von dem Haus, von dem Raum, in dem dieser Tisch steht, von der Erde, auf der das Haus gebaut ist, schweigen wir erst recht von den Menschen, die es – wahrscheinlich einige Jahrhunderte lang – bewohnt haben, von den

Lebenden und Toten, schweigen wir von denen, die die Kohlen bringen, Geschirr spülen, Briefe und Zeitungen austragen – und schweigen wir erst recht von denen, die uns nah, näher, am nächsten sind. Und doch müßte alles, vom Tisch über die Bleistifte, die darauf liegen, in seiner gesamten Geschichte eingebracht werden, einschließlich derer, die uns nah, näher, am nächsten sind. Bleiben da nicht genug Reste, Zwischenräume, Widerstände, Poesie, Gott, Fiktion – mehr noch als beim Brükkenbau und beim Brötchenbacken?

Versuch über die Vernunft der Poesie. Nobelpreisvorlesung, 1973. In: EINMISCHUNG ERWÜNSCHT, Köln 1977, S. 30 ff.

Es ist nicht mehr die Heimat, die es war. Dieses ungeheure Erlebnis heimzukehren, sagen wir: während des Krieges: Urlaub oder auch illegal mal nach Hause fahren, das Gefühl, über die Brücke zu kommen, die ja in meinen Arbeiten auch eine große Rolle spielt, die Rheinbrücke, von der rechten auf die linke Seite – das war schon noch Heimat. Während des Krieges, kurz nach dem Krieg auch noch. Aber das hat sich mir völlig entfremdet, alles. (...)

Ich weiß nicht, wie das so in meinen literarischen Äußerungen aussieht oder wirkt. Das Entscheidende ist natürlich der Rhein, der mir auch immer noch vertraut und heimatlich vorkommt, trotz seiner Deformationen im chemischen Sinne. Ich habe eben den größten Teil meiner Kindheit oder auch Jugend am Rhein verbracht. Einfach am Rhein gesessen, den Schiffen zugeguckt und dieses – sagen wir: das Weltoffene an diesem Vorgang hat mich wahrscheinlich sehr beeindruckt und geprägt. Das ist das Entscheidende. Aber Köln hat ja – und das hat mich merkwürdig beeindruckt, ich habe das auch manchmal ausgedrückt – eigentlich keine Beziehung zum Rhein. (...)

Der Rhein ist eigentlich der Stadt immer fremd geblieben. Wahrscheinlich ist er hier zu groß, und es gibt überhaupt kein vernünftiges Lokal am Rhein, außer ein paar in Rodenkirchen und früher in Deutz, wo man also am Fluß sitzen kann und Kaffee trinken, man guckt dahin ... Das ist merkwürdig in Köln, daß Rhein und Stadt sich nie einander genähert haben. (...)

Es ist eigentlich eine Stadt fast wie jede andere geworden. Die Straßen gibt's nicht mehr, auf denen sich etwas abspielte, man kann nicht mehr auf der Straße spielen, nicht mehr spazierengehen in der Stadt. Vielleicht wende ich mich eben jetzt mehr dem Rhein zu, weil die Stadt so fremd geworden ist, ganz fremd bis auf ein paar Erkennungszeichen, ein paar alte Kirchen und hier und da mal ein Gebäude. Es gibt eben sehr viele

Köln. In meiner Erinnerung drei, vier fünf Köln, und das gegenwärtige ist mir schon durch den Autoverkehr fremd, völlig fremd. Ich finde die Stadt auch zerstört durch diese riesigen lauten Straßen. Da gibt es eben die Straße nicht mehr, die mich natürlich geprägt und beeindruckt hat. Die Überquerung einer Straße ist schon ein Abenteuer und ein gefährliches. Das hängt auch mit dem Alter zusammen, natürlich. Es wird einem alles fremd.

Weil die Stadt so fremd geworden ist, 1977. In: WEIL DIE STADT SO FREMD GEWORDEN IST – GESPRÄCHE MIT HEINRICH VORMWEG, Bornheim 1985, S. 81 ff.

Was so viele Freunde sich und mich fragen: Wie ich denn ohne Köln, außerhalb Kölns leben könne? Merkwürdige Frage. Das meiste, was ich über Köln geschrieben habe, habe ich in weiterer Entfernung von Köln geschrieben, in Irland, in Italien, und die „Sensation“, die es angeblich bedeuten soll, daß ich nun Köln auch als zweiten Wohnsitz aufgebe, ist – wie so viele „Sensationen“ – keine. In den vergangenen acht bis zehn Jahren bin ich insgesamt nicht viel länger als ein halbes Jahr in Köln gewesen. Köln als „Stoff“? Es ist gar nicht gut, so nahe am „Stoff“ zu wohnen, falls es überhaupt noch „Stoff“ ist. Der tödliche Ernst der professionellen Elferratskarnevalisten, der gelegentlich als humorloser Humor sich gebärdet? Den werde ich bestimmt nicht vermissen. Raketen? Wenn schon, dann eine für die Frechheiten der Trude Herr. Keine Rakete für die Ruhe in den romanischen Kirchen, verloren im Autolärm, am tiefsten die Ruhe tief unter Sankt Severin, wo Köln beginnt. Heidnisch, römisch, christlich? Ja, sicher ja, gewiß – sogar deutsch, und das ist am schwierigsten zu vermitteln: das deutsche Köln. Klingt fast wie ein Widerspruch, wo doch selbst Kölns Gemütlichkeit deutsch ist, und das bedeutet: ein bißchen unheimlich, sozusagen nicht ganz geheuer, wenn unter der Wärmlichkeit die Kälte spürbar wird; wärmlich, nicht warm und ziemlich selbstgefällig: Humor verpflichtet, und ich kann mir keine schrecklichere Pflicht denken als die Pflicht zum Humor. Mein Bedauern gilt den Stadtvätern aller Kategorien, die da *müssen*: schunkeln, hopsen, dabeisein, möglichst sogar noch witzig, wahrscheinlich fällt das den in Köln Geborenen manchmal schwerer als den Zugewanderten, die die Funktion des Humors oft schneller begreifen: Kumpel, Kumpane, Schulterklopfen. Mit Humor geschlagen, zum Humor verpflichtet – da vergißt man leicht, daß es ein ernstes, stilles Köln gibt, sogar ein nachdenkliches, ein rebellisches – die kommerzialisierte Verflachung des Humors verdeckt Köln eher, tut ihm unrecht, es gibt sogar – über jeden Tinnefhumor erhaben – ein beschauliches Köln, ein schweigsames Köln, das den Lärm verabscheut und verachtet. Auf dem Markt sind diese Kölns nicht zu finden, sie zeigen sich nicht, ebensowenig wie ein weiteres Köln: das fromme, das nichts mit dem heiligen zu tun hat; das heilige Köln bezog ja seinen Ruf aus der *Anzahl* der Kirchen und Klöster, wie das verrufene Köln seinen Ruf aus der *Anzahl* der Dirnen bezog, und ich weiß nicht, was die Stadt anziehender (oder abschreckender) gemacht hat: das Heilige oder das Verrufene, das Eltern veranlaßte, ihren reiselustigen Söhnen zu raten, Köln zu meiden, zu umgehen; möglich, daß Köln zu oft umgangen worden ist, um als deutsch in die Vorstellung der Deutschen einzugehen. Noch vor wenigen Jahren fragte mich ein durchaus gebildeter und seriöser Journalist, ob ich mich denn als deutsch empfinde; die Frage hat mich gekränkt, und ich warte immer noch auf die Gelegenheit, mit dem Journalisten, einem Deutschen, ausführlicher über das Überraschende an seiner Frage zu sprechen, als es damals möglich war. Zugegeben: Heim ins Reich brauchten wir uns nie zu wünschen, wir waren immer drin, und weiterhin zugegeben: Preußen wurde nie so recht als Heim empfunden, und „heim nach Preußen" wäre ja wohl nicht gleichbedeutend mit „heim ins Reich". Möglicherweise werde ich jetzt, wo ich auch einwohnermeldemäßig aus Köln wegziehe, öfter dort sein als früher: nicht mehr Einwohner, Besucher, der kein Bett mehr dort stehen hat, in dieser autobahnumschlungenen, ja von Autobahnen umzingelten, von Autostraßen zerschnittenen Stadt, die kaum noch „Stoff" ist; Stoffe verschleißen ja bekanntlich.

In memoriam Paul Schallück, 1982. In: EIN- UND ZUSPRÜCHE, Köln 1984, S. 28 f.

Schlimm war so eine Entwicklung wie die Nord-Süd-Fahrt, die ja praktisch ganze Viertel zu Friedhöfen gemacht hat. Und zwar Perlengraben und alles drum und dran. Kleine Spitzgasse, Große Spitzgasse. Einfach weg, einfach weg. Und das ist natürlich eine interbundesrepublikanische Entwicklung gewesen, die einfach nur auf funktionierenden Verkehr aus war. Nicht mehr auf Leben. Die Städte sind ja tot. Ich konnte auch zuletzt nicht mehr in Köln wohnen – wegen dem Krach. Ich muß jeden Tag ein bißchen spazierengehen wegen meiner Beine, und ich konnte das einfach nicht mehr ertragen, in Köln spazieren zu gehen, und deshalb bin ich da weg. (...) Köln ist für mich eine verschwundene, versunkene Stadt, in der ich einige Punkte noch erkenne, und das sind eben hauptsächlich die Kirchen, die romanischen Kirchen.

Vierzig Jahre Kölner Erinnerung. Gespräch mit Wolfgang Niedecken für WDR III Fernsehen, 1984, Bandabschrift Ms. S. 12 ff.

Noch ein paar Worte zum Genius loci, dem ich zwar ausreichend gehuldigt zu haben glaube, nicht nur heute. Ich stamme aus dieser Stadt. Vieles an ihr ist mir selbstverständlich, manches fremd, immer fremd geblieben, einiges fremd geworden. Aber diese Fremdheit würde ich als Stuttgarter oder Tuttlinger genauso empfinden, denn ich bin ziemlich sicher, wir gehören nicht ganz hierher, auf diese Erde, meine ich. Unsere Heimat ist auch anderswo. Was mich an dieser Stadt, in ihr wohl geprägt hat, war etwas, das ich sehr schwer definieren kann, etwas Architektonisches: das Frühe, das die romanische Architektur ausstrahlt, die Romanik eben, in der ja auch eine Utopie, ein Traum zu verwirklichen versucht worden ist, den wir Christentum zu nennen übereingekommen sind, und wie der Name Romanik ja sagt, auch etwas Römisches. Nicht den kalten Angeberpomp der Peterskirche, der ja eigentlich einen nur in Erkältung treibt, sondern eine tiefe Innigkeit, die auch in Rom zu Hause und auch zu finden ist. Was ich außerdem liebe, ist etwas Zerbrechliches, die römischen Gläser, und ich danke Ihnen noch einmal besonders herzlich für die Replik eines römischen Glases, die die Stadt mir zum Geburtstag geschenkt hat. Und natürlich den Rhein, den ich einmal eine „schmutzige Majestät" genannt habe. (...)

Und nun zum wirklich wahren Schluß eine kleine Hommage an den lokalen Sprachgenius Kölns, an die fast schon zahlreichen kölschen Musikgruppen, die, so scheint mir, dies etwas allzusehr in kölsche Gemütlichkeit versunkene Kölsch wieder zum Leben erweckt und fast zu einer Weltsprache gemacht haben. Auch ich möchte, um diesem Sprachgenius zu huldigen, einen Vers aussprechen, in dem sich auch Schuld und Unschuld eines Autors ausdrücken. „Ich han dem Mädche nix jedonn, ich han et bloß ens kräje."

Ich han dem Mädche nix jedonn, ich han et bloß ens kräje, 1983. In: EIN- UND ZUSPRÜCHE, Köln 1984, S. 89 f.

Köln,den 21.4.79.

Lieber Herr Van Nes Ziegler,

nicht selten werde ich auf Spaziergängen an der Rheinpromenade zwischen Zoobrücke und Hohenzollernbrücke von älteren Mitbürgern angesprochen,die die Tatsache beklagen,dass die Fähre Bastei-Rheinpark ausgefallen ist.Selbst ein häufiger Spaziergänger auf der Promendade,deren unbestreitbare Schön heit durch den meist unerträglichen Strassenlärm so beeinträchtigt wird,vermisse ich ebenfalls eine Möglichkeit,ohne grössere Verkehrsumwege(Bahn,Bus,Auto)in den stilleren Rheinpark zu gelangen,besonders natürlich in den Sommer- und Herbstmonaten.Ich hätte die Bitte,die Fähre wieder einzurichten nicht ausgesprochen,wenn mir nicht bewusst geworden wäre,dass vielen Mitbürgern,die hier wohnen,dieselbe Bitte am Herzen liegt;und gewiss wäre eine solche Fähre für viele nicht anwohnende Spaziergänger,Gäste(etwa aus der Jugendherberge,den Hotelschiffen und anderen der zahlreichen Bummler,die die Rheinpromenade geniessen)ebenso willkommen.

Ich schliesse mich der Bitte anderer Mitbürger an,die fürdie Wiedereinrichtung dieser Fährverbindung plädieren, wenigsten in den Sommer-und Herbstmonaten.Das Argument der "Wirtschaftlichkeit" sollte nicht ausschlagend sein,da so viele andere Aktivitäten--mit Recht!-subventioniert werden Tatsächlich ist es nach Ausfall der Fähre Bastei-Rheinpark für ältere Mitbürger(zu denen ich mich in zwischen zählen kann!) mühsam,zu mühsam,in den schönen Rheinpark zu gelangen.Vielleicht könnte man auch erwägen, wenigstens die Fähre Hohenzollernbrücke-Messe zu bestimmten Zeiten über die Bastei zu lenken.

Verzeihen Sie meine Einmischung in dieser Sache.

mitherzlichen Grüssen

Heinrich Böll

Bitte, die eingestellte Fährverbindung zwischen Bastei und Rheinpark wieder aufzunehmen …

DER OBERBÜRGERMEISTER DER STADT KÖLN

27. JUNI 1979

5 KÖLN 1, DEN 9. Mai 1979
RATHAUS
POSTFACH 10 80 20
FERNSPRECHER: 2211
DUWA 2212022
FERNSCHREIBER: 08882988

Herrn
Heinrich Böll
Hülchrather Str. 7

5000 Köln 1

Az.: 02-3.0.0/79 - Sch.

Lieber Herr Böll,

der Wunsch vieler älterer Mitbürger nach einer Fährverbindung zwischen Bastei und Rheinpark ist auch dem Fährbetrieb Hans Linden bekannt, der die Fähre zwischen dem linken und rechten Rheinufer unterhält. Allerdings wurde die Verbindung so wenig nachgefragt, daß schon vor Jahren eben aus wirtschaftlichen Überlegungen die Fähre eingestellt wurde. Ohne städtische Zuschüsse war der Betrieb nicht in der Lage, die Verluste aufzufangen. Und damit bin ich beim Kern des Problems. Trotz Ihrer freundlichen Fürsprache sind die Fraktionen im Rat der Stadt wagen der Vielzahl der noch zu lösenden Probleme in allen Bereichen nicht zu überzeugen, hier städtische Gelder zuzuschießen.

Ich hoffe, daß Sie meine Haltung in dieser Frage billigen können.

Mit freundlichen Grüßen
Ihr

van Nes Ziegler

… Antwortschreiben des Oberbürgermeisters John van Nes Ziegler

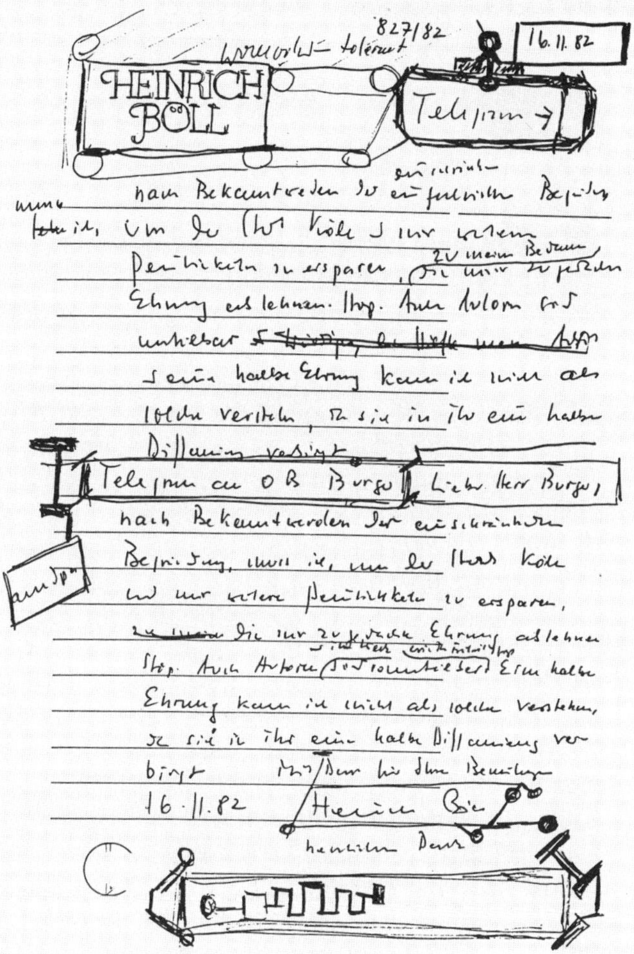

Lieber Herr Burger,

nach Bekanntwerden der einschränkenden Begründung, muß ich, um der Stadt Köln und mir weitere Peinlichkeiten zu ersparen, die mir zugedachte Ehrung ablehnen. Stop. Auch Autoren und ihr Werk sind unteilbar wie die Freiheit selbst. Eine halbe Ehrung kann ich nicht als solche verstehen, da sich in ihr eine halbe Diffamierung verbirgt.
Mit Dank für Ihre Bemühungen

16.11.82 Heinrich Böll

In der Auseinandersetzung um die Verleihung des Ehrenbürgerrechts an ihn, hatte Heinrich Böll schon eine Ablehnung formuliert.

HOCHVEREHRTER HERR BÖLL!

In Ihnen verehrt die ganze literarische Welt einen der bedeutendsten Autoren der Nachkriegszeit. Ihr Werk ist in vielen Sprachen verbreitet; Ihr Name besitzt in der ganzen Welt einen guten Klang; Ihr Wort findet offene Ohren. Die Verehrung, die man Ihnen entgegenbringt und das Ansehen, das Sie genießen, ist zum Ausdruck gekommen in vielen Auszeichnungen, Literaturpreisen, Ehrenmitgliedschaften mehrerer Akademien und in Ehrendoktoraten. Hier sollen nur wenige dieser Auszeichnungen genannt werden: Das Land Nordrhein-Westfalen verlieh Ihnen 1959 den Großen Literaturpreis und in diesem Jahr den Titel eines Professors. 1961 erhielten Sie den Literaturpreis der Stadt Köln. 1972 wurde Ihnen die höchste Auszeichnung zuteil: Sie erhielten den Nobelpreis für Literatur. Unsere Stadt Köln ist nicht zuletzt mit Ihnen wieder eine Literaturstadt geworden. Köln zählte bereits im Mittelalter große Autoren zu seinen Bürgern und war im 15. Jahrhundert eine bedeutende Buchdruckerstadt mit berühmten Offizinen. Mit Ihnen und mit anderen Ihnen freundschaftlich verbundenen Kölner Autoren, für die stellvertretend hier nur der verstorbene Paul Schallück genannt sein soll, ist Köln ein Ort geworden, der in der Literaturgeschichte wieder einen Platz hat.

Es ist daran zu erinnern, daß Sie 1970 Präsident des Deutschen PEN wurden und von 1971–1974 auch Präsident des Internationalen PEN-Zentrums waren. In dieser Position haben Sie mutig und erfolgreich für die Stellung des Schriftstellers und der Literatur in der Gesellschaft gekämpft.

Sie haben für die Autoren das „Ende der Bescheidenheit" beschworen, die „Einigkeit der Einzelgänger" gefordert u. sich dadurch bleibende Verdienste um Ihre Zunftgenossen erworben. Dazu gehört Ihr unerschrockener und hartnäckiger Einsatz für verfolgte Autoren überall in der Welt. Darüber und über mannigfaltige persönliche Hilfeleistungen haben Sie geschwiegen, nie sich gebrüstet. Immer aber findet man Sie auf der Seite der Verfolgten, der Zurückgesetzten, der Schwachen. Ihre Freunde wissen, daß ungezählte Menschen von Ihnen materielle und ideelle Hilfe erhielten.

Mit respektvoller Anerkennung alles dessen u. in herzlicher Verehrung des Menschen

HEINRICH BÖLL

verleiht der Rat der Stadt Köln daher Ihnen, dem Literatur-Nobelpreisträger, dem meisterhaften Erzähler u. Schriftsteller von internationalem Rang, in Würdigung Ihrer Person sowie der Spannweite Ihres literarischen Werkes und Ihres gesellschaftspolitischen Engagements, das auch in Ihren Werken zum Ausdruck kommt, das Höchste, das diese Stadt zu vergeben hat: das

EHRENBÜRGERRECHT
IHRER VATERSTADT KÖLN

KÖLN · DEN 29. APRIL 1983

Bürgermeister — Oberbürgermeister — Bürgermeister

Mitglied des Rates — Mitglied des Rates — Mitglied des Rates

Oberstadtdirektor

Eikel

Urkunde zur Verleihung des Ehrenbürgerrechtes der Stadt Köln.

2 Freitag, 27. September 1985

Böll-Ehrung

Warum nicht „Bölln"?

Hiermit mache ich den Jahrhundertvorschlag, Köln in „Böll" umzubenennen. Dies könnte vielleicht das entwürdigende Politiker- und Bürokratengezänk beenden. Es wäre auch kostendämpfend, da sich die Umstellung durch die Veränderung von zwei Buchstaben bewerkstelligen ließe.

Michael Schmidt
Köln 41

Bei der Eile und dem Eifer, mit dem der Appellhofplatz in Heinrich-Böll-Platz umbenannt werden soll, muß sich der Bürger geradezu freuen, daß seine Stadt noch Köln heißt und nicht Böllstadt.

Andererseits wäre der renommierte Böll für eine Umbenennung unserer Stadt wirklich die Gelegenheit. Schließlich wird man von problembewußten Kommunalpolitikern zuvörderst erwarten dürfen, daß sie uns endlich und schnell mit dem Namen Colonia von der beschämenden Erinnerung befreien, einmal Kolonie gewesen zu sein. Bei Namensänderungen also bitte Dringlichkeit beachten: erst Köln, dann seine alten Plätze.

Werner Huss
Köln 40

Zunächst hatten wir die Umbenennung des Appelhofplatzes mit Genugtuung zur Kenntnis genommen, uns dann jedoch durch die Juristen eines besseren belehren lassen. Was sich daraus ergab: Ratlosigkeit. Wohin mit Heinrich Böll?

Die rettende Idee: der inzwischen nachweisbar unangemessene Name der Breite Straße könnte problemlos durch „Heinrich-Böll-Straße" ersetzt werden. Aber noch mehr: Die Breite Straße geht in die Ehrenstraße über. Warum nicht gleich den ganzen Straßenzug „Heinrich-Böll-Ehrenstraße" nennen oder gar „Heinrich-Böll-Ehren-Straße"?

Peter Bosse
Köln 1

Ich schlage vor, Köln in „Bölln" umzubenennen. Dann kann der Appellhofplatz seinen Namen behalten, und der Platz am Museumsneubau kann heißen, wie er will.

Kurt Fleischer
Köln 21

Heinrich Böll liebte den Rhein. Der Rheingarten hat noch keinen speziellen Namen, der jetzige Ausdruck führt leicht zu Verwechslungen mit dem Rheinpark. Was liegt da näher, als den neuen Rheingarten Heinrich-Böll-Garten zu benennen?

Ulrich Markert
Köln 1

Es fragt sich, ob es noch sinnvoll ist, den Namen Taku-Platz in Köln zu erhalten. Am 17. Juni 1900 schlugen europäische Truppen, darunter auch deutsche kaiserliche, die chinesischen Patrioten (Boxer) bei Taku. Zur Erinnerung an diese unrühmliche Tat hat man in Köln die Taku-Straße und den Taku-Platz benannt. Wäre es nach 85 Jahren nicht besser und sinnvoller, beide in „Heinrich-Böll-Straße" und „Heinrich-Böll-Platz" umzubenennen? Oder hängen wir noch immer an stupider kaiserlicher Tradition?

Franco Vizzari
Köln 91

Heinrich Böll der Jurisprudenz oder den darstellenden Musen anzudienen, mögen manche unglücklich finden. Mein Vorschlag wäre deswegen, den Platz vor der Stadtbibliothek, in der auch das Böll-Archiv aufbewahrt wird, nach ihm zu benennen.

Die Stadt sollte diesen letzten freien Platz im Umfeld öffentlicher Institutionen ohnehin besser nicht verkaufen. Eine Grünanlage stünde uns gut an. Der Haubrichhof könnte so reizvoll verlängert werden. Daß dieser „Böllplatz" auf der anderen Seite von der Firma Math. Lempertz abgegrenzt wird, macht auch einen Sinn, denn in dieser ehrenwerten Firma hat Heinrich Böll eine ordentliche Buchhändlerlehre absolviert.

Henrik Rolf Hanstein
Köln 1

Böll-Ehrung 3. OKT. 1985

Stadtbücherei bietet sich an

Heinrich Böll soll bleibend geehrt werden. Es wäre naheliegend, im Hinblick auf seine Tätigkeit unsere Stadtbücherei am Neumarkt nach ihm zu benennen. Kulturell ist dieses Viertel ja auch sehr interessant, siehe Kunsthalle.

Klaus Schöddert
Köln 41

Kölner Stadt-Anzeiger

3. OKT. 1985

Kein Wanderweg mit Bölls Namen

Weil sie es als ein vermeintliches Vermächtnis des verstorbenen Schriftstellers Heinrich Böll ansah, stellte Ratsmitglied Erika Laudensack (SPD) im Kulturausschuß den Antrag, in Köln einen Wanderweg nach Böll zu bennen. Zu seinen Lebzeiten habe sie als Jury-Mitglied des Kölner Literaturpreises öfters Gelegenheit gehabt mit Böll zu reden und ihn zu bitten, einmal seine Lieblingswege im Severinsviertel, wo seine Familie früher wohnte, aufzuschreiben.

Ein halbes Jahr vor seinem Tode, so berichtete die Antragstellerin weiter, habe Heinrich Böll ihr in einem handgeschriebenen Brief geantwortet, daß er zwar so ein Prominentengetue nicht möge, aber daß man vielleicht später einmal darüber reden könne

Mit den Stimmen von CDU und Grünen wurde der Antrag abgelehnt. Heinrich Lohmer meinte, man werde der Seriösität Bölls damit nicht gerecht und Ingeborg Braunert fand, daß man nur schwer positive Texte von Böll über Köln finde.

Erika Laudensack wurde allerdings gebeten, den Brief als Dokument dem Böll-Archiv zu überlassen. UK

Reaktionen im *Kölner Stadt-Anzeiger* auf die Querelen um die Benennung einer Straße nach Heinrich Böll

Köln gibt's schon, aber es ist ein Traum

Gespräch mit Werner Koch, 1979

Koch: Das Thema dieses Gesprächs ist uns gestellt worden: Köln. Wir beide sind in Köln geboren, wir haben zeitweise in derselben Straße gewohnt, am Ubierring nämlich, die Straßen und Spielplätze unserer Kindheit müssen sich ähnlich gewesen sein. Wir haben in Köln unser Abitur gemacht, wurden Soldat, und gleich nach dem Krieg kamen wir nach Köln zurück und sind bis heute hier geblieben. Somit also, könnte man meinen, eine recht günstige Ausgangsposition für unser Gespräch. Aber, ich habe auch Bedenken. Vielleicht kennen wir Köln und die Kölner zu genau. „Böll und Köln": Das sagt sich leicht daher; verdächtig leicht, wie ich meine, und ich traue dieser Assoziation nicht einmal. „Joyce und Dublin": Das paßt, trifft. „Grass und Danzig": vielleicht. Bei „Böll und Köln" zögere ich. Es macht mich stutzig. Trifft es dich?
Böll: Die Assoziation ist insofern schwierig, macht auch mich immer wieder stutzig, weil ich noch in Köln lebe, hier wohne, mehr oder weniger wohne, während die berühmten Assoziationen Joyce – Dublin, Grass – Danzig ja auf Autoren bezogen sind, die nicht mehr in ihrer Heimat leben und lebten. Ich glaube, da entsteht die Schwierigkeit und der Unterschied. Aus der Ferne, oder aus der Heimat vertrieben, hat natürlich ein Autor eine ganz andere Annäherungsmöglichkeit, die hauptsächlich in der Erinnerung besteht, während bei mir Erinnerung und Alltag, Alltäglichkeit des In-Köln-Lebens ineinander übergehen. Als Autor hat mich Köln nie so interessiert, wie Joyce sich für Dublin interessiert hat. Ich habe überhaupt nicht die geringste Veranlagung oder Begabung zum Lokalpatriotismus. Das ist ein mir völlig fremdes Gefühl, und ich empfinde natürlich auch nicht so etwas wie Dankbarkeit oder Nichtdankbarkeit gegenüber dem Boden, auf dem ich geboren bin.
Koch: Trotzdem: Es gibt ja zahlreiche Aufsätze und Reden von dir zu dem Thema Rhein, Rheinland, Köln. Sie ziehen sich mit geradezu kontinuierlicher Beharrlichkeit durch dein Gesamtwerk. Würde man sie zusammenstellen, käme ein stattliches Buch dabei heraus. Auch von den wenigen Gedichten, die du veröffentlicht hast, sind drei mit „Köln" überschrieben. – Darüber hinaus, sieht man einmal von den Kriegsbüchern ab, läßt sich dein gesamtes literarisches Werk erstaunlich einfach lokalisieren: Köln und nähere Umgebung. Manche deiner Kritiker haben daraus nun geschlossen, daß eben Böll und Köln gut zusammenpassen. Ich teile diese Ansicht nicht. Ich behaupte, daß dieses „kölsche" Milieu weder vaterstädtisches Bewußtsein noch Treue zur Heimat impliziert oder gar programmiert. Ich sehe in „Köln und näherer Umgebung" ganz

einfach Schauplätze, Schauplätze, die du kennst, deren Geruch dir vertraut ist, deren Heimlichkeiten, deren Staub, verstehst du? Und einer deiner Interpreten, Theodore Ziolkowski, hat das als „geography of the soul" definiert. Das finde ich sehr gut.

Böll: Ich glaube, um über Autoren und die Schauplätze ihrer, sagen wir: Romane oder auch die Gegenstände ihrer Essays zu sprechen, muß man sehr lange über den Begriff „Material" reden. Köln, Rhein, Rheinland sind natürlich mein Material, einfach Arbeitsmaterial, Ausdrucksmaterial, so wie ein Maler Farben braucht, ein Musiker Töne ... im allerweitesten Sinne – braucht ein Schriftsteller natürlich Material. Er braucht sehr wenig Material, genausowenig wie ein Maler oder ein Komponist, der dann auf Leinwand oder auf Notenpapier seinen Ausdruck überträgt. Man sollte diesen Begriff „Material" etwas weniger materialistisch interpretieren – die übliche Interpretation ist ja eine materialistische, aber Material ist für mich kein materialistischer Begriff –; man kann auch sprechen vom Lebens-Material, Erfahrungs-Material, Einsichts-Material, sogar – da stimme ich Ziolkowski zu – Seelen-Material. Und ich bin nun mal hier geboren und hab' hier Material gefunden; aber viel mehr ist da nicht. Sehr wenig Material, und aus diesem wenigen Material habe ich offenbar mehr gemacht, als ich mir vorstellen kann.

Koch: Ich sehe da Unterschiede. Nehmen wir irgendeinen Maler, und nehmen wir den Schriftsteller Heinrich Böll. Der Maler unterscheidet zwischen Farben, entscheidet sich für eine, probiert aus, ob ihm die Tönung dieser Farbe paßt oder nicht, und malt. Bei dir dagegen glaube ich, daß es weiter geht; wenn du gestattest: innerlicher. Ich glaube, daß du eine bestimmte Straße – Raderthal, Teutoburger Straße, Ubierring – brauchst, nicht im geographischen Sinne; vielmehr: Du hast die Aura dieser Straße in dir, du könntest da blind durchgehen und wüßtest doch ...

Böll: Nein, nein, eben nicht. Der Vergleich Malerei – Musik – Literatur hinkt, wie alle Vergleiche; aber Hinken ist ja auch eine Fortbewegung und schafft Annäherung. Natürlich unterscheiden sich die Ausdrucksmöglichkeiten von denen der Malerei. Nimm die Farben des Malers: Der nimmt ein bestimmtes Grün, um etwas auszudrücken.

Material und das, was man ausdrücken will, gehören zusammen. Und was ich ausdrücken möchte, geht weit über Köln hinaus. So wie das Grün oder Orange des Malers in Sibirien oder Chile gesehen werden kann, kann dort auch das, was ich ausdrücken will, gelesen werden; oder das, was ein Komponist ausdrücken will, gehört werden. Also, Material und Ausdruckswunsch sind die entscheidenden Worte, glaube ich. Die Mißverständnisse entstehen, weil man Sprache für ein vertrautes Material hält. Ich kenne Köln fast gar nicht; das klingt jetzt sehr komisch, aber es trifft zu. Und in allem, was ich geschrieben habe – ich hab' das jetzt gar nicht so präsent –, ist doch wahrscheinlich auch die Fremdheit drin, die Fremdheit gegenüber der Welt, in dem Falle Köln. Wenn ich in New York geboren wäre, wäre es die Fremdheit New Yorks, oder wenn ich in Bliesheim geboren wäre, wie mein verstorbener Freund Bernd Alois Zimmermann (der Komponist), mit dem ich mich merkwürdigerweise sehr verwandt fühle, dann wär' es Bliesheim. Wir müssen also feststellen, wo das spezifisch Kölnische in dieser Fremdheit drin ist. Das ist das Interessante. Natürlich bin ich hier geboren, das leugne ich ja gar nicht. Ich bin aus dieser Erde gemacht hier, und wenn ich Dankbarkeit empfinde, dann betrifft sie ganz sicher andere Dinge, zum Beispiel wie wichtig für mich als Junge, als junger Mensch etwa so eine Institution wie das Wallraf-Richartz-Museum war. Die Möglichkeit, dies alles zu sehen, was da zu sehen war, von der mittelalterlichen Malerei bis zur modernen – soweit die noch vorhanden war ... Das hat mich ungeheuer beeinflußt; möglicherweise sogar hat das mich zum Schriftsteller gemacht: die Bilder, die ich gesehen habe, nicht das, was ich gelesen habe. Ich glaube, der große Irrtum ... Wenn man so 'nen Autor fragt: Was hat Sie denn so beeinflußt, dann kommt er mit seiner Lektüre, die natürlich auch einen Einfluß hat ... Aber Köln ist mir auch gleichzeitig immer fremd geblieben, wie mir die ganze Erde und die ganze Welt auch fremd geblieben sind. Ich könnte nicht, wie du meinst, blind durch eine Straße gehen. Und wenn ich Straßen betrete, in denen ich als Kind gespielt habe, oder wenn ich dann zufällig an dem Haus vorbeikomme, in dem ich geboren bin, das läßt mich vollkommen kalt. Merkwürdige Kälte kommt dann über mich ... Oder Wohnungen, wo ich gewohnt habe: Manchmal fährt man ja zufällig irgendwo da vorbei, dann denkt man: Ach, da hast du ja mal gewohnt. Das bewegt in mir überhaupt nichts. Eine Kälte, die mich manchmal sogar erschreckt, empfinde ich diesen Gegenständen, diesem Material gegenüber, das ich dann wieder, wenn es kalt genug geworden ist, möglicherweise verarbeite.

Koch: Gerade dazu hast du einmal geschrieben – und zwar in dem Vorwort zu dem Bildband von Chargesheimer *Köln, fünf Uhr dreißig*: „Ich wohne in dieser Stadt, ich bin in ihr geboren. Fragte man mich, ob sie meine Heimat sei, wüßte ich keine Antwort." Das war 1970. Wüßtest du die Antwort heute?

Böll: Nein, ich bin mir nicht klar über das, was Heimat bedeutet, was Heimat ist, eine der wärmsten und schönsten Vokabeln, die für mich immer wieder, sagen wir, metaphysisch überfremdet ist. Ich bin der Meinung, daß wir hier nicht zu Hause sind; ich glaube, ich drücke das auch aus in dem, was ich schreibe. Ich hab' oft mit meinen Kollegen, die ihre Heimat haben verlassen müssen – Grass etwa, Lenz, auch mit Rein-

hard Baumgart, der aus Schlesien vertrieben worden ist –, darüber gesprochen und gesagt: Wenn die Nazis nicht gekommen wären, der Krieg nicht gekommen wäre – eine Hypothese – und ich wäre Schriftsteller geworden, dann würde ich ja wahrscheinlich heute in Berlin leben, verstehst du? Damit ist, glaube ich, über Heimat alles gesagt. Diese Hypothese angenommen – wir würden wahrscheinlich alle in Berlin leben, ja, weil das die Hauptstadt geblieben wäre, auch die intellektuelle Hauptstadt geblieben wäre. Und im Zusammenhang mit Biermann hab' ich dann mal gesagt, daß der in seine Heimat vertrieben worden ist. Er wäre ja gern in Berlin geblieben und ist nach Hamburg vertrieben worden durch die Ausweisung aus der DDR. Also, ich kann Worte wie Heimat nicht anders als eben auch mit diesem metaphysischen Beiklang sehen.
Koch: Trotzdem ist für dich, wie ich glaube, Köln mehr Heimat als, zum Beispiel, die Bundesrepublik Deutschland.
Böll: Das ist immer so gewesen. Ich glaube, das betrifft jeden Menschen. Heimat ist nicht identisch mit dem Ort, in dem man geboren ist und in dem man aufwächst. Zu einem Staat gehört man, man ist Staatsbürger, hat seinen Paß, man zahlt seine Steuern, verhält sich loyal. Aber Heimat ist ein tieferes Wort, das nichts mit Rechten oder Pflichten zu tun hat.
Koch: Du selber hast einmal geschrieben, eigentlich gäbe es zwei Köln: das deiner Jugend und das zerstörte Köln. Seit fast 30 Jahren gibt es natürlich auch ein neues, wieder aufgebautes Köln. Zu diesem Köln hast du, scheint mir, ein eher distanziertes Verhältnis. Willst du mir darin recht geben? Du selber hast einmal zwischen alter und neuer Heimat unterschieden.
Böll: Ich hab' zu allen Kölns ein distanziertes Verhältnis. Es gibt inzwischen ja noch ein viertes Köln, das ich das Auto-Köln nenne. Es gibt natürlich auch ein Auto-Frankfurt, ein Auto-München, ein Auto-Hamburg ... mögen die Leute, die dort wohnen oder dort geboren sind, sich dazu stellen. Ich glaube, daß alle Städte von den Autos zerstört werden, und ich will mich jetzt gar nicht in lange Spekulationen einlassen, daß eine Art Heimatvertreibung durch die Autos auf die Dauer stattfinden wird. Also, nennen wir dieses vierte Köln das Auto-Köln. Eine Stadt wie jede andere, eine Großstadt mit ihren paar hunderttausend Autos, die auch den Rhein fast unzugänglich machen. Diese schöne Promenade, die die Stadt Köln gebaut hat, die ich wirklich herrlich finde, auf der ich sehr gerne spazierengehe oder spazierengehen würde, die fast von der Mülheimer Brücke bis Rodenkirchen durchgeht, sehr schön, bisher durch den Autoverkehr fast abgesperrt, auch durch den Krach. Die Ruhe des Rheins ist verloren, nennen wir das so; auch durch die Schiffe natürlich, durch neue Techniken, neue Transporttechniken. Und gerade das, die Ruhe des Rheins, die in meiner Erinnerung sehr tief ist – als Kind, als

Junge, auch als junger Mensch –, die ist verloren durch die Autos, durch den Verkehr; und der Rhein ist mir natürlich immer viel wichtiger gewesen und sitzt tiefer als Köln.
Koch: Du hast immer einen melancholischen Rhein gesehen und niemals einen heiteren.
Böll: Nein, ich seh' den auch nicht heiter. Sehr schön, aber nicht heiter.
Koch: Aber damals gab's keine Autos.
Böll: Die, sagen wir: melancholische Optik hängt nicht mit den Autos zusammen. Die ist gegeben. Wir leben nun mal hier am Niederrhein, und er hat seine Melancholie. Ich rede jetzt über den Lärm und über die Zerstörung der Städte durch die Autos, die Zerstörung der Ruhe des Rheins durch die Autos.
Koch: Läßt sich das verhindern?
Böll: Ich weiß es nicht. Ich glaube, das hängt mit der Ideologie „Wachstum" zusammen, und wenn die sich ganz reduziert, wenn das Wachstum nur noch aus Autos besteht und Straßen für diese Autos, dann sehe ich da bedenkliche Dinge in der Zukunft. Ich habe keine Lösungsvorschläge. Ich sehe nur dieses Phänomen Wachsen und Wachsen und Wachsen und den Stolz auf die gesteigerte Produktion. Ich hab' selbst ein Auto (...) ich weiß gar nicht, ob ich das Auto überhaupt brauche. Aber ich sehe da eine große Gefahr für die Städte, nicht nur in der Bundesrepublik.
Koch: Ich weiß. Du hast auch einmal, als du hier in diese Straße gezogen bist, in die Hülchrather Straße ... darüber hast du ein Essay geschrieben, bevor du hierhin zogst. Ich glaube, das war 1969. Vorher hast du 15 Jahre im Grünen gewohnt. Du bist dann hierher gezogen, und wenn ich mich recht erinnere, hast du als Hauptmotiv angegeben, du wolltest wieder zum Rhein.
Böll: Auch das. Aber vor allen Dingen bin ich, was ich im Grünen so schlimm finde wie die Autos, vor den Rasenmähern geflohen, die sich da jetzt verbreiten, auch in den Dörfern. Der Traum vom englischen Rasen sitzt offenbar so tief wie der Traum von der englischen Kleidung oder vom englischen Aussehen, das wir natürlich nie erreichen. Und ich stelle mit Schrecken fest, daß auf den stillsten Dörfern, wo früher Bauernhöfe waren und so ein bißchen Mist und Hühner drumherum, daß da überall Rasen entsteht und die ganze Welt voller Rasenmäher ist. Also, damals aus Müngersdorf bin ich an den Rhein, in die Nähe des Rheins vor den Rasenmähern geflohen ... (Böll lacht) ... die ja ähnliche Geräusche produzieren wie Autos.
Koch: Du hast übrigens nie in deinem Leben, von Kindheit an, direkt am Rhein gewohnt.
Böll: Immer in der Nähe des Rheins. Ich bin in der Teutoburger Straße geboren, das war nicht weit vom Rhein.

Koch: Und du gehst auch heute noch am Rhein spazieren?
Böll: Immer, ja – wenn's still ist.
Koch: Zu Fuß?
Böll: Zu Fuß, natürlich, es ist ja nicht weit, es sind nur ein paar Minuten.
Koch: Ich möchte wieder auf Köln zurückkommen.
Böll (lachend): Ja, ja – bitte.
Koch: Du hast sehr früh, 1953 nämlich, geschrieben, daß es etwas gebe, was dich zu Köln hinziehe. Es heißt da: „Etwas spricht für Köln, etwas sehr Bedeutsames. In keiner Stadt Deutschlands hat Hitler sich so wenig wohl gefühlt, hat er sich so selten blicken lassen. Und die Kölner haben etwas penetrant Unmilitärisches. Das spricht für Köln." Einverstanden. Nur: Reicht das?
Böll: Es ist *eine* Komponente für mein relatives Wohlbefinden im Rheinland. Ich habe immer einen Zettel bei mir, in meiner Brieftasche; eine Statistik über die Wahlergebnisse bei der ersten Nazi-Wahl 1933, ich glaube, im März 1933. Die Wahl, die erfolgte, nachdem die politischen Gegner eingesperrt waren, nachdem die Sozialdemokraten, die Kommunisten im KZ waren, viele schon emigriert. Bei diesem Wahlergebnis hat der Gau ... wie hieß das? Gau Köln–Aachen hieß das, glaube ich ... nur 30 Prozent Nazi-Stimmen. Übrigens gleich mit Berlin – sehr interessant. Und diese Tatsache läßt mich hier lieber leben als anderswo. Das kann ich nicht leugnen.
Koch: Immer noch?
Böll: Immer noch. Zwischen Köln und Aachen fühle ich mich verhältnismäßig sicher. Das ist sehr komisch. Aber ich hab' das eben erlebt, diesen Nazi-Terror, als Kind fast. Der geht mir nicht aus den Knochen. Und diese Tatsache, daß trotz massiver Propaganda, trotz massivem Terror immerhin nur – es sind ja genug – 30 Prozent der, sagen wir: klassischen Rheinländer die Nazis gewählt haben, flößt mir ein gewisses Vertrauen auf diese Landschaft ein und auf ihre Bewohner, die eine alte demokratische Tradition haben. Ich hab' das mal meinem Freund und Kollegen Günter Grass klarzumachen versucht, daß das sehr kompliziert ist mit Sozialdemokratie und Rheinland. Aus diesem Grunde auch. Es hat nicht viel gebracht. Es hat im Rheinland den Nazi-Terror gegeben. Es hat die Vertreibung und Ermordung unserer jüdischen Mitbürger auch hier gegeben. Trotzdem empfinde ich dieses Wahlergebnis ... immer noch hat das für mich etwas Tröstliches. Die geringe Anfälligkeit für Demagogie, Mißtrauen gegenüber bombastischer Autorität, das steckt hier drin. Das steckt natürlich auch in Köln und ist ein großer Pluspunkt.
Koch: Du hast einmal über den ersten großen Nazi-Aufmarsch Anfang 1933 ...
Böll: 1. Mai, ja.

Koch: Du weißt sogar das Datum?
Böll: Natürlich, es war der erste große Mai-Aufmarsch.
Koch: Damals warst du 15, und du hast geschrieben, du hättest am Chlodwigplatz gestanden und dir das mit angesehen ...
Böll: Mit meinem älteren Bruder, ja.
Koch: Was hast du empfunden?
Böll: Ich habe ein Gemisch aus Schrecken und Lächerlichkeit empfunden. Es war eine blutige Lächerlichkeit in diesem Aufmarsch. Ich kannte die Nazis aus Straßenkämpfen, und ihre Straßenbrutalität war mir vor '33 schon begegnet auf meinem Schulweg ... öfter, und auch dort, wo wir wohnten. Aber dieser Aufmarsch, was da alles so zusammengetrommelt war an Straßenbahnern, an SA-Leuten, Arbeitsfront – ich weiß nicht mehr ... Das kann ich nur als blutige Lächerlichkeit bezeichnen. Schrecklich, aber gleichzeitig auch etwas Absurdes. Ich hab' mir das sehr genau angesehen. Ich weiß noch genau, wo ich am Chlodwigplatz gestanden habe, mit meinem älteren Bruder: Wo später dann die Sparkasse war; da ist jetzt was anderes – so Ecke Karolingerring, auf der dem Severinstor zugewandten Seite. Ich weiß genau, ich erinnere mich, wir haben uns das angeguckt.
Koch: Nimm mal an, du müßtest mir Köln zeigen, dein Köln ... Wohin würdest du mit mir gehen, und was erscheint dir bei einem solchen Stadtbummel nebensächlich oder gar überflüssig?
Böll: Ich zeige sehr oft Köln ausländischen Freunden, die mich besuchen, die so eine vage Vorstellung haben von *cathedral* und so weiter. Und ich hab' da einen bestimmten Gang. Ich geh' zuerst nach St. Maria im Kapitol, versuche denen klarzumachen, was das früher für ein herrliches, fünfschiffiges Gebilde war, zerstört, wieder aufgebaut, aber im Grunde ist die Stimmung nicht rekonstruierbar; und dann gibt's da eben eine Madonna, die mich sehr reizt, die ich sehr liebe. Es ist eine ganz alte, häßliche, fast noch Erdmutter. Dann geh' ich mit diesen Freunden nach St. Georg ... also du siehst, lauter romanische Kirchen ...
Koch: Ja, und St. Georg ist, wie du geschrieben hast, für dich eine Meuterer-Kirche.
Böll: Nein, St. Gereon.
Koch: Ah, Entschuldigung.
Böll: Also, so weit sind wir noch nicht ... Und ich versuche dann denen die St.-Johann-Kirche in Reproduktion zu zeigen; das war eine sehr schöne, ebenfalls fünfschiffige Kirche an der Severinstraße, die total zerstört ist. Dann geh' ich die Severinstraße bis zur Severinskirche, die für mich persönlich sehr wichtig war. Wir haben da in der Nähe gewohnt, fast immer; und ich hab' da meinen Kirchgang absolviert, mehr oder weniger freiwillig. Dann fahren wir nach Gereon, und auch ins

Praetorium fahren wir runter mit dem Fahrstuhl; ich zeige dieses römische Gestein und diesen römischen Staub, der da immer noch liegt ... es riecht ja auch nach Staub da. Und dann gehen wir auch mal in den Dom. Ich meine, der gehört ja zu Köln, und innen ist er wunderbar. Ich liebe den Dom innen sehr, außen mag ich ihn nicht.

Koch: Das überrascht mich. Du hast immer behauptet, der Dom sei ziemlich unwichtig ...

Böll: Die Türme des Doms stören mich. Ich find' die überflüssig. Ich find' das viel schöner, dieses mittelalterliche Provisorium mit dem Kran. Die Preußen haben ja den Dom dann gebaut und diesen ganzen vaterländischen Scheiß drum gemacht. Das hängt für mich daran. Die Domtürme sind für mich ein Hohenzollerngebilde, und die mag ich nun mal nicht ... Ich gehe aber auch ins Wallraf-Richartz-Museum mit meinen Freunden und ins Römisch-Germanische auch. Ich finde, das ist wirklich gut illustriert und zeigt also, was so alles an Vergangenheit und Vergänglichkeit im Boden dieser merkwürdigen Stadt verborgen war und ist ... Dann geh' ich am Rhein spazieren mit ihnen, weil das für mich sehr wichtig ist, und zeige die Brücken. Köln ist ja eine Brückenstadt ... Na ja, dann gehen wir auch essen; es kommt darauf an, wieviel Zeit ich habe, nicht? Pantaleon, wenn wir Zeit haben – ist ja meistens dann doch ein Tagesunternehmen. Aber das ist Köln, und ich weiß, daß das ein fast fiktives Köln ist, weil die Kirchen, die ich meinen Freunden zeige ... da ist ja keine Gemeinde mehr darum. Kunibert muß ich noch erwähnen, was ich sehr liebe und wo ich oft hingehe ... Nein, Köln gibt's schon, aber es ist ein Traum.

Koch: Trotzdem: Es ist bei dir vor allem das Köln der Kirchen.

Böll: Ja, ja. Das andere ist ja nicht mehr da. Ich kann ja nicht meinen Freunden die Severinstraße zeigen, wie sie mal war; oder den Eigelstein oder die Viertel zwischen dem jetzigen Theodor-Heuss-Ring und dem Dom oder ... Es ist ja alles durch die Autos zerstört und durch die Autobahnen. Außerdem ist Köln ja wirklich im Kern getroffen worden im Krieg. Die Altstadt ist zerstört, weil die Bevölkerung nicht mehr da ist, die Menschen nicht mehr da sind; und vielleicht findet man noch Reste dieses Kölns in Ehrenfeld, in manchen Vierteln. Da hat sich das ja so etwas kolonisiert. Aber das, was Köln zu einer wirklich lebendigen und für mich immer wieder, ich muß das betonen, niederländischen Stadt gemacht hat (ich habe mich immerhin in Antwerpen zum Beispiel an Köln erinnert gefühlt, auch in Gent und diesen Städten: die engen Straßen und die Bevölkerung, die Menschen, die da wohnten): Dieses merkwürdige städtische Proletariat, das ist nicht mehr da ... St. Peter muß ich noch erwähnen, ich möchte keiner Kölner Kirche unrecht tun; auch St. Cäcilien, obwohl ich das für eine blasphemische Einrichtung halte: eine

Kirche als Museum für kirchliche Kunst einzurichten. Aber da bin ich als Junge, wenn ich die Schule schwänzte, spazierengegangen, durch Köln, durch diese Altstadt, hab' die Leute gesehen, hab' gerochen, wie du sagst. Das ist weg und auch nicht rekonstruierbar. Damit ist natürlich auch viel vom, sagen wir: Geist und Ungeist der Stadt weg. Denn die Kölner haben ja auch was Mies-Arrogantes, fühlen sich aus irgendeinem Grunde jedem überlegen. Ich weiß bis heute nicht, wieso eigentlich. Wenn man in Köln geboren ist, ist das ein Adelstitel? Oder was? Aber es gibt diese kölsche Arroganz, die mich immer gestört hat, die mir immer widerwärtig war.

Koch: Du meinst aber jetzt nicht Adenauer?

Böll: Nein, nein, och wat! (Lachen) Nein, nein – da können wir noch drüber reden, nicht? Diese Arroganz ist völlig unabhängig vom sozialen Status. Die hat's also immer im Kölner Proletariat genauso gegeben wie bei den Bürgern. Irgendwie fühlen die sich, was weiß ich, als was Besseres, weil sie hier geboren sind. Ich hab' das nie kapiert.

Koch: Das überrascht mich.

Böll: Es gibt eine große Kölner Arroganz ...

Koch: ... ja, ja, das überrascht mich, und ich glaube es nicht, weil es ja nicht nur eine typisch kölsche Arroganz ist. Dieselbe Arroganz findest du auch in Berlin. Der Berliner ist stolz, für mich auch bis zur Unerträglichkeit stolz und hat auch diese Arroganz. Ich glaube nicht, daß das eine wirklich typisch Kölner ...

Böll: ... es gibt eine typisch westdeutsche Arroganz. Bei den Berlinern gibt's das auch, gut, oder Hamburgern ... Aber hier hat die so eine merkwürdige Begründung, die mit dem Alter der Stadt zusammenhängt. Da bildet man sich Gott weiß was ein, weil Köln 2000 Jahre alt ist. Was bedeutet das eigentlich? Ich empfinde das als arrogant, auch immer arrogant gegenüber Menschen, die östlich des Rheins wohnen. Schon Deutz ist ja fast unerträglich ...

Koch: ... die „schäl Sick" ...

Böll: ... das geht dann bis zu der krassen Formulierung, daß da schon Sibirien anfängt und so weiter. Diese Arroganz meine ich, die fast römisch ist. Die Römer haben ja auch diese Arroganz gehabt gegenüber den Germanen.

Koch: Ja, nun sind die Römer nicht recht über den Rhein rübergekommen. Die hat man da verhauen. Und ich glaube dir noch immer nicht. Alle Ströme, überall auf der Welt, trennen Städte.

Böll: Ja, Warschau auch. In Warschau gibt es auch diese Trennung. Aber ich glaube, hier ist sie einfach begründet durch dieses ständige Sichberufen auf das Alter der Stadt und auf die römische Vergangenheit und was weiß ich. Und ich hab' das immer als Arroganz empfunden und gleichzeitig als Anbiederung. Wenn du also irgendwo rumliefst, beim Militär oder wie die Scheißorganisationen alle hießen, und da merkte einer, daß du aus Köln bist, kam sofort dieses Schulterklopfen und so. Und das hat mich angekotzt. Einer der Gründe, warum ich also bis heute eine wahrscheinlich unbegründete Abneigung gegen Platt habe. Ich kann sehr gut Kölsch in allen Variationen. Aber ich bringe es nicht über die Lippen, weil es für mich mit diesen Anbiederungsversuchen zu tun hat. Wenn man beim Militär und – ich wiederhole: anderen Scheiß-Organisationen ähnlicher Art so jemand traf, der war sofort, als wenn man einen Bruder träfe. Was verbindet mich mit denen? Nichts hat mich mit denen verbunden, verstehst du. Diese Mischung aus Arroganz und Anbiederung ... ich weiß nicht, ob das auf andere Städte zutrifft.

Koch: Eines fällt mir auf, nämlich: Du hast niemals über die Kölner Mundart geschrieben. Auf den ersten Blick für einen Schriftsteller überraschend.

Böll: Das kann noch kommen. Das ist bei mir ein regelrechter Komplex, der entstanden ist durch diese Anbiederungsversuche, die immer mit Arroganz, so eine Art Vereinnahmung ... ah, mer sin jo us Kölle, nit? ... Was heißt das? Was interessiert mich das? Und ich lese sehr viel in dem Wrede. Ich finde die kölsche Mundart hochinteressant, nicht nur philologisch. Und vielleicht werde ich diesen Komplex überwinden. Ich werde nie kölsch schreiben können, das ist vorbei. Aber die Reize des kölschen Dialekts in seinen verschiedenen Variationen sind mir durchaus klar.

Koch: Wenn du einmal über Köln schreibst, dann bin ich gespannt, wie du das Wort „Jrielächer“ einem Nicht-Kölner beizubringen versuchst.

Böll: Ich will's versuchen. Es ist fast unübersetzbar und sehr kölsch, definiert einen Menschentyp, der mir bis heute widerwärtig ist.

Koch: Da sind wir wieder bei Adenauer.

Böll: Adenauer war nicht widerwärtig.

Koch: Aber ein Jrielächer.

Böll: Nein, war er auch nicht. Ich habe über Adenauer geschrieben, ich leugne das nicht, ich nehme auch nichts zurück. Ich hab' das noch mal gelesen. Es ist hart, möglicherweise, aber es ist über ein Buch ...

Koch: ... über seine Memoiren ...

Böll: ... über seine Memoiren. Ich habe ein Buch gelesen, das Adenauer geschrieben beziehungsweise publiziert hat, hab' das Buch analysiert und hab' das rausinterpretiert, was für mich darin war. Aber ich würde mich doch hüten, Adenauer unter die Jrielächer einzureihen. Es ist eigentlich eine Konfrontation von Generationen, von Schichten auch, man kann schon sagen: Klassen. Diese selbstsichere, selbstgefällige kölsche Bürgerlichkeit, wie sie sich in Adenauer auch ausdrückt, auch die Überheblich-

keit, ist mir – auf eine andere Weise – so widerwärtig wie die Jrielächer auf einer anderen Ebene; nicht so sehr, was meinen Magen betrifft, sondern was mein Gehirn betrifft. Also nicht Widerwärtigkeit nur als Ekel, sondern auch als Bewußtseinsprozeß. Und wir können ruhig weiter über Adenauer reden. Daß er Größe hatte, würde ich nie bestreiten. Das hat ja gar nichts damit zu tun. Ich glaube einfach, daß er zu lange regiert hat, daß er sechs, sieben, acht Jahre wirklich wichtig war für die Bundesrepublik. (...)
Koch: Kommen wir über Adenauer zum sogenannten Kölner. Es ist mir klar, daß wir mit den gängigen Pauschalphrasen nicht weiterkommen. Du selber hast dich oft und unterschiedlich, immer aber, wenn ich das recht sehe, liebevoll über die Kölner geäußert. In deinen Romanen sind diese Stadt und die Menschen, die in ihr leben, nicht die Welt, natürlich nicht, aber: Du hast den Kosmos komprimiert und mit den Typen und Straßen dieser Stadt angefüllt. Du hast dich, wenn ich nicht irre, nie auf den Kölner festgelegt; wahrscheinlich, weil es ihn nicht gibt. Du hast gesagt, zu Hause seist du, „wo ich die Bekannten kenne“, die „alten Gesichter“. – Sind diese „alten Gesichter“ deshalb alt, weil du sie von früher kennst, von Kindheit an, oder weil sie bei aller Anonymität dein Vertrauen haben?
Böll: Das hat mit Vertrauen und Nicht-Vertrauen gar nichts zu tun. Es sind einfach Gesichter, die ich wiedererkenne. Sagen wir Leute, die ich – was weiß ich – 1935 oder früher auf der Straße gesehen habe: ein junges Mädchen. Und ich gehe spazieren und sehe plötzlich dieses junge Mädchen als alte Frau. Ich erkenne aber ihr Gesicht wieder. Ein merkwürdiger Vorgang. Leute, mit denen ich nie gesprochen habe, die ich auch nie ansprechen würde, die ich aber kenne. Das hat nichts mit Vertrauen zu tun, sondern das ist einfach die Bewegung der Menschen innerhalb einer Stadt. Man geht durch diese Stadt – ich bin früher viel spazierengegangen, heute weniger, weil sie mir zu laut ist –, und plötzlich sehe ich ein Gesicht. Ich denke, Mensch, das kennst du doch, ein junger Mann, älterer Mann, und denke, mein Gott, den hast du schon mal gesehen. Vor 20 Jahren, vor 30 Jahren. Das sind die Unbekannten, die ich kenne.
Koch: 1962 schreibst du: „In seinen besten Stunden ist Adenauer fast ein so guter Komiker wie Millowitsch ...“
Böll: Hab' ich geschrieben? Wo denn?
Koch: Als „Lohengrin“.
Böll: Ach so. Ach, der „Lohengrin“.
Koch: Das war 1962, liegt 17 Jahre zurück. Ich glaube, heute würdest du dich so liebevoll nicht mehr äußern, oder?
Böll: Wahrscheinlich nicht. Aber, bleiben wir ein bißchen noch bei Millowitsch, den ich wirklich für einen guten Schauspieler und auch für

einen sehr guten Komiker halte. Aber durch ihn wird ein falsches Bild von Köln verbreitet. Da wird etwas Kölsches in die ganze Welt transportiert, von Amerika bis in die Südschweiz. Es ist nicht Millowitschs Schuld. Er hat nicht die richtigen Stoffe, er hat keinen Gegenwartsstoff, er hat seine alten Klamotten. Da wird ein Image von Köln verbreitet, mit dem man dann immer konfrontiert wird; wenn man irgendwen mal trifft, und der merkt, du bist auch aus Köln – dann kommt plötzlich dieses Klamotten-Köln raus; und jeder Kölner wird in die Rolle der sogenannten Stimmungskanone gedrängt. Das ist eigentlich sehr schade. Die Verdienste des alten Millowitsch-Theaters waren die Parodien. Die Parodie auf etwa den Zigeunerbaron, sagen wir: Eine modische Operette wurde kölsch parodiert. Und da kam natürlich eine witzige Dimension rein, die auch ihre Bosheit hatte. Parodie muß ja auch boshaft sein. Wenn das Millowitsch-Theater aktuell geblieben wäre, hätte zum Beispiel ein Stück über Adenauer gemacht – Millowitsch hätte den Adenauer gespielt, eine Komödie, Klamotte vielleicht sogar ... dann hätte das Leben behalten.
Koch: Vielleicht ist er zu bange? Da hätte die Stadt Köln ihm noch weniger Zuschuß gegeben.
Böll: Och, das kann ich nicht beurteilen, finde ich auch uninteressant. Man muß wissen, was man ausdrücken will. Auch als Volkstheater. Und Volkstheater hat eine große Bedeutung. Man könnte auch ein Stück über aktuelle Probleme in Köln machen. Ich kann es nicht schreiben, weil ich nicht kölsch schreiben will. Aber dadurch, daß dieses Klamotten-Köln ... wogegen nichts einzuwenden wäre; man kann auch Klamotte machen, aber sie muß eine gewisse Aktualität haben ... Millowitsch ist ja ein wichtiges kölsches Element, da muß man drüber sprechen. Ich finde das sehr schade, daß die Potenz eines Volkstheaters, was sehr wichtig ist, verspielt wird und auch auf billige Lacher und Tricks sich verläßt. Ein wirklich witziges, parodistisches Stück über Kölner Politiker, meinetwegen auch über den Kölner Klerus, warum eigentlich nicht?
Koch: Ich wiederhole: Der ist zu bange.
Böll: Schade, schade. Nein, ich vermute gar nicht, daß Herr Millowitsch zu bange ist, das will ich ihm gar nicht unterstellen. Er hat die Stoffe nicht. Er muß ja die Stücke auch haben.
Koch: Gibt's keine Kölner Autoren, die das könnten?
Böll: Ich weiß es nicht, ich hab' keine Ahnung. Aber es ist sehr schade, daß dieses verstaubte Klamotten-Köln immer wieder rauskommt. Ein Stück über Adenauer wär' doch doll. Wenn Millowitsch Adenauer spielt, wär' doch doll. Das könnt' der gut. Aber nicht so gemütlich.
Koch: Wer spielt dann den Gegenpart von Adenauer?
Böll: Ja, den gibt's ja gar nicht, der hat ja nie einen Gegenpart gehabt.
Koch: Also ein Einmannstück?

Böll: Ein Einmannstück mit einer devoten Umgebung.
Koch: Nun: Heute gibt es den Millowitsch. Zu deiner und meiner Jugend gab's den Ostermann. Und natürlich hängen Millowitsch und Ostermann irgendwie mit Karneval zusammen.
Böll: Millowitsch nicht so sehr. Das ist ja ein Dauertheater, unabhängig von der Saison. Ostermann auch nicht ganz. Manche seiner Lieder oder Schlager, wie man das nennen will, sind ja unabhängig von der Karnevalssaison.
Koch: Aber der Ostermann war doch, sagen wir: kölsch – wogegen der Millowitsch seine Zuschauer, seine Bewunderer, seine Lacher weit über das Rheinland hinaus sucht.
Böll: Ja, auf der ganzen Welt.
Koch: Und das hängt mit der Entwicklung des Kölner Karnevals zusammen, den du übrigens mal die „drei pfäffischen Tage" genannt hast: Dieser Karneval ist zum Kommerz geworden.
Böll: Exportartikel, ja, natürlich. Das war er immer. Also, dieser Karneval des Karnevalszuges ist ja noch nicht sehr alt. Wie alt ist das ... 150 Jahre, glaube ich, diese Art von ... mit den Kappen und Sitzungen und diesem ganzen bürgerlichen Scheiß, der ist nicht alt.
Koch: 1823.
Böll: Den wollen wir mal streichen.
Koch: „Karneval" aus dem Protokoll streichen?
Böll: Nein, nur diese Art Karneval. Aber der Straßenkarneval, der ja viel ältere Wurzeln hat als Köln – über Köln hinaus, den wir in Mainz, auch in Nijmegen und in Holland finden ... Aber, ich möchte doch betonen, daß nicht alle Leute sich kommerzialisieren lassen. Die Leute feiern ja auch immer noch auf der Straße oder in ihren Vierteln und sind eigentlich trotz der Kommerzialisierung, auch durchs Fernsehen, das spielt ja dabei eine große Rolle ... hat das noch immer seine Reize.
Koch: Nicht mehr für den Zuschauer.
Böll: Zuschauen hat überhaupt keinen Sinn im Karneval. Da muß man mitmachen. Das wie einen Film ablaufen lassen oder so angucken, halte ich für völlig sinnlos. Im exotischen Film kannst du dir auch Neger angucken, genau dasselbe.
Koch: Wo eigentlich gibt's denn noch den guten, echten, bewußten Kölner. Dein Vater ...
Böll: Der war kein Kölner, der kam aus Essen; die Familie stammt vom Niederrhein. Meine Mutter war auch keine Kölnerin. Sehr interessant: erste Generation Köln ...
Koch: Was war an deinem Vater kölnisch?
Böll: Mein Vater hat Köln geliebt. Er ist hierher gekommen als junger Mensch, das war für ihn der Traum seines Lebens, aus diesem Essen weg.

Wie gesagt, also mitten im Kruppschen Getümmel, fast vor dem Fabriktor geboren. Sein Vater war selbständiger Schreinermeister, und mein Vater sehnte sich auch nach Freiheit und Selbständigkeit und hat sich dann in Köln niedergelassen als 25jähriger, glaub' ich, und hat dann mutig sich selbständig gemacht. Der hat Köln sehr geliebt, aber er war kein Kölner. Die schöne alte Stadt mit ihren Kirchen und ihrer Geschichte, auch ihrer Freiheit, hat ihn gelockt. Das war für ihn ungeheuer. Und ich vermute – wir haben da nur andeutungsweise darüber gesprochen –, er war antikruppisch erzogen von meinem Großvater, der ein großer Gegner Krupps war und auch des nach damaligen Begriffen definierten Liberalismus ... antipreußisch, antimilitärisch und so weiter. Wahrscheinlich, oder ziemlich sicher, war das Kölner Milieu in seiner relativ demokratischen Gelassenheit und Freiheit eine ungeheure Verlockung und auch ein Gewinn für meinen Vater.
Koch: Habt ihr zu Hause kölsch gesprochen?
Böll: Nein, ich habe aber Kölsch gelernt, auf der Schule, auf der Straße. Mein Vater konnte kein Kölsch, meine Mutter auch nicht; sie war aus Düren; sie hatte so ihren rheinischen Dialekt, aber kein Kölsch.
Koch: Hast du mit deinen Kindern je kölsch gesprochen?
Böll: Nein, haben wir auch nicht. Ich hab' ja einen Komplex, den ich eben definiert habe. Meine Kinder haben es auch leider nicht gelernt, weil damals, als die in die Schule gingen und groß wurden, ja kaum noch Kölner in Köln waren. Das war so die Zeit, als hier so fast 60 bis 70 Prozent Flüchtlinge wohnten.
Koch: Aber jetzt sagst du „leider" ...
Böll: Ja, ich finde das schade. Ich finde, jede Sprache, die ausstirbt, ist ein Grund zum Trauern – und auch ein Dialekt, der ausstirbt ... Er stirbt ja nicht aus: Es gibt ja die Bläck Fööss. (Lachen) ... Da ist für mich was sehr Kölsches drin bei denen und setzt sich auch etwas fort oder hat sich wieder etwas gebildet.
Koch: Reden wir mal vom „Kölnischen an sich". Was gehört dazu? Rhein, Dom, Karneval (der Wein sicher nicht; der Kölner ist gewöhnlich Schnaps- und Biertrinker), Kirchen, Madonnen, Römisches, was immer das sei, der „Kölner Klüngel", Tünnes, Schäl, Jrielächer ... alles kölnisch. Aber was ist es nun wirklich? Das zerstörte Köln, hast du einmal geschrieben, „hatte, was das unzerstörte nie gehabt hatte: Größe und Ernst". Welche Größe, welchen Ernst?
Böll: Ich meine folgendes: Köln hat sich eigentlich immer unernst durch die Geschichte geschlängelt, was den Klerus betraf, was die Politik betraf, was das Kaiserreich betraf – das ja nicht sehr populär war ... so durchgeschlängelt. Nichts dagegen zu sagen. Und der Ernst, der wirklich tödliche Ernst der Geschichte hat diese, sagen wir: leichtfertige Stadt im

Zweiten Weltkrieg getroffen. Was ich eben gesagt habe: Köln ist im Kern zerstört. Das, was wirklich Größe und Vulgarität – und die Größe der Vulgarität – ausgemacht hat, diese Altstadtbevölkerung ... ist nicht mehr da. Und plötzlich kam der Ernst der Geschichte durch die Bombenangriffe, durch das Verwickeltsein in eine wirklich mörderische Geschichte. Und da hab' ich eben, wie ich das damals geschrieben habe, in Köln Größe entdeckt. Das zerstörte Köln hatte diese Größe auch in seiner Stille, es war eine ungeheuer stille Stadt. Ich habe darüber mal geschrieben in irgend so einem Trümmer-Essay, wie still die Stadt war und wie man jeden Stein fallen hörte, der aus irgend so einer Mauer herausbröckelte. Und die ersten Versuche – so '45, '46, '47 dann mit dem Knolly-Brandy, oder wie das Zeug heißt –, Karneval zu feiern und den Unernst wieder aufkommen zu lassen, sind ja kläglich gescheitert. Ich erinnere mich dieser merkwürdigen Festivitäten, die eigentlich sehr traurig waren. Damals, als ich aus dem Krieg nach Hause kam, hab' ich das so empfunden, wie du das eben zitiert hast, und das ist mir geblieben. Aber der Unernst der Kölner hat mich auch als Junge immer geärgert und gereizt. Man meint ja immer, Humor und Ernst wären Widersprüche – im Gegenteil: Die gehören zusammen, und wenn man den Humor nicht verlieren kann, hat man keinen. Man kann nicht immer Humor haben. Das ist das Schreckliche am kommerziellen Kölner Karneval, daß da permanent Humor produziert wird, oder gezeigt oder demonstriert oder fabriziert wird. Thomas Liessem, der verstorbene, hat einmal gesagt: „Wir haben doch" – und er meinte sein Festkomitee – „in Köln den Humor wiederaufgebaut." Damit ist nicht alles, aber viel über diese Art Humor gesagt. Sieh dir die todernsten Gesichter der Elferräte an: Du bekommst das Heulen. Also, über diesen Kölner Humor können wir nicht sprechen, der ist mir zu fremd ... Manchmal wird ja das Rheinland mit Köln verwechselt, und die Kölner verwechseln sich selbst mit dem Rheinland. Das halte ich für einen gewaltigen Irrtum. Köln hat seine Größe immer noch, und zu dieser Größe gehört auch eine gewisse Vulgarität, die etwa eine sehr rheinische Stadt wie Aachen nicht hat. Schon Düren nicht ... also westlich von Köln wird das Rheinische weniger vulgär. Das ist auch die Gefahr bei Millowitsch, daß das Köln, was er zeigt, immer mit Rheinland verwechselt wird. Das Rheinland ist größer als Köln, hat viel mehr Hintergrund und andere Hintergründe als Köln.
Koch: „Rheinland" ist kaum definierbar.
Böll: Sehr schwer definierbar. Das, was so unter der üblichen Vorstellung Rheinländer, Rheinland durch die Lande getragen wird, ist eben nicht mit Köln definiert. Die Kölner bilden sich immer ein, sie wären die einzigen Rheinländer. Das stimmt nicht. In Bonn wohnen auch Rheinländer und in Aachen, glaube ich, auch ...

Koch: ... obwohl Aachen nicht am Rhein liegt.
Böll: Nein, das hat mit der geographischen Lage nichts zu tun. Rheinland ist ja eine bestimmte Vorstellung, und die ist nicht mit Köln identisch.
Koch: Wenn du eine Rheinfahrt machst von Godesberg bis Bingen und eine von Köln bis nach Holland: Das sind zwei Flüsse.
Böll: Die Verwechslung von kölsch und rheinisch ist für mich sehr wichtig.
Koch: Ich möchte zuvor noch mal auf die Mundart zurückkommen. Tut mir leid. Mich hat deine Antwort, wirklich erstaunt, und ich will es noch mal anders versuchen. Jedermann hat sein Zuhause in einer bewohnbaren Umwelt. Und in dieser Umwelt existiert natürlich eine bewohnbare Sprache.
Böll: Kölsch oder rheinisch?
Koch: Kölsch.
Böll: Nicht das Adenauer-Kölsch; denn was der Adenauer gesprochen hat, gilt ja auch als Kölsch.
Koch: Nein, ich meine das richtige Kölsch, den Dialekt der Severinstraße zum Beispiel. Sobald ich diesen Dialekt höre, bin ich einfach zu Hause, fühle ich mich geborgen. Geht dir das nicht ähnlich?
Böll: Nein. Ich habe den Dialekt auch nach dem Krieg als abweisend empfunden, wie alle Dialekte übrigens, gegenüber den deutschen Opfern der deutschen Geschichte, nämlich den Flüchtlingen. Das ist für mich sehr wichtig gewesen, überall, wo wir gewohnt haben; wir haben außerhalb Kölns bis Ende '45 noch in der Evakuierung gewohnt. Im Grunde genommen sind Dialekte Fremdsprachen. Ich weiß, meine Einstellung zum Dialekt ist widersprüchlich – und wird es bleiben.
Koch: Ja, also mir geht es anders, ich fühle mich hier zu Hause (...)
Böll: Tatsächlich? Ich nicht, im Gegenteil. Wenn ich irgendwie in eine Gesellschaft oder ein Lokal gerate, wo Kölsch gesprochen wird und ich das höre, fühle ich mich eher ausgeschlossen, wie ein Fremder oder Flüchtling. Dialekte haben etwas von einem freiwilligen Getto, das andere ausschließt. Und dieses Ausschließen, ich wiederhole das, den Opfern der ernsten deutschen Geschichte, die ja alle in dialektbestreute Gegenden geraten sind, ob Schlesier nach Schleswig-Holstein kamen oder Ostpreußen nach Köln, hat auch etwas Unoffenes. Diese manchmal pseudofolkloristische Ausdrucksweise schließt zu viele Menschen aus.
Koch: Mir geht es nicht darum, daß ich Leute ausschließe. Mir geht es nicht darum, daß ich einem Menschen, der seine Heimat verlassen mußte, auf die Schulter klopfe und sage: Na, Jung, wie jeit et? Das meine ich nicht. Ich meine mit Zuhause meine Wohnung, meine häuslichen vier Wände. In diesen vier Wänden lebe ich. Genauso ist es mit der Sprache. Ein Gefühl von Häuslichkeit ...

Böll: Hab' ich nicht, werd' ich auch nie haben. Ich kann das gar nicht erklären. Ich finde einfach, man sollte deutsch miteinander reden; notfalls kölsch, notfalls. Für mich ist also, was heimatlich an Köln ist ... das ist auch nicht mehr so, wie es war im Krieg, als ich, wenn ich mit dem Zug in Urlaub kam, über die Hohenzollernbrücke in den Hauptbahnhof einrollte, fühlte ich mich auf dieser Rheinseite sicherer ... Ich möchte noch einen Unterschied machen: Kölschsprechende Frauen stoßen mich gar nicht ab. Überhaupt: daß die kölsche Weiblichkeit für mich viel liebenswürdiger ist als die kölsche Männlichkeit, wenn es die gibt ... Es ist was anderes, wenn eine Frau kölsch oder rheinisch spricht, für mich, als wenn es ein Mann spricht. Ich spüre diese Arroganz bei rheinlandisierenden oder kölschsprechenden Männern stärker. Dieses Heimatgefühl hab' ich nicht. Mich interessiert das philologisch, musikalisch auch, der Tonfall, dieses merkwürdige Kölsch, das ja ungeheuer interessante Vokabeln entwickelt – aber nicht im Sinne von Heimat. Also, der Dialekt ist nicht mein Zuhause, wird's auch nicht. Das kommt aber doch, glaube ich, von dem Unfreiwillig-aus-Köln-herausgeworfen-Werden und Feststellen, daß die Welt nicht nur aus Köln besteht, Köln nicht die Welt ist und daß andere Menschen weit, weit östlich von hier sowohl Menschen als auch Deutsche sind und daß ich mich mit ihnen verständigen möchte und nicht eingeschlossen sein in die Gemütlichkeit des Dialekts, die andere ausschließt. Man kann das mal machen, man kann mal Kölsch sprechen und auch mal zuhören; aber da entsteht auch eine Pseudogemütlichkeit, die mir Angst macht. So zu Hause möchte ich dann doch da nicht sein.
Koch: Dadurch, daß ich eigene Gefühle habe, schließe ich nicht automatisch andere Menschen aus.
Böll: Ja, vielleicht, ohne es zu wissen – durch Sprache ... also, ich weiß nicht, ich bin da vielleicht wahnsinnig empfindlich. Ich verstehe mich wahrscheinlich mit manchem Chinesen, dessen Sprache ich gar nicht begreife, besser als mit manchem Kölschen, der einen mir vertrauten Dialekt spricht. Keine Täuschung ist ja größer als die, zu glauben, man spräche die gleiche Sprache. Das ist ja eine ganz gewaltige Täuschung. Die ist beim Dialekt noch größer. Da entstehen Vertraulichkeiten und Gemütlichkeiten, die mir Angst machen.
Koch: Du hast dir zu deinem 60. Geburtstag von der Stadt Köln das Standbild des preußischen Generals von Bülow-Dennewitz gewünscht. Das überlebensgroße Monument steht nun auf dem Schulhof der Grundschule in der Balthasarstraße. Du kannst von deiner Wohnung darauf hinabsehen.
Böll: Ja, ich sehe oft darauf.
Koch: Dazu eine Anmerkung. Dein Vater, der Kaiser Wilhelm für einen

Narren hielt, wie er gesagt hat, hat dir kurz nach dem Ersten Weltkrieg das Kaiser-Wilhelm-Denkmal gezeigt und dir gesagt: „Dort oben reitet er immer noch auf seinem Bronze-Gaul westwärts, während er doch schon so lange in Doorn Holz hackt." Die Reaktion deines Vaters verstehe ich, und ich erkenne darin auch den Sohn wieder. Aber deine Sehnsucht nach einem preußischen General verstehe ich überhaupt nicht. Oder wolltest du diesem säbelrasselnden Herrn endlich das Ende seiner Dienstfahrt ermöglichen?

Böll: (Lachen) Die Tatsache, daß ich mir den Herrn Bülow von Dennewitz erbeten habe – als Leihgabe – hat mit Preußen und Wilhelm überhaupt nichts zu tun. Erstens mal war er ein General aus der Zeit der Freiheitskriege, wo diese spätere hohenzollernsche Narretei noch nicht so sichtbar war; zweitens, und das ist entscheidend, ist das der Rest eines Denkmals, das auf dem Heumarkt stand, ein Riesenklotz; und dieses Denkmal hat eine sehr große Rolle gespielt in meiner Jugend. Es war der Treffpunkt bei Schulausflügen, es war der klassische Treffpunkt bei Rendezvous; und ich wohne hier in der Hülchrather Straße, und am Ende der Straße ist das Fort, und in dem Hof dieses Forts, wenn ich spazierenging, sah ich immer die Reste dieses Denkmals da stehen; Reste, noch ein paar Pferdeleiber ... und ich fand das eigentlich schade, daß die da so abgestellt waren ... wollte ursprünglich mir diesen Herrn in meinen Garten stellen ...

Koch: ... was nicht erlaubt ist?

Böll: Doch, aber ich hab' keinen Garten; ich habe in Köln kein Grundstück, und dann ist er eben auf den Schulhof gelangt, auf Vorschlag meiner Frau. Da können wir ihn sehen. Ich denke überhaupt nicht an Preußen oder Anti-Preußen dabei; das ist einfach eine sentimentale Erinnerung an meine Kindheit und Jugend, an dieses Denkmal auf dem Heumarkt. Ich weiß nicht, ob ihr das noch so gekannt habt: ein Riesenklotz. Da fuhren die Straßenbahnen ab, nach Königsforst und Bensberg, die fuhren alle am Heumarkt ab. Man traf sich mit der Schulklasse oder mit einer jungen Dame an diesem Denkmal. Deshalb wollte ich ein Stück davon haben ... Im übrigen möchte ich hinzufügen, daß Preußen ja nicht mehr existiert, ist ja aufgelöst worden aufgrund eines alliierten Beschlusses, glaube ich. Damit hat sich auch mein Verhältnis zu Preußen geändert.

Koch: Aber beim Dom ist es geblieben?

Böll: Ja, der steht ja auch noch da. (Lachen) Die Türme Preußen gibt es nicht mehr ... Im übrigen ist der General sehr schön, wenn du ihn dir anguckst; er hat eine Wunde am Kopf, er hat ein Loch im Bauch, das Schwert ist abgebrochen. Und ich habe ausdrücklich darauf bestanden, daß er nicht restauriert wird. Die Stadt Köln wollte ihn sozusagen wie-

derherstellen und blank putzen. Und ich find' das sehr schön, daß die Kinder diesen kaputten General da auf dem Schulhof haben mit seinem abgebrochenen Schwert, und ich glaube, der hat sogar einen Kopfschuß, der arme Kerl. Bombensplitter. Laß den mal.
Koch: Wenn ich auf unser Gespräch jetzt zurückblicke und mich frage, was du an dieser Stadt Köln eigentlich magst, dann ist es, vor allem, das Historische, ein soziales Bewußtsein dieser Bürger ...
Böll: Bürgersinn.
Koch: Aber was du gern hast an Köln, ist fast ausschließlich das Vergangene, das Unwiederherstellbare, eine mumifizierte Mutter Colonia.
Böll: Ja. Und der Rhein, nicht? Der ist ja auch noch da. Der ist weder museal noch mumifiziert, nur schmutzig und immer schmutziger. Aber das nimmt ihm seine Größe nicht. Wir müssen uns auch daran gewöhnen, daß Größe und Schmutz keine Widersprüche sind. Wir sehen ja immer nur saubere Größen, frisch gebügelt und so weiter.
Koch: Du möchtest mit dem Rhein enden? Nicht mit Köln?
Böll: Ja, der wird ja wohl bleiben, auch, wenn es Köln nicht mehr gibt.

Das Interview fand am 2. Juli 1979 in der Kölner Wohnung von Heinrich Böll statt. Zuerst veröffentlicht in: MERIAN, Heft 12/32 1979.

Chronik

1917
Heinrich Böll wird am 21. Dezember, im schlimmsten Hungerjahr des Ersten Weltkriegs, als 6. Kind des Schreinermeisters und Holzbildhauers Viktor Böll und seiner Frau Maria in Köln geboren. Die Vorfahren väterlicherseits: Schiffszimmerleute, die vor Jahrhunderten aus religiösen Gründen aus England emigrierten und sich am Niederrhein in Xanten niederließen; die Vorfahren mütterlicherseits: Bauern und Bierbrauer, die in Düren beheimatet waren.

1921
Umzug der Familie aus der südlichen Kölner Altstadt in den ländlichen Bezirk Köln-Raderberg.

1924 – 1928
Volksschule in Köln-Raderthal.

1928
Besuch des staatlichen humanistischen Kaiser-Wilhelm-Gymnasiums in Köln (Heinrich Straße).

1929
In der Folge der großen Weltwirtschaftskrise macht ein kleine Bank für Handwerker, für die Viktor Böll Bürgschaften übernommen hatte, pleite. Das Haus in Raderberg muß verkauft werden. Die Bölls ziehen zurück in die Kölner Südstadt; es geht ihnen in der Folgezeit nicht viel besser als einem der drei Millionen Arbeitslosen. Gänge zum Pfandhaus und der Gerichtsvollzieher an der Wohnungstür gehören zum Alltag.

1933 – 1939
Am 30. Januar wird Hitler Reichskanzler. Der Nazi-Terror breitet sich auch in Köln aus. In der Familie Böll spricht man häufig und offen über die politischen Ereignisse. Heinrichs Mutter kommentiert die Wahl Hitlers: „Das bedeutet Krieg!“ In der Böllschen Wohnung finden illegale Treffen von Mitgliedern katholischer Jugendverbände statt.
Wie sich anhand der im Nachlaß gefundenen Manuskripte, kurzen Erzählungen und Gedichte nachweisen läßt, beginnt Böll 1936 zu schreiben.
Böll macht 1937 sein Abitur und fängt in der Buchhandlung Math. Lemperz in Bonn eine Lehre an, die er wenig später wieder abbricht.

1938 wird Böll zum Arbeitsdienst eingezogen, im Sommer immatrikuliert er sich an der Universität Köln, im Herbst wird er zur deutschen Wehrmacht einberufen.

1939 – 1945

Teilnahme am Zweiten Weltkrieg in Frankreich, Polen, in der Sowjetunion, in Rumänien, Ungarn und Deutschland. Fast jeden Tag schreibt Böll einen Brief an seine Familie und an seine Freundin Annemarie Cech, die er 1942 heiratet. Ihre erste Wohnung beziehen sie in der Kleingedankstraße; nachdem diese ausgebombt wird, finden sie eine andere Wohnung in der Neuenhöfer Allee, die 1944 ebenfalls total zerstört wird.

Den ganzen Krieg über versucht Böll, der kein Offizier werden will, dem Dienst zu entkommen. Zunächst schreibt er Freistellungsgesuche, um studieren zu können, später bringt er sich selbst (künstlich) Krankheiten bei oder fälscht Urlaubsscheine; viermal wird er verwundet. Das Kriegsende erlebt er im Rheinland, wo er sich zunächst als Deserteur bei seiner Frau im Bergischen Land versteckt, dann kehrt er Ende Februar 1945 in die Armee zurück und gerät kurz darauf in amerikanische Kriegsgefangenschaft.

1945

Im September Entlassung aus der Kriegsgefangenschaft. Geburt und Tod des Sohnes Christoph. Rückkehr nach Köln.

Nachdem die Familie nach Köln zurückgekehrt war, richtete sie sich in einem halbzerstörten Haus in Köln-Bayenthal, Schillerstraße 99 ein. Heinrich Böll schreibt sich erneut an der Kölner Universität ein, um eine Lebensmittelkarte zu erhalten. Er arbeitet als Hilfsarbeiter in der Schreinerwerkstatt im Hinterhaus der Vondelstraße 28, die sein Bruder Alois fortführt. Annemarie arbeitet in ihrem Beruf als Mittelschullehrerin an der Realschule Severinswall.

Systematisch an zu schreiben fängt Böll im November 1946.

Er schreibt Romane wie die bisher unveröffentlichten „Kreuz ohne Liebe“ oder „Der Engel schwieg“ und zahllose Kurzgeschichten; alle Arbeiten haben die Nazi-Zeit, die Zeit des Krieges oder die unmittelbare Nachkriegszeit zum Gegenstand: Kriegs-, Heimkehr- und Trümmerliteratur.

1947

Im März verschickt Böll seine ersten Kurzgeschichten an verschiedene Zeitungen und Zeitschriften. Eine Erzählung, *Vor der Esakaladierwand*,

erscheint stark gekürzt unter dem Titel *Aus der Vorzeit* am 3. Mai im *Rheinischen Merkur*. Bölls erstes Honorar: 80 Reichsmark. Böll läßt sich von der Universität Köln für das Sommersemester 1947 beurlauben und nimmt danach das Studium nicht wieder auf.
Geburt des Sohnes Raimund.

1948
Geburt des Sohnes René.
Annemarie scheidet vorübergehend aus dem Schuldienst aus. Annemarie und Heinrich Böll versuchen als Übersetzer aus dem Englischen zu arbeiten. Ihre erste Übersetzung, einen Essay von Stephen Spender über *W. H. Auden And the Poets of the Thirties*, senden sie im November an den neugegründeten Friedrich Middelhauve Verlag in Opladen.

1949
Im Friedrich Middelhauve Verlag ist Böll schon als Autor von Kurzgeschichten bekannt, und man hatte sich schon über das Einwohnermeldeamt und die Universität um seine Adresse bemüht. Böll wird um unveröffentlichte Arbeiten gebeten. Der Lektor Paul Schaaf begutachtet das Manuskript einer längeren Erzählung *Zwischen Lemberg und Cernowitz* positiv und empfiehlt es im Verlag zur Annahme. Es kommt zum Abschluß eines ersten Verlagsvertrages im April. Die *Lemberg* Erzählung erscheint im Dezember unter dem Titel *Der Zug war pünktlich*.
Die finanzielle Lage der Familie ist gespannt. Die Honorare der Veröffentlichungen reichen nicht aus; Böll bewirbt sich beim Rundfunk und bei Verlagen um eine feste Stelle, er steht mehrmals kurz davor, die Schriftstellerei aufzugeben.
„Meiner Familie gegenüber kann ich jedenfalls eine andere Lebensweise nicht länger verantworten", heißt es in einem Brief an Paul Schaaf, „und obwohl ich manchmal (sekundenweise!) glaube, eine Aufgabe zu haben, so ist mir die Literatur doch im Grunde genommen keine unglückliche Stunde meiner Frau oder meiner Kinder wert".

1950
Böll wird – zusammen mit Hans Bender, Paul Schallück und Josef Reding – Mitglied in der „Gruppe junger Autoren", die ihren Sitz in Kassel hat und von Johannes M. Hönscheid geleitet wird. Diese Gruppe ist eine Art Gegengründung zur „Gruppe 47" und versucht u.a. einen Feuilleton-Dienst einzurichten. Böll und Schallück schreiben Artikel über kulturelle Ereignisse in Köln.
Antrag an den Kölner Bürgermeister und Kulturdezernenten Steinforth auf Gewährung einer Beihilfe durch die Stadt Köln, „die mir helfen wür-

de, meine künstlerische Entwicklung in einem kritischen Stadium zu festigen.“ Die Stadtverwaltung weist Böll 500 DM an.
Geburt des Sohnes Vincent.
Durch Vermittlung des Verlegers Friedrich Middelhauve wird Böll von der Stadt Köln für die Volkszählung 1950 als Aushilfsangestellter bei der Gebäude- und Wohnungszählung eingesetzt (Juni 1950 – April 1951).
Im Friedrich Middelhauve Verlag erscheint ein Band mit Kurzgeschichten: *Wanderer, kommst du nach Spa...*

1951
Erste Einladung zu einer Tagung der von Hans Richter geleiteten Gruppe 47 in Bad Dürkheim. Böll erhält den Preis der Gruppe für die Kurzgeschichte *Die schwarzen Schafe.*
Seit Sommer 1951: freier Schriftsteller.
Durch Vermittlung von Alfred Andersch knüpft Böll, der sich bei Middelhauve verlegerisch nur schlecht betreut fühlt, erste Kontakte zu dem Kölner Verleger Joseph Caspar Witsch.
Der Roman *Wo warst du, Adam?* erscheint als letzter Titel beim Friedrich Middelhauve Verlag.

1952
Böll und der Friedrich Middelhauve Verlag trennen sich in gegenseitigem Einverständnis. Der Rowohlt-Verlag, die Frankfurter Verlagsanstalt und der Kurt Desch Verlag bemühen sich, Böll als Autor zu gewinnen. Er unterzeichnet aber einen Vertrag mit dem Kölner Kiepenheuer & Witsch Verlag.
Teilnahme an den wöchentlichen Diskussionsveranstaltungen im Kölner Hauptbahnhof („Mittwochsgespräche“), wo er u.a. seine Standortbestimmung der Nachkriegsliteratur entwickelt, das „Bekenntnis zur Trümmerliebe“.
René-Schickele-Preis für *Wo warst du, Adam?*

In seiner Arbeit wendet sich Böll nach 1952 mehr den Gegenwartsproblemen der Bundesrepublik Deutschland zu. Häufiger entstehen Essays, in denen er zur politischen Situation der jungen Republik Stellung bezieht. Der moralische Anspruch, der am Anfang des Staates gestanden hatte, wird immer weiter zu Gunsten restaurativer wirtschaftlicher, gesellschaftlicher und politischer Entscheidungen zurückgedrängt.

1953
Der Roman *Und sagte kein einziges Wort* erscheint bei Kiepenheuer & Witsch und wird Bölls erster auch finanzieller Erfolg.

Er erhält den Kritikerpreis für Literatur, die Ehrengabe des Kulturkreises im Bundesverband der Deutschen Industrie, den Erzählerpreis des Süddeutschen Rundfunks und wird Mitglied der Deutschen Akademie für Sprache und Dichtung, Darmstadt.

1954
Über Bölls Artikel zum Gründonnerstag *Auferstehung des Gewissens* in der *Kölnischen Rundschau* kommt es zu einer heftigen Leserbriefauseinandersetzung. Einzelne Abonnenten bestellen die Zeitung ab.
Der Roman *Haus ohne Hüter* erscheint.
Umzug der Familie in ein eigenes Haus in Köln-Müngersdorf, Belvederestraße. 35.
Preis der *Tribune de Paris* für *Und sagte kein einziges Wort.*

1955
Das Brot der frühen Jahre (Erzählung).
Böll erhält für *Haus ohne Hüter* den Preis der französischen Verleger für den besten ausländischen Roman.
Mitglied des PEN-Zentrums der Bundesrepublik Deutschland.

1956
Rede zur Woche der Brüderlichkeit (*Wo ist dein Bruder?*) in Bonn.

1957
Protest von katholischen Christen, unter ihnen auch Heinrich Böll, in einem offenen Brief an die katholischen Bischöfe gegen jede direkte und indirekte Wahlhilfe kirchlicher Verbände für ausschließlich eine Gruppierung, die CDU/CSU.
Irisches Tagebuch, dessen einzelne Teile seit 1954 in der *Frankfurter Allgemeinen Zeitung* abgedruckt wurden, erscheint als Buch.

1958
Erstmals wird Böll als ein möglicher Kandidat für den Nobelpreis für Literatur genannt.
Kauf eines Hauses in Dugort, einem kleinen Dorf an der Westküste Irlands, auf den Achill Islands, wohin Böll seit 1954 regelmäßig fuhr.
Dr. Murkes gesammeltes Schweigen und andere Satiren erscheinen.
Zu einem Bildband des Kölner Fotografen Chargesheimer über eine der „klassischen" Kölner Straßen, Unter Krahnenbäumen, schreibt Böll das Nachwort: *Straßen wie diese.* Wenige Jahre später, im Zuge des Ausbaus der Nord-Süd-Fahrt, wird auch der räumliche und soziale Zusammenhang und -halt dieser Straße dem Verkehrsfluß geopfert.

1959

Dies ist das Jahr, in dem sich allgemein in der Bundesrepublik die Nachkriegsliteratur durchsetzt gegenüber den Literaten der inneren Emigration, die den Markt bis dahin zusammen mit den in der Nazi-Zeit verbotenen ausländischen Autoren bestimmt hatten.
Böll veröffentlicht den Roman *Billard um halbzehn*. In ihm versucht er die Gegenwart der Bundesrepublik als Fortsetzung und Ergebnis der deutschen Geschichte der letzten fünfzig Jahre zu zeigen. Es ist die Geschichte der in Köln ansässigen Architektenfamilie Fähmel, deren Schicksal über drei Generationen beschrieben wird. Böll verwendet das Symbol der Lämmer, der Unschuldigen, und der Büffel, der Rücksichtslosen, die die Politik bestimmen.
Vorwort (*Ein Haus für Ungezählte ...*) zu den Erinnerungen Artur Josephs (*Meines Vaters Haus*) an das elterliche Schuhaus in der Schildergasse, aus dem sie als Juden während der Nazi-Zeit vertrieben wurden.
Er erhält den Großen Kunstpreis des Landes Nordrhein-Westfalen. Böll wird der Literaturpreis der Stadt Köln für 1959 rückwirkend 1961 verliehen. Er und die Preisträgerin des Jahres 1961, Annette Kolb, wurden in einer Feierstunde im Kölner Gürzenich am 27.5.1961 geehrt.

Anfang der sechziger Jahre setzt sich Böll in seiner Arbeit stärker mit dem Zustand der katholischen Kirche in Deutschland auseinander, der er eine zu große Nähe zur CDU Konrad Adenauers vorwirft.

1960

Festvortrag bei der Feierstunde zum zehnjährigen Bestehen des Bundes der Verfolgten des Nazi-Regimes in Düsseldorf.
Tod des Vaters in Köln-Müngersdorf.
Erneute Zusammenarbeit mit Chargesheimer. Zu dessen Band *Menschen am Rhein* schreibt Böll als Vorwort einen Text über den Rhein, *Undines gewaltiger Vater*.
Mitglied der Bayerischen Akademie der Schönen Künste, München.
Charles-Veillon-Preis für *Billard um halbzehn*.

1961

Als ersten Band des neugegründeten Deutschen Taschenbuchverlages (dtv), an dem auch der Kölner Kiepenheuer & Witsch Verlag beteiligt ist, erscheint Bölls *Irisches Tagebuch*.
Als Ehrengast hält sich Böll mit seiner Familie in der Villa Massimo, Rom, auf.
Nach dem Bau der Berliner Mauer am 13. August kommt es zu einer

heftigen öffentlichen Kontroverse über das Engagement der Schriftsteller als „Gewissen der Nation“.

Erzählungen, Hörspiele, Aufsätze erscheinen. Nach einem Drehbuch Bölls entsteht der Film *Irland und seine Kinder*, der in Irland wegen der realistischen Darstellung der irischen Verhältnisse auf heftige Kritik stößt.

Der *Spiegel* widmet die Titelgeschichte seiner Ausgabe vom 6. Dezember dem Schriftsteller Heinrich Böll.

Zwiespältige Aufnahme seines ersten Theaterstücks *Ein Schluck Erde* bei der Premiere in Düsseldorf.

1962

Die beiden Erzählungen *Als der Krieg ausbrach* und *Als der Krieg zu Ende war* erscheinen.

1963

Mit Rolf Hochhuts Theaterstück *Der Stellvertreter* (1962), Carl Amerys Resümee des Nachkriegskatholizismus, *Die Kapitulation* und Bölls Roman *Ansichten eines Clowns* steuert die Auseinandersetzung kritischer Intellektueller mit der Katholischen Kirche ihrem Höhepunkt zu. In Zusammenhang mit diesen Publikationen verfassen die deutschen Bischöfe einen Hirtenbrief. Dort wird den katholischen Literaten und Publizisten eine „zersetzende Kritik“ vorgeworfen, eine „eigentümliche Neigung zum Pessimismus“.

1964

Die für Böll programmatische Erzählung *Entfernung von der Truppe* erscheint. In ihr verarbeitet Böll zahlreiche autobiographische Erlebnisse, insbesondere aus dem Köln der Vorkriegszeit.

1965

Premio d'isola d'Elba für *Ansichten eines Clowns.*

1966

Die umfangreiche Erzählung *Ende einer Dienstfahrt* erscheint.

Zur Eröffnung des Wuppertaler Schauspielhauses hält Böll seine berühmte Rede *Die Freiheit der Kunst – über das Verhältnis von Kunst und Künstlern zu Staat und Gesellschaft.* Über den Staat führt er (am Ende des christlich-liberalen Bündnisses und zu Beginn der „großen Koalition“) aus: „Dort, wo der Staat gewesen sein sollte, erblicke ich nur einige Reste verfaulender Macht, und diese offenbar kostbaren Rudimente von Fäulnis werden mit rattenhafter Wut verteidigt“ – ein Zitat, das, aus dem Zusammenhang gerissen, Böll in den siebziger Jahren in bezug auf den Terrorismus ständig vorgehalten wird. Er wird damit zu einem der Ziehväter der Terrorszene gestempelt.

1967

Der Sammelband *Aufsätze, Kritiken, Reden* erscheint.
Böll erhält den Georg-Büchner-Preis der Deutschen Akademie für Sprache und Dichtung. 1. Preis des internationalen Wettbewerbs für humoristische Kurzgeschichten Alleko.
Böll erkrankt schwer an Hepatitis und Diabetes und ist monatelang bettlägerig.

1968

Im Mai Sternmarsch von ca. 70.000 Demonstranten auf Bonn gegen die Notstandsgesetze. Im Hofgarten spricht auch Böll zu ihnen.
Einladung an Heinrich Böll, Louis Aragon und Jean-Paul Sartre zum Besuch der CSSR durch den Tschechoslowakischen Schriftstellerverband. Böll nimmt die Einladung im August an und wird Augenzeuge der Invasion der CSSR durch die anderen Ostblockstaaten. Die Besetzung bedeutet das Ende des „Prager Frühlings", eines Demokratisierungsversuchs der Regierung unter Alexander Dubcek. (Dubcek wurde als Regierungschef abgesetzt, lebte lange in der Isolation und wurde nach den jüngsten Demokratisierungen zum Parlamentspräsidenten in Prag gewählt.) Im *Spiegel* erscheint ein Bericht Bölls über die Ereignisse – *Der Panzer zielte auf Kafka.*
Ausgelöst durch die Ereignisse in der CSSR bildet sich in Köln ein ökumenischer Kreis (Dorothee Sölle, Fulbert Steffensky, Vilma Sturm, Heinrich Böll u.a.), der in Form politischer Nachtgebete auf Unterdrückung in der Welt aufmerksam machen will. Kardinal Frings verbietet das erste „Politische Nachtgebet", das in der Kirche St. Peter stattfinden sollte, weil es „theologisch unmöglich" wäre, bei einer kirchlichen Feier ausschließlich politische Themen zu behandeln. Das Presbyterium der Evangelischen Gemeinde Köln stellt dem Kreis daraufhin die Antoniterkirche für seine Nachtgebete zur Verfügung. Böll greift die Vertreter der Katholischen Kirche in Köln an: „Mit der Theologie ist es fast so weit wie mit der Kunst: Keiner weiß mehr so recht, wo sie anfängt, und wo sie aufhört (...) und den Verfassern dieser ‚Politischen Nachtgebete' wird es verweigert, sie in einer katholischen Kirche zu beten!"
Laudatio auf den Kölner Literaturpreisträger Jürgen Becker bei der Preisverleihung im Kölner Gürzenich.
Kauf eines alten Bauernhauses in dem kleinen Dorf Langenbroich in der Nähe von Düren.

1969

Auf der Gründungsversammlung des Verbandes deutscher Schriftsteller (VS) im Kölner Gürzenich hält Böll eine Rede über die Stellung der Autoren im Produktionsprozeß von Literatur, *Ende der Bescheidenheit.*
Böll weigert sich, Kirchensteuer zu zahlen, bis das Bundesverfassungsgericht entschieden habe, ob die Kirchensteuer mit dem Grundgesetz zu vereinbaren ist.
Öffentliche Auseinandersetzung in der *Kölnischen Rundschau* zwischen Böll und dem Pfarrer an der St. Christopherus Kirche in Köln-Niehl, Heinrich Kurscheid, über den „Fall" Defregger. Matthias Defregger war zu diesem Zeitpunkt Weihbischof in München. Es wurde bekannt, daß er im Juni 1944 als Offizier in einem Dorf in den Abruzzen eine Geiselerschießung befehligt hatte. Er war in den Augen Bölls ein Kriegsverbrecher, während z.B. Kardinal Döpfner von einer „Entscheidung" sprach, die ein „in schwere Gewissensnot gedrängter" Mensch gefällt habe.
Lesung in der Kölner Justizvollzugsanstalt („Klingelpütz") im Vorort Ossendorf.
Umzug der Familie in die Nähe des Ebertplatzes: Hülchrather Straße 7.

Mit Beginn der sozial-liberalen Koalition zwischen SPD und F.D.P. (1969) sieht Böll, insbesondere in der neuen Ostpolitik, eine stärker auf moralischen Grundlagen aufbauende Politik. Er engagiert sich deshalb im Wahlkampf 1972 für die SPD.
Die innenpolitische Situation in der Bundesrepublik wird durch den aufkommenden Terrorismus immer angespannter: Böll und andere Intellektuelle werden durch große Teile der Opposition (CDU/CSU) und ihr nahestehender Presseorgane zu „Ziehvätern des Terrorismus" gemacht. Die Sicherheitsmaßnahmen in der Bundesrepublik werden verschärft.

1970

Dramatische Fassung der *Ansichten eines Clowns* im Düsseldorfer Schauspielhaus.
1. Schriftstellerkongreß des VS in Stuttgart in Anwesenheit von Bundeskanzler Willy Brandt. Böll spricht über die *Einigkeit der Einzelgänger.*
Das Schauspiel *Aussatz* wird in Aachen aufgeführt.
Vorwort zu einem weiteren Bildband Chargesheimers, *Köln fünf Uhr dreißig.*
Im Dezember Besetzung des Kölner Domes durch Mitglieder des „Politischen Nachtgebetes" und spanischer Gastarbeiter, um Gebete für in

Spanien vor Gericht stehender Basken (Burgos-Prozeß) zu sprechen. Gegen den Willen von Weihbischof Cleven lassen sich ca. 30 Personen danach zu einer Nachtwache in den Dom einschließen.
Böll wird zum Präsidenten des PEN-Zentrums der Bundesrepublik Deutschland gewählt (bis 1972).

1971
Böll zieht sich zur abschließenden Arbeit an seinem Roman *Gruppenbild mit Dame* zurück, der im Herbst erscheint.
Im September wird er auf der Tagung des Internationalen PEN zu dessen Präsident gewählt (bis 1974).
Besuch von Bundespräsident Heinemann in der Bibliothek Germania Judaica.

1972
Am 10. Januar erscheint im *Spiegel* der Artikel *Will Ulrike Meinhof Gnade oder freies Geleit?*, der eine monatelange Kampagne um und gegen Böll auslöst. Böll prangert die Berichterstattung der Bild-Zeitung an, die nach einem Bankraub in Kaiserslautern die Tat der Baader-Meinhof-Gruppe anlastet, ohne daß konkrete Anhaltspunkte dafür sprechen.
Hermann Kesten löst Heinrich Böll als Präsident des PEN-Zentrums Bundesrepublik Deutschland ab. Eröffnungsrede zur PEN-Tagung „Sport und Nationalismus“ in Köln.
Im Juni wird im Zuge einer Großfahndung auch Bölls Haus in der Eifel durchsucht.
Die Schwedische Akademie verleiht Böll den Nobelpreis für Literatur. Im Dezember findet aus diesem Anlaß ein Empfang im Historischen Rathaus der Stadt Köln statt. Böll trägt sich ins Goldene Buch ein.

1973
Gruppenbild mit Dame wird in den USA zum Buch des Monats gewählt.
Angesichts der zunehmenden Verfolgung von Schriftstellern und Intellektuellen in aller Welt fordert Böll die Politiker in Ost und West auf, „endlich das heuchlerische Konzept der Nichteinmischung in die inneren Angelegenheiten anderer Staaten aufzugeben“. Als Beispiel für Länder, in denen Menschen wegen ihrer politischen Überzeugung verfolgt werden, nennt er die Sowjetunion, die CSSR, die Türkei, Spanien, Brasilien, Griechenland, Portugal und Jugoslawien.
Neue politische und literarische Schriften erscheinen.
Böll erhält die Ehrendoktorwürde des Trinity College, University of Dublin, die der University of Aston und der Brunel University, Uxbrigde.

1974
Im Februar wird Alexander Solschenizyn, einer der bekanntesten russischen Dissidenten, in Moskau verhaftet. Nach massiven Protesten wird er in die Bundesrepublik abgeschoben und findet in Bölls Haus in der Eifel eine erste Zuflucht.
Die Erzählung *Die verlorene Ehre der Katharina Blum oder: Wie Gewalt entstehen und wohin sie führen kann* erscheint. In ihr verarbeitet Böll eigene Erfahrungen mit der Presse.
Mitarbeit Bölls an einem *Porträt einer Kölner Hausfrau* für die ARD. Böll wählt als Gesprächspartnerin Gertrud Hamacher, die während der Nazi-Zeit im kommunistischen Widerstand war.
Ehrenmitglied der American Academy of Arts and Letters, New York, Carl-von-Ossietzky-Medaille der Liga für Menschenrechte.

1975
Die Satire auf die Sicherheitsorgane der Bundesrepublik *Berichte zur Gesinnungslage der Nation* erscheint. Es sind fiktive Berichte von sich gegenseitig überwachenden Spitzeln verschiedener Sicherheits-Organisationen; in Form und Stil orientiert sich Böll an den *Briefen der Dunkelmänner*, die in der Zeit des Humanismus gegen die Dominikaner in Köln gerichtet waren.
Drei Tage im März, ein erstes umfassendes Gespräch mit Christian Linder wird veröffentlicht.
Vor dem Kölner Landgericht beginnt ein Prozeß Bölls gegen den Journalisten Matthias Walden bzw. gegen den Sender Freies Berlin. Walden hatte im November 1974 in einem Fernsehkommentar über den Terrorismus Böll scharf angegriffen und ihn beschuldigt, er habe durch seine Sympathiebekundungen für die Gewalttäter den „Boden der Gewalt gedüngt". Böll hatte Walden daraufhin auf ein Schmerzensgeld von 100.000 DM verklagt. Der Prozeß beschäftigt alle Instanzen bis hin zum Bundesverfassungsgericht, das eine Entscheidung des Bundesgerichtshofs gegen Böll aufhob bzw. zur erneuten Verhandlung zurückwies. Der Bundesgerichtshof entschied dann 1981 im wesentlichen zugunsten Heinrich Bölls.
Mitglied der Akademie der Künste, Berlin.
Die verlorene Ehre der Katharina Blum wird von Volker Schlöndorff mit Angela Winkler in der Hauptrolle verfilmt. Der Film wird zu einer der erfolgreichsten deutschen Produktionen der Nachkriegszeit.

1976
Annemarie und Heinrich Böll treten aus der Katholischen Kirche aus.
Zusammen mit Günter Grass und Carola Stern gibt Böll die Zeitschrift

L 76 heraus, in der die Autoren ihre Vorstellung von einem freiheitlichen Sozialismus darstellen wollen.
Nach der Ausbürgerung Wolf Biermanns im Anschluß an sein Konzert in Köln wird Böll in der DDR-Zeitschrift *Weltbühne* als „Herbergsvater der dissidierenden Wandergesellen" beschimpft.
Beim Prozeß des Gerling-Konzerns gegen den Schriftsteller Günter Wallraff vor dem Kölner Landgericht tritt Böll als Gutachter auf. Wallraff hatte sich beim Gerling-Konzern in Köln als Bote anstellen lassen und über seine Arbeit berichtet. Böll verteidigt Wallraffs Vorgehensweise mit dem Hinweis, wenn man diese „Methode kriminalisiert, beraubt man die Literatur, und ganz gewiß die Gegenwartsliteratur der Bundesrepublik, einer großen Möglichkeit." Der Prozeß endet mit einem Freispruch für Wallraff.

1977
Im Mai findet die Premiere der Verfilmung von *Gruppenbild mit Dame* statt. Romy Schneider spielt die Hauptperson des Romans, Leni Gruyten.
Die Hamburger Staatsanwaltschaft leitet ein Ermittlungsverfahren gegen Böll ein. Anlaß ist ein Artikel Bölls im *Stern*, in dem er sich kritisch mit einem Urteil des Kölner Landgerichts auseinandersetzt. Fünf Mitglieder der KPD waren wegen einer Störung einer NPD-Veranstaltung in Ehrenfeld zu hohen, wie es Böll schien, nicht angemessenen Freiheitsstrafen verurteilt worden. Das Verfahren wird eingestellt.
Nach der Entführung des Präsidenten des Bundesverbandes der Deutschen Industrie, Hanns Martin Schleyer, und der Ermordung seiner vier Begleiter durch Mitglieder der Rote-Armee-Fraktion (RAF) kommt es erneut zu einer öffentlichen Kampagne gegen Böll und andere kritische Intellektuelle. Die Stimmung ist so aufgeheizt, daß z.B. eine Aufführung der *Katharina Blum* in Würzburg verschoben wird.
In der Volkshochschule Köln findet eine Diskussionsveranstaltung zum Thema *Die Intellektuellen und die Politik* statt. Teilnehmer u.a.: Friedrich Dürrenmatt, Waldyslaw Bartoszewski und Heinrich Böll.
Im Dezember aus Anlaß von Bölls 60. Geburtstag Empfang im Historischen Rathaus der Stadt Köln.
Einmischung erwünscht. Schriften und Reden zur Zeit sowie die *Romane und Erzählungen 1947-1977* (die ersten fünf Bände der Werkausgabe) erscheinen.

1978
Die Zeitschrift *L 76* veranstaltet in Köln eine Tagung zum Thema *Prager Frühling, Bonner Herbst.*

Es erscheinen die abschließenden Bände der Werkausgabe: *Essayistische Schriften und Reden. Interviews. Hörspiele, Theaterspiele, Drehbücher, Gedichte.*

1979

Der Journalist Rupert Neudeck gründet die private Hilfsorganisation „Ein Schiff für Vietnam“, der sich auch Böll anschließt. Ziel dieser Initiative ist es, ein Schiff zu chartern und in Seenot geratene Vietnamflüchtlinge zu retten.
Du fährst zu oft nach Heidelberg und andere Erzählungen erscheinen im Lamuv Verlag, den Bölls Sohn René 1977 zusammen mit einem Freund gegründet hatte.
Böll lehnt die Verleihung des Bundesverdienstkreuzes durch Bundespräsident Scheel ab – ebenso wie die Autoren Günter Grass und Siegfried Lenz.
Übergabe seines Archivs als Dauerleihgabe an die Stadt Köln (Stadtbücherei und Historisches Archiv) aus Anlaß der Eröffnung der Zentralbibliothek am Josef-Haubrich-Hof. Die Stadt ruft den „Kölner Literaturpreis“ wieder ins Leben und Böll wird einer der Juroren. Erster Preisträger: Hans Mayer (1980).
Der Roman *Fürsorgliche Belagerung*, in dem verschiedene Aspekte von „Sicherheit“ thematisiert werden, erscheint im Herbst.
Im Dezember Reise nach Ecuador, plötzliche Gefäßerkrankung im rechten Bein, die eine Operation in Quito erforderlich macht.

1980

Rückflug in die Bundesrepublik, erneute Operation in einer Klinik im Bergischen Land, bei der Teile des rechten Fußes amputiert werden müssen. Langwierige Genesungsphase; Besuch von Bundeskanzler Schmidt am Krankenbett.
Nach langjährigem Bemühen erhalten der russische Schriftsteller und Germanist Lew Kopelew und seine Frau, die Amerikanistin Raissa Orlowa, von den sowjetischen Behörden ein befristetes Ausreisevisum. Sie treffen im November in Köln ein und wohnen zunächst in Bölls Wohnung in der Hülchrather Straße. Kurz Zeit später werden sie ausgebürgert und leben seitdem in Köln (Raissa Orlowa verstarb 1989).

Bölls Bewegungsfreiheit ist durch die Krankheit stark eingeschränkt. Politisch engagiert er sich jetzt verstärkt für die Friedensbewegung und unterstützt die Partei der „Grünen“.
Im Herbst 1982 vollzieht sich eine politische „Wende“: Die CDU/CSU bildet erneut eine Koalition der rechten Mitte mit der FDP.

1981
Angeregt durch Marcel Reich-Ranicki schreibt Böll als ersten Text nach seiner Genesung einen Essay über seine Schuljahre 1933 – 1937, als er das Kaiser-Wilhelm-Gymnasium in der Heinrich Straße in Köln besuchte. Der Text erscheint unter dem Titel *Was soll aus dem Jungen bloß werden? Oder: Irgendwas mit Büchern* im Lamuv Verlag. Es ist Bölls erster größerer autobiographischer Text.
Ein Teil von Bölls Haus in der Eifel fällt der Brandstiftung eines Jugendlichen zum Opfer.
Am 10. Oktober redet Böll auf der ersten großen Friedensdemonstration vor ca. 300.000 Menschen im Bonner Hofgarten.

1982
Die Familie gibt die Wohnung in der Hülchrather Straße auf und zieht ins Vorgebirge zwischen Köln und Bonn, nach Merten.
Rede auf dem Internationalen Schriftsteller-Kongreß für Frieden in Köln „Interlit '82“ in Köln zum Thema *Die Feindbilder der Völker*.
Tod des Sohnes Raimund.
Vermintes Gelände – essayistische Reden und Schriften 1977 – 1981 erscheinen bei Kiepenheuer & Witsch. Der Lamuv Verlag bringt als erste Publikation des Manuskript-Materials aus dem Historischen Archiv der Stadt Köln eine frühe Nachkriegserzählung Bölls, *Das Vermächtnis*, heraus.
Nach einigen Querelen um den Text der Beschlußfassung verleiht der Rat der Stadt Köln Heinrich Böll die höchste von der Stadt zu vergebene Ehre: das Ehrenbürgerrecht. Die CDU-Fraktion im Rat der Stadt weigert sich Böll als „mutigen Verteidiger der Freiheit und freien Meinungsäußerung“ und als „kritischen und engagierten Beobachter gesellschaftlicher Fehlentwicklungen“ zu ehren.
An Bölls fünfundsechzigstem Geburtstag, am 21. Dezember, veranstalten die Stadtbücherei und das Schauspiel Köln eine Matinee zu Ehren des Schriftstellers im Kölner Schauspielhaus.
Das Land Nordrhein-Westfalen ernennt Böll zum Professor.

1983
Bei der offiziellen Feier zur Verleihung des Ehrenbürgerrechts hält Böll eine Rede mit dem für sein Verhältnis zu Köln bezeichnenden Titel *Ich han dem Mädche nix jedonn, ich han et bloß ens kräje*
Böll setzt sich bei den Wahlen für „Die Grünen“ ein.
Im September beteiligt er sich an der Blockade einer amerikanischen Kaserne.
Ein Band mit bis dahin unveröffentlichten Kurzgeschichten aus den

Jahren 1946 – 1951 erscheint unter dem Titel *Die Verwundung* im Lamuv Verlag.

1984
Rede Bölls zur Feier des fünfundzwanzigjährigen Bestehens der Kölner Bibliothek zur Geschichte des Judentums, Germania Judaica.
Ein Buch über den damaligen Regierungssprecher Peter Boenisch, *Bild, Bonn, Boenisch* (Lamuv Verlag), und die gesammelten Essays und Reden der Jahre 1981 – 1983, *Ein- und Zusprüche* (Kiepenheuer & Witsch) erscheinen.
Die Stadt Köln erwirbt Bölls Archiv.

1985
Aus Anlaß des 40. Jahrestags der Kapitulation der deutschen Wehrmacht erscheint ein weiterer autobiographischer Text Bölls, *Brief an meine Söhne oder vier Fahrräder*, über seine Erlebnisse am Ende des Krieges.
Aus gleichem Anlaß sendet der WDR ein Gespräch zwischen Heinrich Böll und Wolfgang Niedecken, dem Texter und Sänger der Gruppe BAP, unter dem Titel *Vierzig Jahre Kölner Erinnerungen*.
Er beendet die Arbeit an seinem posthum erscheinenden Roman in Dialogen und Monologen *Frauen vor Flußlandschaft*.
Anfang Juli muß Böll erneut ins Krankenhaus und wird operiert. Am 15. Juli wird er entlassen, um sich auf einen weiteren Eingriff vorzubereiten. Er stirbt am Morgen des 16. Juli in seinem Haus in dem Eifelort Langenbroich.
Heinrich Böll wird am 19. Juli unter großer Anteilnahme der Bevölkerung, von Kollegen und Politikern – unter ihnen Bundespräsident Richard von Weizsäcker und Oberbürgermeister Norbert Burger – in Bornheim-Merten, Bölls letztem Wohnort, beigesetzt.
Die Stadt Köln veranstaltet Heinrich Böll zu Ehren am 27. September eine Hommage im Gürzenich. Der Platz vor dem neugebauten Museum Ludwig wird – wieder nach ähnlichen Querelen wie zur Verleihung des Ehrenbürgerrechts – nach ihm benannt.
Der Kölner Literaturpreis wird in Heinrich-Böll-Preis umbenannt.

1986
Die Fähigkeit zu trauern, Schriften und Reden 1983 -1985 (Lamuv Verlag)

Seit Heinrich Bölls Tod haben sich bisher 16 Schulen seinen Namen gegeben.
Im November 1987 wird in Köln eine Heinrich-Böll-Stiftung gegründet.

Im Sommer 1989 wird diese Stiftung vom Haushaltsausschuß des Bundestages als eine der drei grünen-nahen Stiftungen anerkannt. Die Stiftung zieht im April 1990 nach Köln an eine beziehungsreiche Adresse: Unter Krahnenbäumen.
Das Land Nordrhein-Westfalen, die Heinrich-Böll-Stiftung und die Stadt Köln stellen sich die Aufgabe, die Schriften Heinrich Bölls in einer Kritischen Gesamtausgabe herauszubringen. Im Oktober 1988 wird deshalb an der Bergischen Universität Wuppertal eine Forschungsstelle eingerichtet. Die Ausgabe wird ca. 25 Bände umfassen und die Arbeit daran in etwa 15 Jahren abgeschlossen sein.

Wir danken dem Verlag Kiepenheuer & Witsch sowie der INTI Gmbh/René Böll für die Abdruckgenehmigung der in diesem Band verwendeten Zitate aus dem Werk Heinrich Bölls.
Die Texte *Köln eine Stadt – nebenbei eine Großstadt* (S.72), *Masken* (S.74), *Straßen wie diese* (S.78), *Stadt der alten Gesichter* (S.81), *Der Rhein* (S.85), *Was ist kölnisch* (S.85), *Vorwort zu „Köln fünf Uhr dreißig"* (S.99), *Hülchratherstr. Nr.7* (S.153) veröffentlichen wir mit freundlicher Genehmigung des Verlages Kiepenheuer & Witsch.
Die Texte *Köln I* (S.101), *Köln II* (S.102), *Köln III* (S.103) veröffentlichen wir mit freundlicher Genehmigung der INTI GmbH/René Böll.
Den Text *Köln gibt es schon, aber es ist ein Traum* (S.177) veröffentlichen wir mit freundlicher Genehmigung der INTI GmbH/René Böll und Werner Koch.

Bildnachweis

INTI GmbH/René Böll (1, 2, 3, 5, 7, 8, 9, 10, 11, 12, 13, 14, 15, 16, 18, 25); Michael Bengel (4, 6); Heinz Held (17, 19, 20, 24, 28); Fischer-Foto (22, 23); Ingeborg Spielmanns (26); Alfred Koch (27); Adalbert Wiemers (29, 30, 31); Heinz Röhnert (32); Hans-Wolfgang Drehsen (33, 34); Brigitte Friedrich (35); Hansherbert Wirtz (36, 37, 52); dpa (38, 47, 54, 58); Bernd Vollmann (39); Alfred Koch (40); Photowerkstatt Esser/Baus (41, 48); Dietmar Schneider (42); Inge Morath, Magnum Photos Inc. (43); Toni Richter (44); H. Schuhmacher (45, 46); Ullstein Bilderdienst (49); Presseagentur Sven Simon (50, 59); Gabriele Jakobi (51); Brigitte Stachowski (53); Jürgen Christ (55); Bilderdienst Süddeutscher Verlag (56); René Böll (57).